新青年读本

希望之谜
Xiwang Zhimi

□ 傅书华 选编

图书在版编目(CIP)数据

希望之谜/傅书华选编. —北京:北京大学出版社,2006.1
(未名·新青年读本)
ISBN 7 - 301 - 10181 - 3

Ⅰ.希… Ⅱ.傅… Ⅲ.汉语 - 高等学校 - 课外读物
Ⅳ.H1

中国版本图书馆 CIP 数据核字(2005)第 136828 号

书　　　名:	希望之谜
著作责任者:	傅书华　选编
丛书统筹:	许迎辉
责任编辑:	许迎辉
标准书号:	ISBN 7 - 301 - 10181 - 3/G·1799
出版发行:	北京大学出版社
地　　　址:	北京市海淀区成府路 205 号　100871
网　　　址:	http://cbs.pku.edu.cn
电　　　话:	邮购部 62752015　发行部 62750672　编辑部 62752824
电子信箱:	xuyh@ pup.pku.edu.cn
排　　　版:	北京高新特打字服务社　82350640
印　　　刷　者:	北京宏伟双华印刷有限公司
经　　　销　者:	新华书店
	850mm×1168mm　32 开本　10.25 印张　201 千字
	2006 年 1 月第 1 版　2006 年 10 月第 2 次印刷
定　　　价:	19.80 元

未经许可,不得以任何方式复制或抄袭本书之部分或全部内容。
版权所有,翻版必究

目录

1	·导言……………………………	傅书华
1	·浮士德(节选) ………………	歌　德
18	·神峰……………………………	薇·凯瑟
31	·美是自由的象征(节选) ………	高尔泰
36	·天净沙·秋思…………………	马致远
37	·在山的那边……………………	王家新
39	·普罗密修斯……………………	斯威布
45	·墓碣文…………………………	鲁　迅
47	·海滩上种花……………………	徐志摩
55	·冷酷的希望……………………	北　岛
63	·祖国(或以梦为马) ……………	海　子

66	·丹柯的故事……………………………	高尔基
73	·乌篷船……………………………………	周作人
76	·定风波……………………………………	苏　轼
78	·赠与今年的大学毕业生…………………	胡　适
85	·神女峰……………………………………	舒　婷
87	·假如生活欺骗了你………………………	普希金
88	·命若琴弦…………………………………	史铁生
114	·有关大雁塔………………………………	韩　东
116	·超人………………………………………	冰　心
124	·给艾斯美写的故事——既有爱情 　　又有凄楚……………………………	塞林格
154	·天上的市街………………………………	郭沫若
156	·说梦………………………………………	朱自清
160	·祈求………………………………………	蔡其矫
162	·生之赞歌…………………………………	朗费罗
164	·西风颂……………………………………	雪　莱
168	·行路难……………………………………	李　白
170	·组织部新来的青年人……………………	王　蒙
215	·你别无选择(节选) ………………………	刘索拉
244	·等待戈多(节选) ………………萨缪尔·	贝克特
272	·黑白——行走的群山……………………	李　锐
307	·编辑手记	

导　言

◎傅书华

希望,是人类与生俱来的一个永远的谜。

或许,希望来自于人类生命最深处的非理性的躁动不安。你看,虽然在现实世界中,浮士德早已功成名就应有尽有,虽然人类早已有了诸如哲学、医学、法律、神学等对世界的科学的解释,但浮士德却依旧因了生命自根的本体性冲动,而对现存的人生形态及人赖以存在的现实世界,有着一种在理性上说不清道不明的不能满足的大痛苦,这样的一种大痛苦,终于使其向死而生,为此,他将灵魂抵押给了魔鬼,踏上了那没有确定性目标的新的追寻之路。

或许,希望就是凯瑟笔下的那座"神峰"。这"神峰",来自于人类在精神上超越现实世界的想象与渴望。它是经验性的,又是超验性的。说其是经验性的,是因为人只有在经验的基础上,才能对未来展开自己的想象,也才能使这一想象,与自己的切实人生血肉相连。你看,那神峰的形状,那印第安人的生活,不都是孩子们依据自己的经验而给以"塑形"的吗?说其是超验性的,是因为只有超越于人之经验之上,才能对经验中的人生,构成神奇的召唤与向往。你看,阿瑟不是终其一生也没有走出"经验"的"阴影"吗?但直到临终之时,他的心中也仍然有着走向"神峰"的向往与愿望,这一向往与愿望,又通过波特的孩子,代代相传。这就是人类的宿命。

或许,希望就是人生长旅中的一个一个的驿站。诚如高尔泰所说:"一种人的满足必然创造一种新的人的需要……生活的意义和乐趣只能在这种永不停息的准备之中,在这种追求——满足——再追求以至无穷的前进过程之中得之。人们努力着、忍耐着、期待着,好像全部生活只不过是某个理想日子的预备期似的。如果没有那个日子的照耀,所有这一切充满忍耐、努力与期待的日子都会显得更加暗淡和不能忍受。而那个理想的日子,或者永远不会来,或者来了又去了,留下的真空依然只能用新的努力与期待来充实。"

是的,这一个一个的驿站,是人生途中的一道道的风景,或者充满了生命的疲惫,恰如老树枯藤昏鸦,或者充满了生命的温馨,恰如小桥流水人家,一个个的偶在生命,一代代的偶在生命,就是这样地走呵走呵,终于在精疲力竭中走到了生命的尽头,终于把一条生命长旅走成了一条沧桑古道,但是,走向何方呢?归宿何在呢?天涯断肠的感慨千古回荡。

回荡在天际之间的,还有着别一种热烈的声音:"在山的那边,是海!美丽的、用信念凝成的海"。正是因为"相信"着海的存在,"听到海依然在远方为我喧腾"才使得"枯萎的心灵"得以滋润,也才使得人类"一次次鼓起信心向前走去"。

当希腊人将普罗米修斯为人类盗火及受难与潘多拉带给人类的灾难及永远封存在其宝匣子里的希望编织在一起的时候,他们一定凭借着天生的直觉,悟到了生存、灾难、希望、受难之间的神秘的血脉维系,而普罗米修斯的受难,潘多拉宝匣子里的希望,则成了人类言说自身的话语的息壤。

在鲁迅的笔下,希望绝非是终极性的实存,而是"无所有",所以,他会在"浩歌狂热之际中"感到"寒",会在"天上看见深渊",这是对既定价值认可的拒绝与否定,这一拒绝与否定,是针对所有的既定的价值判断而发生,所以,"一切眼中"所看见所认可的,在鲁迅的眼中,都是"无所有"。鲁迅的希望观,是在"无所希望中得救"。所以,虽然明明知道"本味何能知""本味又何能由知",但也要"抉心自食",但也要"徐徐食之",而这"自食""食之"过程中的"创痛酷烈",即是那"无所希望中"的"得救"之所在。鲁迅对任何终极性实存的"希望",都有着敏感的恐惧与警觉,所以,面对"待我成尘时,你将见我的微笑",鲁迅会"疾走,不敢反顾,生怕看见他的追随"。这不由得让人想到了鲁迅在《过客》中所塑造的"过客"形象,虽然疲惫不堪,伤痛遍体,但却拒绝了人世经验丰富的老者与心地单纯的女孩儿,让他"回转去"或者"休息一会"的劝告、抚慰,听从"声音"的召唤,"奋然""跄踉""还是走好"地去探寻那"坟地之后"。这也不由得让人想到了鲁迅在《希望》一文中,借裴多菲之口所下的深刻断言:"绝望之为虚妄,正与希望相同"。

相对于鲁迅笔下"长蛇""自啮其身"的"创痛酷烈","海滩上种花"的"孩子",依凭的却是未被世俗泯灭的"童心"。虽然海滩上种花,"这番力量准是白化的了",虽然一边是大海,一边是"几点淡水",那力量的对比是过于地悬殊了,但作者所要赞颂的,恰恰是那明知无望却仍然要作努力的"绝望地抗争",作者所要拒绝的,却恰恰是那被世俗聪明泯灭了"童心"的"活的死人"。"海滩上种花""这个象征不仅美,而且有力量"。一边是"声音"的终极性召唤,一边是"童心"的人之起点,联结在二者之间的,则是以"海滩上种花"的行动,"于无所希望中得救"的人生长途。

在这样的人生长途中,在昭示生命流淌的"报时的钟声"中,有着"轻盈的柳絮""揭开雾海的秘密""驾驭粗野的风"的美与力量,有着"太阳向深渊陨落"的悲壮与沉痛,有着"打碎的花瓶,嵌满褐色的泥沙"的凄美与苍凉,有着"霜花随雾飘去了"的无奈与必然……这就是"希望"的"冷酷"与"沉重",只有能在"创痛酷烈"中"自啮其身"的"长蛇"与能够在"海滩上种花"的"孩子",才能认识、承担起这"冷酷"这"沉重",也才能真正知道"希望"之所在。要想承担起这"冷酷""沉重"的"希望",就要有以非现实的理想的"梦",作为现实性实践性之"马"的准备与勇气,就要有将"那七月也会寒冷的骨骼,如雪白的柴和坚硬的条条白雪 横放在众神之山"的担当精神,就要像丹柯那样;把自己的心掏出来,高高地举起,给众人在黑暗中,照亮前行的道路,而"充满了希望的快乐的人们并没有注意到他的死,也没有看到丹柯的勇敢的心还在他的尸首旁边燃烧"。虽然丹柯在"绝望地抗争"上,不及《墓碣文》与《海滩上种花》有力与深刻,但那种在希望之路上殉道的光芒,也足以与后者一道令人刺目感人至深了。

与鲁迅笔下"于无所希望中得救"遥相呼应的,是鲁迅的弟弟周作人笔下的那只行走在希望之河上的"乌篷船"。在将希望与绝望相等同上,二者是相同的,你只要看看文中作者劝人坐船不要像坐电车"那样性急",就可以约略知道,在作者眼中,到达的目的地或者说行走的目标是无所谓的,既然是无所谓的,行走速度的快慢也就没有了意义,意义只在于这"走"之中。这与鲁迅笔下明知"本味何能知""本味又何由知"的目标的无望,却重在"抉心自食""徐徐食之"的过程是一致的,这与鲁迅笔下"过客"的"还是走好"也是一致的。还有,你只要知道这封信,写信的与收信的是同一个人,也就是说,是一封自己写给自己读的信,你也就约略可以知道,这作者与"一切眼中看见无所有"是一样的不能认同既有的价值准则的,与作为"游魂"的"长蛇"是一样的孤独寂寞的。只是在这样地相同中,二者却取了不同的价值姿态,一为在"无所希望"的行走中"创痛酷烈",一为在"无所希望"的行走中"平和冲淡"。不是么？周作人所津津乐道的,是在与绝望相等同的希望之途中,如何抱着超然的态度,观赏这行走之工具与路途之风景,只是因为以对行走目标的绝望为前提,这希望之途中的"平和冲淡",也就是以"苦涩"为其底色的。

在希望之路上,相较于周作人,苏轼同样不看重目标的有无,同样认为意义在于过程,所以,他会"吟啸且徐行",所以,他能欣赏"竹杖芒鞋""山头斜照",但与周作人以"苦涩"为其底色的"平和冲淡"不同的是,苏轼确确实实要潇洒得多:"一蓑烟雨任平生","也无风雨也无晴"。

胡适也不把希望寄托在遥远的未来,但是与周作人、苏轼对过程的审美态度不同,胡适更为重视的是过程中的现实性、可行性。你看他对大学毕业生的寄语,两大类的问题是现实的、具体的,解决问题的三个办法也是现实的、具体的。在面对希望的价值姿态上,胡适是最为平实可行的,最为明白易懂的,也是最为符合凡人的日常人生的。与胡适有某种相似的,是《神女峰》,放弃那远不可及的在远不可及中使"心"变成"石头"的希望,而将希望具体化为充满生命血肉的瞬间:"与其在悬崖上展览千年,不如在爱人肩头痛哭一晚"。

是的,你难保这过程中的瞬间不是一场过眼烟云,抑或是一次失足、一次迷误,但即使如此,这过程中的瞬间也依然不失意义的存在,这就是普希金在《假如生活欺骗了你》中所说的:"那过去了的,却又使你感到美好"。

过程中的瞬间对你的"欺骗"是如此,那希望的目标对你的"欺骗"又何尝不是如此呢?《命若琴弦》中那弹断八百、一千、一千二百根琴弦就能使瞎子复明的许诺,原本不过是一张无字的白纸的欺骗,但虚设的弹断八百、一千、一千二百根琴弦,就能使瞎子复明的目的,却能使瞎子"永远扯紧欢跳的琴弦"。人在希望面前,就犹如这"瞎子"一样。"目的本来没有",于是,人"无所谓从哪儿来,到哪儿去,也无所谓谁是谁……""有关大雁塔,我们又能知道些什么……我们爬上去,看看四周的风景,然后再下来"。希望就蕴藏在这"爬"之中,就蕴藏在这"看看"及这"四周的风景"之中,就蕴藏在行走在"莽莽苍苍的群山"之中的"瞎子"那流淌着生命的喜怒哀乐的琴弦之中。

在希望的构成中,爱是最为基本的元素,在希望的谱系中,爱是至关重要的一支,而爱与希望,就其与人类关系的性质而言,又最为相近。

当何彬因了深夜的呻吟而唤起了对母爱的回忆时,他其实已经迈出了走向爱的第一步。他在关心着禄儿的同时,也拯救着自己的灵魂。对痛苦呻吟声的拒绝,在实质上,也就开始了对爱的亲近。爱,终究融化了铁石的心肠,消除了人际的隔膜。这样的希望之歌,不仅唱响在东方,也回荡在西方的上空。当作为纳粹党成员的老小姐哀叹"生活简直就是地狱"时,美国大兵在心底却认为:"失掉爱的能力而受折磨就是地狱"。所以,与十三岁女孩子的一次短暂邂逅,这个女孩子从远方给他寄来的一个邮包,会让陷于精神崩溃的美国大兵,"有希望再成为一个健全的人,身心都健全的人"。

不错,在人生的长河中,爱是短暂的,瞬间的,但爱又是人类所最为希冀得到的。爱如何彬送给禄儿的那篮花儿,远在天上,犹如希望一样,作为终极价值永远不可企及。但爱又如禄儿送给何彬的花篮,又如十三岁女孩子艾斯美寄给美国大兵的邮包,近在身旁,犹如希望一般,时时刻刻支撑着我们的生活,让我们与之须臾不可分离。用爱或者希望,是不能实际地改变人生境况的,更不能实际地影响历史的进程。但明知如此,却仍然恪守着爱或者希望的情怀,以此来构成对现实生存法则的全面的价值拒绝与批判,这正是人类天真的神圣或神圣的天真之所在。

也有人执著地把希望建筑在与此岸世界相对的彼岸世界上。

郭沫若相信并向往着"天上的市街",朱自清认为这世上无梦的"真人""至人""愚人"毕竟是少数,大多数的还是那想"做他几个好好的梦"的"第二流人物""素人"。"梦中的天地是自由的,任你徜徉,任你翱翔,一睁眼(回到现实世界)却就给密密的麻绳绑上了,就大大地不同了",希望的彼岸世界,毕竟给生活在不自由的此岸世界中的人以一个向往中的超越此在的自由的空间,所以,作者会大声地疾呼:"彻头彻尾赞美梦"。

有了向往中的彼岸世界,也就相应地有了愿望、信心与随之而来的努力。蔡其矫把这彼岸世界具体化为种种美好的形态而给以"祈求",朗费罗又把这"祈求"转换为昂扬的精神与积极的行动。即使是在这行动的过程中,充满着严峻、艰辛、动荡、困苦乃至死亡,但这乃是新陈更新的温床,所以,雪莱会高唱《西风颂》,赞颂西风"请把我枯死的思想向世界吹落,让它像枯叶一样促成新的生命",而"要是冬天,已经来了,西风呵,春日怎能遥远?"李白呢?虽然面临"欲渡黄河冰塞川,将登太行雪满山"的"行路难",但这行路之难,只能更加激发他"长风破浪会有时,直挂云帆寄沧海"的豪情。

希望之路上,又时时有着选择中的困惑、莫名的非理性的躁动不安与一切都无法理喻无法言说都失去了意义的荒诞中的大迷茫大苦痛。

在王蒙的笔下,青年人林震代表着青春的幼稚与青春的激情,中年人刘世吾代表着人生在社会中的成熟与激情的消失。在生命形态、生命法则与社会形态、社会法则的冲突中,前者的失败是必然的,而青年人也将必然地成为中年人。于是,有了林震——赵慧文——刘世吾的人生链,即林震的明天是赵慧文,林震的后天是刘世吾,反之亦然。面对这种必然,王蒙虽然知道注定无望,但却仍然要让不甘如此的林震,最终用敲门声来对此体现一种绝望的叩问。同时,刘世吾在对所有的一切有着深刻的洞察后,所采取的消极的逍遥而又适意的人生态度,也为王蒙所认可。这是王蒙选择的困惑,也是提供给每一个人都要思考的问题。

同为青年人,在刘索拉的笔下,则充溢、弥漫着浓得化不开的莫名的非理性的躁动。楼道琴声的轰鸣，森森钢琴的"力度"，孟野"狼一样的嚎叫"，李鸣的终日不起床，董客的不知所云，新年晚会上那群体呜呜呜的哭声……不知道如何做，却又必须拼命地做，不知道向什么地方走，却又必须不停地走，面对着高悬于每一个人头顶上的象征着希望的功能圈，你别无选择。

但是，如果目标既无，又无路可走；人不知自己要做什么，人也不知自己做的是什么；他人不能理解自己，自己也不能理解他人；外界的变化，令人不知所以，自己对外界的种种努力，也得不到任何回应；目的与过程，永恒与瞬间，在这里都失去了意义，都成为无法理喻的存在，那是怎样的一种荒诞境况呵。《等待戈多》所揭示的就是人类这样的一种存在境况。这是因了在人之长旅中，对所有的既存的人类的文明成果均失去了信心而发生。这是人类空前的精神的危机，价值的崩溃。但是，即使如此，人类也没有忘记了对希望的期盼。等待戈多，也就是在等待着希望。希望失去了依存之地，才造成了人类如此的大迷茫大苦痛。

《黑白》表现的是人类在希望之旅途中的另一种荒诞境况。你为着希望真诚地去寻求，你为了这寻求做出了最大的牺牲，你对这寻求的坚守可谓意志非凡，你明明感觉到了这希望的无望，但仍然永不言弃。这看似也是一种对绝望的反抗，但当你所为之的希望，是一个无意义无价值的存在时，你所系之于此的真诚、牺牲、意志、反抗等等，就都一下子失去了依托，失去了分量，成为一种无意义的荒诞存在，这是一种最可怕的最难以诉说的深刻的生命的破灭，生命意义的丧失。这或许可以称之为黑色的希望与希望的黑色吧。

  希望是个谜。人类已然对此给出了如上所述种种的谜底,还有诸多的谜底为本文所未能涉及,还有更多的谜底等着我们去揭示,那么,就让我们继续去找寻这些谜底吧。这种找寻永远不会完成,但这种找寻,却会成为永远的永远。

浮士德(节选)

歌 德[*]

[浮士德、梅菲斯特上。]

浮士德　有人敲门？进来吧！谁又来打扰我？

梅菲斯特　是我。

浮士德　进来吧！

梅菲斯特　你得说三遍[①]。

浮士德　那么,进来吧！

梅菲斯特　这样方称我心！我希望我们能够和睦共处！为了排遣你的烦闷,我这里打扮成一位贵公子[②],

---

[*]　歌德(1749—1832),德国作家。代表作品有《浮士德》、《少年维特之烦恼》等。本文选自其《浮士德》,北京:人民文学出版社1997年版。

[①]　说三遍:与魔鬼交往的先决条件之一,浮士德果然照办。

[②]　贵公子:原文系一种武士称谓。在《女巫的丹房》中被称为"撒旦公子";在《瓦尔普吉斯之夜》中又被称为"伏郎公子"。在傀儡舞台上,梅菲斯特第二次出场,身着红色紧身马甲,外披黑绸斗篷,头戴公鸡羽毛帽。歌德有意保留这套西班牙朝服,是为了让梅菲斯特打扮成一个见过世面的人,正如他在《女巫的丹房》中回答女巫时所说,"把世界舔遍了的文化也影响到魔鬼"。

身穿绲金边的红袍,加上锦缎小外套,帽子上还插着公鸡毛,外佩一柄又长又尖的战刀,——我干脆奉劝你,也像我这样穿戴,你品尝人生滋味才能自由自在。

浮士德　我穿任何衣服,都感受到局促人生的痛苦。让我一味玩耍,我未免太老,但要我清心寡欲,我又太年轻,这世界还能给予我什么呢?你应当安贫守命!应当安贫守命!这永久的歌曲响在每人耳旁,在我们漫长的一生中,每个时辰都在沙哑地①向我们歌唱。每天早晨醒来,我总是惶惶不可终日,几乎泪流满脸,眼见这一天悠悠忽忽,又将一事无成,一事无成,连每种兴致的预期都会为任性的吹求所消磨,活跃胸臆的创造精神倒为千百种人生蠢态②所耽搁。黑夜降临,还必须惴惴不安地躺在床榻上;那时也不会给我送来什么安宁,倒是一些狂乱的噩梦使我胆战心惊。住在我胸中的神可以深深激动我的内心;它凌驾我的全部力量,却动摇不了外界的任何事情。因此,生存对我只是一种负担,我宁死而厌生。

梅菲斯特　可死亡决不是受欢迎的客人③。

浮士德　哦,在凯旋的荣耀中戴上染血的桂冠而死去的人,在疾速的狂舞之后死在一个少女怀抱

---

　　① 沙哑地:指古老钟楼的钟声沙哑地报告生命缩短而一事无成。
　　② 人生蠢态:现实的丑恶面妨碍高级想象力的自由创造,反过来还扮出怪相来观看创造精神。
　　③ 此句暗讽浮士德在复活节前夕意图自杀而未遂。下文"可某人在那个晚上并没有饮尽那杯棕色的汤药"亦指此。

里的人,都有福了!我前几天在崇高精灵的力量面前销魂失魄,要是就此离世,那该多好!

梅菲斯特 可某人在那个晚上并没有饮尽那杯棕色的汤药!

浮士德 看来,刺探隐私正是你的嗜好。

梅菲斯特 我并非全知;但我的确知道不少。

浮士德 如果说有一种甘美熟悉的声音,将我拽出了可怖的混乱,用快乐时光的余响①欺骗了残剩的情感,那么我将诅咒以诱骗与欺诈围困灵魂,以眩惑与谄媚之力将它禁锢在这悲伤洞窟②的一切!首先诅咒精神用以缠绕自身的高尚主张!诅咒向我们的感官纷至沓来的眩惑的假象!诅咒在梦中对我们佯装的,由荣誉和经久令名做成的虚妄!诅咒作为产业、妻儿、奴仆和锄犁向我们献媚的一切!诅咒玛门③,如果他以财宝刺激我们从事冒险活动,如果他摆好坐垫,让我们端坐着,沉溺于闲适的受用!诅咒葡萄的香液!诅咒那种最高的恩宠!诅咒希望!诅咒信仰!尤其要诅咒忍从④!

---

① 快乐时光的余响:指记忆。
② 悲伤洞窟:指肉体、躯壳。柏拉图已有此感觉。
③ 玛门:财神。《新约·马太福音》第六章第二十四节:"你们不能又侍奉神,又侍奉玛门。"
④ 《新约·哥林多前书》第十三章第十三节:"如今常存的有信,有望,有爱,这三样,其中最大的是爱。"浮士德绝望到准备全部舍弃这一切,甚至拒绝在今世为来世而忍耐任何痛苦,这就为梅菲斯特提供了进行诱惑的最好机会。

精灵合唱①（隐身）

悲哉！悲哉！

你用粗拳

摧毁了

这美丽的世界；

它倾覆，它瓦解！

一位半神将它砸坏！

我们把废墟

打扫干净

并为失去的美

而伤怀。

强有力的

地之子啊，

快把它

在你的胸中

重建得更气派！

光明磊落地

开始

新的人生历程吧，

让新的歌曲

---

① 这段唱词有双重含义：既是严肃的，又是嘲讽的。首先它像是一篇危险的诔词，悲叹"美丽的世界"为浮士德所摧毁，却又原谅这个"半神"的狂妄的诅咒，从而鼓励他走向新的狂妄，从这一方面说是嘲讽的。同时，它又可视为作者的一番感叹，它鼓励浮士德"开始新的人生历程吧，让新的歌曲响彻世界"，实际上预示了这个"地之子"内心不断向上、终于获得拯救的精神发展，从这一方面说又是十分严肃的。但是，梅菲斯特并不理解精灵合唱的这点真正含义，而从嘲讽的角度加以理解，并认为它"说得多么老练"，于是提出了与浮士德一同"经历一番人生"的建议。

响彻世界!

梅菲斯特 这些小家伙,都是我的随从。听吧,它们劝人享乐和行动,说得多么老练啊!它们诱导你走向广阔的世界,摆脱使人神倦血枯的孤独。别再玩弄你的忧伤吧,它将像兀鹰①一样啄噬你的生命!最坏的交游也会让你觉得,你是一个合群的人。可这并不是说,要你去同流合污。我算不得什么伟人;但你愿意和我一起,去经历一番人生,我倒乐于马上听你吩咐。我是你的同伙,如果你觉得合适,当你的仆人,当你的奴隶也未尝不可!

浮士德 那么我向你回报又该怎么说?

梅菲斯特 你想回报,时间有的是。

浮士德 不,不!魔鬼是个利己主义者,不会凭白去做于别人有益的事。请把条件说明白!这样一个仆人会把危险带进屋里来。

梅菲斯特 我愿**今生**负责为你服役,奉行你的任何指示,决不偷懒;待到**来世**,我们相遇,你也应当对我如此这般②。

浮士德 什么来世不来世,我才不关心;一旦你把这个世界砸成废墟,另一个就会应运而生。从这个世界才流得出我的欢欣,是这个太阳才照临到我的苦闷;一旦我同它们分开了,任何事情爱怎么发生就怎么发

---

① 兀鹰:宙斯为了惩罚普罗米修斯的傲慢,将他锁在高加索的悬崖上,并派一只兀鹰每天早晨去啄食他重新长起来的心肝。

② 表面上,梅菲斯特提的条件是公平的;实际上,同浮士德在"今生"的若干岁月相比,永恒的"来世"当然有利于梅菲斯特。但是,浮士德渴望享受"今生",接着却说:"什么来世不来世,我才不关心……"

生。将来人们是爱还是恨,那个星球上还有没有高下之分,我可再也不想去打听。

梅菲斯特　在这个意义上,你不妨冒冒险。签个契约吧!这几天你尽可高高兴兴,领略一下我的法术,我要让你见人之所未见。

浮士德　你这可怜的魔鬼又会给人什么——一个人的精神在高尚奋发之际,又几曾被你们这些家伙理解过?你可有让人吃不饱的食品①?你可有像水银一样不停地从你手中流走的赤金?可有一场从来赢不了的赌博?可有一个在我的怀里山盟海誓,同时向邻人频送秋波的情人?可有美妙极乐像流星一样消逝的荣誉?让我看看什么果实还没有采摘就腐烂了②,看看什么树木每天重新发青!

梅菲斯特　这样一张订单吓我不倒,我正可以拿这些财宝来为你效劳。可是,好朋友,我们把安静当作美餐品尝的时辰也快到了。

浮士德　如果我安静下来,游手好闲,虚度时光,那就让我马上完蛋!如果你能谄媚我,诳骗我,使我自

---

① 让人吃不饱的食品:指纯粹的眼前享受。这些享受由于随之使人感到幻灭,故须接二连三地串联起来,才能通过新的感官陶醉而将增长的嫌恶扼制住。它们可以概括地称为一种本来可食,但已从中腐烂的水果。因此浮士德问梅菲斯特,能否为他提供这样一种享乐生涯,使他不再有所醒悟,从而摆脱自我折磨的思维。

② 梅菲斯特在上句说,"我要让你见人之所未见",浮士德于是回答了这一段。关于这句话的意思,有过一些不同的解释。一说浮士德嘲笑梅菲斯特只拿得出腐烂的东西;二说浮士德觉得梅菲斯特的诺言不过是开玩笑,故以玩笑对之;三说浮士德认为,梅菲斯特如拿不出任何对于"高尚奋发"的人具有真正价值的东西,也不妨为他提供一些眼前的享受,即"让人吃不饱的食品",等等。

得其乐,如果你能用享乐把我哄弄①——那就算我的末日来临!我争这个输赢!

梅菲斯特 一言为定!

浮士德 奉陪到底②!如果我对某个瞬间说:逗留一下吧,你是那样美③!那么你就可以把我铐起来,我心甘情愿走向毁灭!那么,就让丧钟敲响,让你解除职务,让时钟停止,指针下垂④,让我的时辰就此完结!

梅菲斯特 好好考虑一下!免得我们忘记。

浮士德 对此你有充分的权利;我也决非胆大妄为。一旦我停止奋斗,我就成了奴隶,不管是你的,还是谁的,都无所谓。

梅菲斯特 今天在新进博士授衔宴会上,我将立即尽责做好你的仆役。只是有一桩!——无论如何,我恳求你为我写上几行。

浮士德 你这个书呆子还要什么字据?难道你不认识一诺千金的大丈夫?我说过的话永远支配着我的

---

① 用享乐把我哄弄:表面上是二人赌博的条件,其实在理解上存在着分歧。梅菲斯特把它理解为一个人为"肤浅的胡闹"而抛弃其人类使命的那种享乐。但是,浮士德却严肃地认为,这是痛苦的生存辩证法,是魔鬼要的价,也正是他本人所期待、所乐于享受而一开始就看透了的。浮士德愿意尽可能全面地体验这种悲剧性的享受,是因为他意识到,这种辩证的"销魂境界"尽管为梅菲斯特加以夸张,却从不足以使他迷惑,以至不认识这种辩证法所包含的悲剧,也就是说,被魔鬼"用享乐哄弄"。浮士德把重点放在"哄弄"二字上,足见他十分怀疑瓦格纳的庸俗的乐观主义。

② 梅菲斯特按照风俗伸出手来说"一言为定!"浮士德随即伸手相握,同时说"奉陪到底!"表示协议业已达成。

③ 浮士德充满自信地说这句话,把那个获得最高满足的瞬间视作他追求幸福的无限能力的象征。浮士德和梅菲斯特的赌博,具体落实到这句话上。

④ 指针下垂:时钟机件损坏后,两个指针垂直下落到六点上。

余生,难道这还不成?世界并没有停滞在所有河流里,一个诺言又岂能将我拘禁?但是,这个偏见既已深入人心,谁又可能将它摆脱?胸怀纯洁讲信义的人有福了,任何牺牲都不会使他悔约!只有一张羊皮纸,写上字并盖上蜡印,才是人人望而却步的鬼影。文字一经写出便已死去,封蜡和皮纸①则掌握了权柄。——你这恶灵向我要什么呢?青铜、大理石、羊皮还是纸张?要我用刻刀、凿子还是鹅毛管?随你的便,我都照办。

梅菲斯特 你又何必夸夸其谈,说上这么一大摊?其实,任何一张纸片儿都行,还得用一滴血签上你的大名。

浮士德 如果这样能使你心满意足,也不妨把表面文章做做②。

梅菲斯特 血可是一种十分稀有的液体③。

浮士德 别担心我把盟约毁弃!我所全力以赴的,正是我答应要做的。我曾经自视甚高;其实跟你差不离。伟大的精灵蔑视过我,大自然又给我吃闭门羹。思维的线索已经纷乱,我久已厌弃一切学问。让炽烈的情欲从我们的官能深处熄掉吧!让每个奇迹带着未穿透的魔术外壳立即发生!让我们投身到时间的澎湃,投身到事变的翻滚!任苦与乐、成与败尽可能相互交替;君子唯有自强不息。

---

① 封蜡和皮纸:封上蜡印的羊皮文书要比实际上真实的意见更受到信任。

② 把表面文章做做:原文为"装装怪相"。

③ 据古老传说,血有魔力。梅菲斯特要求浮士德在协议上用血签字,浮士德认为是"表面文章",但仍照办了,从此便为梅菲斯特所掌握。

梅菲斯特 没有给你订过什么目标和尺度。你到处可以随心所欲,开溜时也不妨顺手牵羊,无论你欢喜什么,都能如愿以偿。尽管动手吧,不要害羞!

浮士德 你听着:问题不在于作乐寻欢。我愿为之献身的,是销魂的境界,是最痛苦的赏玩,是被迷恋的憎恨,是令人心旷神怡的厌烦。我的心胸既已为求知欲所控,今后将不会拒绝任何苦痛,凡是分配给全人类的一切,我将在我的内心独自享用,并以我的心神掌握至高至深的道理,在我的胸中积累全人类的祸福休戚,于是我的小我将扩大成为它的大我,最后将像这个大我一样一败涂地!

梅菲斯特 哦,我把这份粗粮啃了几千年,请相信我,从摇篮到棺架,没有人消化得了这块老面!请相信我们中间的一个:这个整体只是为神而设!他住在永恒的光华之中,却将我们投进了黑暗,只让你们去享用昼与夜。

浮士德 可我愿意①!

梅菲斯特 说得真动听!只是我担心一宗:时光有限而技艺无穷。我奉劝您,何妨向人请教。最好同一位诗人结交,让这位先生驰骋想象力,把所有高贵品质都堆上您光荣的头顶:如狮子的勇敢,公鹿的奋迅,意大利人的热血,北欧人的耐久。让他为您找到窍门,把慷慨和狡狯结合起来,以热烈的青春冲动按计划去寻花问柳。这样一位先生,我也愿意识荆:打算把他称

---

① 可我愿意:浮士德说他愿意获得一切,在梅菲斯特听来,是荒谬的;只有驰骋八极的诗人想象力才能创造出这样一个超人,但即使这样一个人也招致梅菲斯特在下文的嘲讽。

为"小宇宙先生"。

浮士德 如果不能获得全心全意追求的人类冠冕,我又算得了什么?

梅菲斯特 你是什么——终归会是什么。且戴上用无数鬈发编成的假发,穿上一码高的靴和袜,你是什么——终归还是什么。

浮士德 我觉得,我枉然将人类所有精神财富聚到自己身上,待我终于坐了下来,从我内心并没流出什么新的力量;我并没有高出毫发,离无限也并不更近一拃。

梅菲斯特 我的好主人,您看事情简直跟常人没有两样;趁生之乐趣尚未飞逝,我们动手以敏捷为上。岂有此理!你的手和脚,还有脑袋和屁股——固然都是你的;可我新近享用的一切①,难道因此就不是我的?我付得起六匹马的价钱,它们的力气难道不是我的?我驱策前进,威风凛凛,好像长了二十四条腿。咱们振作起来,别瞻前顾后,笔直一起冲向人间去!我告诉你:一个徒事思辨的可怜虫有如一头牲口,在枯槁的荒原上,被一个恶灵牵着兜圈子,却不知周围尽是绿油油的草地。

浮士德 我们怎样开始呢?

梅菲斯特 我们马上就走。这是怎样一种殉道的场所?让自己腻味,也让学生腻味,这过的是怎样一种

---

① 我新近享用的一切:指身外之物。一个人的财产远远超出了他的肉体,因此,不仅他从内心涌出的一切,即使他从外界得以享用的一切,也都可以提高他的生活享受。

生活?把它交给大腹便便的邻人①吧!何苦去打这没有穗粒的稻草?你满腹经纶,却不敢去把学生教。——我刚听见走廊上来了一个!

浮士德 我现在可不能见他。

梅菲斯特 可怜的孩子等了很久,他不应当怏然而去。请把你的斗篷和便帽借我一用!这套伪装对我倒挺合适。(改装)好,现在让我也来开开心!我只需要一刻钟;你乘此准备一下这美妙的旅行!

〔浮士德下。〕

梅菲斯特 (穿着浮士德的长袍)你且蔑视理性和科学,人类最高的力量,你且在幻境和魔术中为谎精所鼓舞,这样你用不着签约就落入我的手掌②!——命运已经赋予他这样一种精神,它将永远奔放不羁地向前冲去,它急切的努力超越了尘世的欢乐。我将拽着他去过放荡的生活,去经历肤浅的烦琐,他将坐立不安,呆望着我,离不开我,并由于贪得无厌,将只看见佳肴美酒从他馋涎欲滴的唇边滑过,他枉然祈求解渴充饥;即使他没有把自己出卖给魔鬼,他也一定毁灭无疑!

〔一个学生上。〕

学生 我初到贵地,便真心诚意前来拜望先生;人们提到先生的大名,无不肃然起敬。

梅菲斯特 阁下的礼貌使我感到荣幸!鄙人也不

---

① 大腹便便的邻人:大腹便便是当时的风尚。指趣味千篇一律的人们。

② 你用不着签约就落入我的手掌:梅菲斯特望着浮士德退去的身影这样说,仿佛他就在眼前一样。说完这句话,梅菲斯特转过身去,继续他的独白,并用第三人称提到浮士德。

过是个常人。您可曾在别的地方摸过门径？

学生 我请求您收我做个门生！我满怀勇气而来，钱还够用，人更年轻，家母不愿我背井离乡，我却很想在外面长长见识和学问。

梅菲斯特 您倒找对了地方。

学生 老实说，我又想离开此地：在这些高墙内，这些大厅里，简直无从使我惬意。这是一个非常局促的空间，看不见绿意，看不见树木，在课堂里，在坐凳上，我什么也听不着，看不见，想也想不出。

梅菲斯特 这可要看是不是习惯。譬如一个婴孩，一开始接受母乳也未必欣然，但很快就高高兴兴地吮吸。看来您也会日益贪爱智慧的乳液。

学生 我乐意搂住她的脖子；可告诉我，怎样才能达到那个境地？

梅菲斯特 您在深谈之前，请先说说您选修哪一科！

学生 我有志成为饱学之士，上至天文，下至地理，又博又专，就是说，想选修科学和自然。

梅菲斯特 您这算是走上了正道；可您千万不能心猿意马。

学生 我当全部心身以赴；但到了美妙的暑假，总得有点自由和消遣，让我舒服舒服。

梅菲斯特 光阴似箭，要好好加以检点！不过，循序渐进将教您赢得时间。尊贵的朋友，我劝您先选修逻辑学①。这样你的精神就会被训练得服服帖帖,无异于给套上了西班牙的长靴②,今后它将更其审慎地爬上思维的轨道,不至于像鬼火似的横冲直闯,东荡西飘。然后,人们花许多天来教您,您平常一下子完成的事情,本来像吃饭喝水一样随便,也必须来它一个"一!二!三!"。的确,思维工厂就像织布师傅的杰作③一样,踩一下就牵动了千丝万缕,梭子飞过来又飞过去,纤维流动着简直看不见,一下子就接上了千头万绪。哲学家接着走了进来,教导你必须如此这般:第一是怎样,第二是怎样,第三、第四也会是怎样;如果没有第一和第二,第三、第四也决不会出现。各地的学生齐声赞扬,可就没有一个成为织布匠。谁要想认识和描述一件活物,首先设法把精神从中撵走,然后才把各个部分拿到手,可惜!单单缺少了精神的连贯,化学称之为 Encheiresin naturae(自然的处置)④,不过是自我解嘲,它也不明个中所以然。

学生 简直听不懂先生的高论。

---

① 逻辑学:据歌德在来比锡大学的经验,各门学科的新生入学后均先选修逻辑学。
② 西班牙的长靴:用铁圈紧夹双腿的刑具。西班牙宗教裁判所常用以拷问异教徒,故云。
③ 织布师傅的杰作:寓意是:创造性的心灵一下子便能综览并掌握整体,而渺小的心灵只能观察个别,从不能到达整体。
④ Encheiresin naturae(自然的处置):歌德记得他 1763 年在斯特拉斯堡大学听化学教授 J. R. 施皮尔曼说过,分解了的物质不可能重新组合的,"因为**自然的处置**结合物质多种多样,有些我们不认识,有些我们还不能证实"。动植物被分解后,结合的纽带便像飞逝的精灵一样被赶走了,原来的物质再不能从残余中恢复过来。歌德在本文中将这个化学规律援用到逻辑学上。本文中希腊文 Encheiresin 是 Encheiresis 的宾格。

梅菲斯特 您要是学会了还原一切,并将它们相应地分类,不久就会渐入佳境。

学生 这一切把我搞得昏昏沉沉,好像脑子里转着一张磨轮。

梅菲斯特 然后,放下其他一切,您必须研习形而上学!这样,您就会深刻地掌握那些不适合人脑的学科;不管是钻得进还是钻不进,都得给它们选用一个堂皇的名称。特别是这半年,要认真注意循序渐进!每天您得上课五个小时;钟声一响,就得走进课室!事先要把课备好,每章每节要记牢,这样您日后才会明白,除了书本上有的,他什么也没有讲;您还得勤于抄写,就像圣灵向您口授一样①!

学生 您用不着再三叮嘱!我懂得抄写的好处;因为白纸写上黑字,可以放心带回家去。

梅菲斯特 可您总得选一门专科!

学生 我不大适应法学。

梅菲斯特 我会为此见谅,我知道这门学问是个什么名堂。法律和规程可以遗传②,就像永久的疾病一样;它们从一代拖向另一代,从一个地方悄悄移到另一个地方。理性变成了荒谬,善行变成了灾殃;你作为子孙,真是不幸!至于我们与生俱来的权利,遗憾!从

---

① 德国大学教授讲课,大都只是口头转述课文章节;学生则习惯于把他们听到的教授口述记录下来。为了鼓励学生这样做,许多教授往往采取缓慢而有节奏的声调。梅菲斯特的这段劝告,最尖锐地讥刺了这种形式主义的知识传授法。

② 当其前提改变很久以后,法律仍然继续通行;随后变得弊多利少,于是后人把先人认为明智的法律视之为荒谬。18世纪曾热烈讨论过成文法和自然法的对立,梅菲斯特后面所说,"我们与生俱来的权利,遗憾!从来没有人过问",即指自然法受到忽视。

来没有人过问。

学生 经您这样一说,我对法学更加厌恶。能受到先生的教导,才真算有福!我现在几乎想学神学。

梅菲斯特 把您引入歧途我可不愿。谈到这门学科,要避免迷津还实在很难,其中暗藏着许多毒素,同良药几乎难以分辨。这里最好只听一家之言,要对老师的话信誓旦旦。总之,要重视言词①!然后,您才可以从这可靠的门洞走进确实的神殿。

学生 可是词儿总得有点意义。

梅菲斯特 当然!不过也不必为此过分着急;因为正是在没有意义的地方,塞进一个词儿总来得及。用词儿可以争个水落石出,用词儿可以建立一个体系,对词儿要信仰得五体投地,一个词儿决不能落画缺笔。

学生 请原谅,我拿许多问题打搅了阁下,现在还得劳驾。您可否再就医学对我有所启发?三年是一段短暂的时光,但是天啦,医学范围实在太广。如果得到先生的指点,今后就可以自己摸索前往。

梅菲斯特 (旁白)这一大套实在枯燥乏味,现在我该来扮演一下魔鬼。(高声)医学的精粹不难领会:您得透彻研究大小世界,到头来却须听从上帝安排②。您枉然四下漫游求学,每人只学得到他能学会的一点

---

① 这一句及下一段都是梅菲斯特的反话。事实上,歌德认为,言词只是人们的权宜之计,他们对于事物的思考和认识往往胜于表达。同时,歌德受哈曼和赫尔德的影响,十分厌恶浮华的言词、抽象的理论、空洞的体系等。

② 对"学生"而言,"大世界"指一般自然科学,"小世界"指人体解剖学、生理学。此句是说:即使熟读这些学科,人也得听天由命,把生命交给上帝。

点;谁要抓住了那一刹那,谁就是个真正男子汉。您的身体还相当结实,也不会缺乏勇气,只要您相信自己,别人也就会相信您。特别要学会驾驭女人!她们长吁短叹虽有百种千般,对症下药只须从一点,马马虎虎装出一副道貌岸然,您很快把她们个个弄得团团转。先必须有个头衔使她们相信,您的医术比许多人高明;然后,作为见面礼,您才可以去摸索所有随身细软,别人连哄带骗得花好几年。再要懂得把脉按好,还得斜着火热的目光把她们的纤腰搂抱,看看她们是否把紧身儿系牢。

学生 说得已经很清楚!的确知道从哪儿开头,又怎么着手。

梅菲斯特 尊贵的朋友,所有理论都是灰色的,生活的金树常青①。

学生 我向您发誓,今天对我像是一场梦境!下一次可否再来烦渎阁下,好让我把您的智慧听出一个究竟?

梅菲斯特 只要做得到,自当乐于应命。

学生 我不能徒入宝山,空手而归。我得呈上我的纪念册,如蒙错爱,敬请留题!

梅菲斯特 好的!(写毕归还)

学生 (念)"你们便如神,能知善与恶。"②(郑重掩卷,躬身告退)

---

① 这句格言当然不是讽刺,而是歌德戴着梅菲斯特的假面在说话。

② 参阅《旧约·创世记》第三章:蛇在伊甸园引诱夏娃吃智慧果时所说。歌德在这里用的是拉丁文。

梅菲斯特　紧跟这句古话,紧跟我的蛇姨妈,有朝一日你肯定会因同上帝相仿而担心害怕!

〔浮士德上。〕

浮士德　现在上哪儿去?

梅菲斯特　随你高兴!我们先去访问小世界,大世界随后再说①。你将多受用,多快活,一路吃喝玩乐,读完这一课!!

浮士德　只是我胡子拉碴,过不来这轻松的生活方式。这次尝试难保不是白费力气;我不知道怎么适应这个世界。在人面前我觉得自己十分渺小;我总是非常尴尬。

梅菲斯特　我的朋友,这一切都不必多说;只要你相信自己,你就会懂得怎样生活。

浮士德　我们怎么出门呢?你的马匹、奴仆和车辆又在哪里?

梅菲斯特　只要把这件斗篷展开,它就会带着我们飞过天空。只是你走这勇敢的一步,行李千万不能太重。我将准备一点点可燃气体②,它会轻便地带着我们离开大地。如果我们体轻,它就会飞快上升,——我祝贺你开始这段新的人生旅程!

---

① 对浮士德而言,"小世界"指以第一部的格蕾琴悲剧具体化的人类欲望的个人经验;"大世界"指第二部所表现的更广阔的行动舞台,其中智力代替了感情,个人狭隘的利害消融于种族的利害。

② 可燃气体:1782年法国蒙戈尔费埃兄弟发明借发热气体上升的气球,该气球即以发明者的名字命名。

神　峰

薇·凯瑟[*]

夕阳西沉,大伙在河中戏水嬉戏之后,在岸边生火做晚餐。斜阳照在四周的白沙滩上,炫目极了。待到坐下来用晚餐时,那半透明的火球已在一片片灰褐色谷地后面沉没了。笼罩在河面上和纤尘不染的沙湾上的温暖空气渐觉清新,平坦的河岸上,繁茂的紫菀和向日葵散发出馥郁的气息。我们这条河流,和流经盛产谷物的内布拉斯加州的六七条河一样,浑黄的河水懒洋洋地缓慢流淌着。河的一边是参差陡峭的土岸,光秃秃的,岸上寥寥无几地长着一些低矮的栎树。粗壮的树干和虬曲的枝丫在修长的野草上抛下淡淡的树影。两岸低平、广袤的谷地一直伸向地平线。沿岸,小

---

[*] 薇·凯瑟(1873—1947),美国作家。代表作品有《啊,拓荒者!》、《我的安东尼亚》、《教授之家》等。本文选自《20世纪外国短篇小说编年·美国卷》(上),高兴选编,北京:人民文学出版社2002年版。

沙洲和沙滩鳞次栉比,摇曳着纤细的三角叶杨和柔嫩的柳树。

春天,河水泛滥,水势凶猛,人们无法在河边修建磨坊,因而终日忙碌的农民,除了偶尔修葺一下那座陈旧的红色大桥之外,对这条河也就置之脑后了。所以它就无可非议地成了我们桑德镇孩子们的天下。秋天,我们沿着平坦的两岸,在收割后满是庄稼残茬和四散地放养着牲畜的田野上捕捉鹌鹑。而溜冰季节过去,寒冬的冰雪消融,那洪水泛滥的春天,才是我们一年之中最最欢乐的时候!我们这条河变幻万千,每个季节都别具一格。每年春天,汹涌澎湃的洪水倾泻而下,不是冲刷着东侧陡立的土岸,就是吞噬西岸的谷地。它夹带着攫取的泥沙,滚滚向前,而后又将它们沿途抛弃在泛着泡沫的泥岸上。仲夏,河水浅浅而流,似火的八月骄阳把新露头的沙滩曝晒而发白。有时沙滩胶结得非常坚硬,就连来年暴怒的春潮也对它们无可奈何。柳树的嫩苗从黄褐色的泡沫中得意洋洋地探出头来,萌发出春叶,长成夏天的幼株。那扭曲盘绕的根,把湿润的沙土紧紧箍住,以对付来年四月肆虐的洪水。不久,三三两两的三角叶杨就在柳丛中闪闪烁烁地出现了,轻风拂过,微微摇曳;即使在车马扬起的尘土烟一般地笼罩着大路的无风天气,也依然沿着水面频频颤动。

在一片绿黄的夏末时节,就是在这么一个沙洲上——不是在舞动的柳丛中,而是在春天新堆积起来的平展展的细沙上,我们燃起了野营的篝火。这是一个小小的新世界。粼粼沙浪,令人赏心悦目;点缀其间的小小龟壳和鱼骨架洁白而干燥,仿佛经过精心剥制加工似的。我们虽然常在夏天傍晚游到这儿,躺在沙洲上休息,但总是十分注意保护这片天地的清新情趣。

那是当年夏天的最后一次篝火露营,种种原因使我至今特别记忆犹新。下一个星期别的孩子们都要返回桑德镇高中去读书了,我也要去挪威区的分水岭地带,到一个乡村学校去开始我的教书生涯。一想到即将同这些朝夕相处、结伴嬉戏的小同伴们分别;一想到马上就要离开这条河流,出发到那遍布着风车磨坊和大片谷地、农庄错落而又成天刮风的大草原上去;一想到极目所见,再也没有大自然粗犷而桀骜不驯的景色,没有河流上新露头的沙洲,也再没有经常沿河而下的新奇小鸟,我顿时乡思缠绵。

别的孩子们来到河边,只是为了捕鱼和滑冰而已,而我们六个却是迷上了它。我们之所以结成朋友,主要是由于这条河的缘故。伙伴当中有两个姓哈斯勒的男孩——弗里茨和奥托,是矮个儿德国裁缝的儿子。他们俩在我们当中是最年幼的:一个十岁,一个十二岁。他们衣着破旧,头发晒得褪了色,黝黑的脸蛋上长着一对浅蓝色的眼睛。奥托年长,功课很好,是班上数学最好的学生。可是每年春天上学时,他总要逃学,好像缺了他,河水就不再奔流向前似的。他和弗里茨在河里捕捉肥腻腻、长着棘刺的鲇鱼,拿到镇上去卖。他们俩整天蹲在河里,浑身黄褐,沾满沙子,简直同河流一模一样。

还有珀西·庞德,胖乎乎的,丰满的脸颊上长着雀斑。他一人拿了好几个同学的小说报,常常因为上课时在课桌后面偷看侦探小说被罚留校。另一位伙伴是蒂普·史密斯。满脸雀斑、一头红发,使他注定成为我们一切游玩嬉戏中的丑角。他走起路来活像个小老头,怯生生地,笑起来嗓门粗哑,十分滑稽。每天下午蒂普都卖力地在他父亲的杂货铺子里帮忙,早晨上学之前,还得把店铺打扫干净。甚至连他的消遣也很费劲。他不知疲倦地搜集香烟壳和烟草缸上的商标,还猫着腰一坐就是几个小时,用藏在阁楼里的钢丝锯叽叽嘎嘎地锯个不停。他最珍贵的收藏是些小药瓶,据说里面盛着什么产自圣地巴勒斯坦的麦粒啦,汲自约旦河或死海的圣水啦,还有取自奥利夫山的圣土啦等等,都是他父亲从一位沿街兜售的浸礼会传教士手中买下的,没趣透了,可是蒂普却似乎以它们产于遥远的异乡异土而沾沾自喜,觉得乐在其中。

那位高个儿的小伙子名叫阿瑟·亚当。他有一双好看的褐色眼睛。对于一个男孩子,那双眼睛显得有点过于沉静,过于多情善感。他嗓音悦耳,我们都喜欢听他大声朗读。他在课堂上朗诵诗歌,谁都不会发笑。诚然,他是不常到校读书的。都十七岁了,本该去年就毕业啦,可还是常常缺课,带着猎枪逃之夭夭。阿瑟的母亲早故,父亲又热衷于自己的事业,只想把孩子送到学校完事,以免打搅自己,而阿瑟总是乞求父亲让他再留级一年,并保证下一次一定潜心攻读。我记得,他个子高高的,浅棕色皮肤,模样儿挺聪明。他老是在我们这群小家伙中间游来荡去,不大跟我们一起说笑,却经常取笑我们。但那却是柔和而畅意的笑啊,每当我们惹他笑时,我们都很高兴。听说阿瑟年纪轻轻就走上邪门歪道了,我们也常常亲眼见到他同赌棍的儿子,同西班牙人老范妮的儿子混在一起,可是如果说他与他们为伍,真的染到了什么恶习的话,在我们面前却从未显露过。我们当初是会到处跟着他的,我不得不加以说明,他无非把我们带到那些生着宽叶香蒲的沼泽地中,带到收割后满是谷物残根的田野上。总之,那年夏夜,同我一起在沙洲上露营的,就是这么五个伙伴。

晚餐之后,我们到柳丛中去寻找河水泛滥时搁浅的木柴。柴禾拾够时,夜幕也降临了。随着夜意转凉,岸上飘来的刺鼻青草味更加浓郁。大家躺在篝火旁边,又一次费尽口舌地教珀西·庞德辨识小北斗。我们不知试过多少次了,可他总是只能辨认大北斗。

"你瞧见大北斗勺柄下方,中间那三颗最亮的大星星了吧?"奥托·哈斯勒说,"那是猎神奥利安的腰带,中间那颗亮星就是带扣啦。"我爬过去,趴在奥托肩膀后面,顺着他的臂膊望去,那颗星星就好像栖息在他那一动不动的食指尖上。哈斯勒兄弟常在夜间拉网捕鱼,因此认识许多星辰。

珀西放弃了寻找小北斗星的努力,往后一躺,倒在沙滩上,双手交叉地枕在脑后。"可我能找到北极星。"他说,志满意得地用大脚趾指着,"大家都可能迷路,都需要认识的。"

我们一齐抬头仰望。

"你们说说,当哥伦布船上的罗盘坏掉,不再指北时,他心里是什么滋味?"蒂普问。

奥托摇摇头,"听我爸爸说,从前还有一颗北极星。他说现在这颗也不会永远停留在那儿的。我想,如果这颗北极星出了什么差错,那我们这些人会怎么样呢?"

阿瑟咯咯地笑了起来,"我才不担心呢!奥托,在你这一辈子里,它出不了什么差错。瞧那条银河!那里肯定安息着许许多多死后升天的善良的印第安人。"

大家仰面躺下,凝视着笼罩世界的黑漆漆的天穹,陷入沉思冥想。夜色中,河水汩汩,声音愈益深沉。我们经常发现,夜间的河水失去了白天的欢笑喧腾,包含着难以自已的幽怨,似乎变得更加深邃雄浑了。这条河始终交织着两种情调:令人愉快的欢乐和极度的无法慰藉的伤感。

"真奇怪,怎么这些星星都像图形似的?"奥托说,"好像什么几何图形都能用它们作出来,而且看上去总像意味着什么。有人说,每个人的命运都在那上面记着呢,是吗?"

"过去,人们是这么认为的。"弗里茨肯定奥托的说法。

但阿瑟却嘲笑他说,"你是想到拿破仑了吧,弗里茨。战争转向失利时,他的星辰就熄灭啦。我看,星星上才不会详细记有我们桑德镇人的命运呢。"

我们正在默默地数着在金星沉落到谷地后面之前,还能数多少个一百时,有人突然大喊起来:"月亮升起来啦!像车轮那么大呢!"

大家一跃而起,迎着月亮,看它从陡岸后面冉冉升起,宛如乘风破浪的满帆大船,又如气势磅礴、粗犷雄伟的巨人。红彤彤的,俨然是一尊暴怒的异教之神。

"古时候,月亮刚升起来就这么红的话,阿兹台克印第安人就要拿俘虏在庙前祭献呢。"珀西说。

"去你的,珀西,你是从《金色的日子》那本书里看来的。阿瑟,你相信他的话吗?"我问道。

阿瑟一本正经地回答:"很可能有那么回事儿。月亮是他们膜拜的天神。我父亲在墨西哥城时,见到过阿兹台克印第安人祭献俘虏的祭石。"

大伙又在火堆旁躺下时,有人提起筑墩印第安人①的生存年代是否比阿兹台克的印第安人更早。一扯到筑墩印第安人,大家便都被深深地吸引住了。正当我们冥思遐想的时候,河上蓦地传来哗啦一声。

"一定是大鲇鱼跳水啦,"弗里茨说,"它们常常跳水。肯定在黑暗中看见什么虫子了。瞧!月亮的倒影多好看啊!"

水波上,荡漾着一条长长的银链,一根大漂木那儿,月影浮光耀金,不住地翻腾涌动。

"这条古老的河里,过去会不会藏着金子?"弗里茨问道。他像棕色皮肤的小印第安人似的卧在火堆旁边,双手托着下巴,高高地跷着赤裸的双脚。哥哥笑话他,但阿瑟却认真地应答道:

"从前,有些西班牙人认为这儿有金子,他们说,有七座城镇中尽是黄金。结果,科罗内多就领着一批人来淘金了。一个时期,这儿到处都是西班牙人。"

珀西显得兴趣盎然,"那么,这事是发生在摩门教风行之前吗?"

---

① 史前时代在密西西比河东岸建筑土墩子的印第安人。

听了这话,大家不禁一阵哄笑。

"早得多呢,珀西,比建立普利茅斯的清教徒①还早。也许他们就是沿这条河流寻找的。淘金人总是沿着河走。"

"不知这条河的源头到底在哪儿?"蒂普沉思着问道。这是我们长期不得其解而又颇感兴趣的谜团,因为在地图上,代表这条河的小黑线只延伸到堪萨斯州西部,但通常河流都源起于崇山峻岭,因而这条河的发祥地也只有是落基山才合情合理。我们知道,它逶迤向前,最终汇入密苏里河。哈斯勒兄弟一直认为,河水泛滥的时候,只要在桑德镇乘一叶扁舟,随波而下,就能最终抵达新奥尔良。现在他们俩又旧调重弹了。"谁有勇气去试试?堪萨斯城和圣·乔城转眼工夫就到!"

接着,我们开始谈起各人心目中向往的地方。哈斯勒兄弟想去堪萨斯城,见识见识牲畜围场,珀西则想去芝加哥,逛逛那儿的大商店。阿瑟只管问人家,对自己的想法却秘而不宣。

"现在该轮到你说啦,蒂普。"

蒂普撑着肘部翻过身来,捅了捅篝火,他那奇特的紧绷绷的小脸庞上,闪着一双怯生生的眼睛。"我想去的地方远得很呢,比尔叔叔对我谈过那个地方。"

蒂普的叔叔比尔淘金成癖,游踪无定,曾因折断了手臂而到桑德镇养伤,但一痊愈就又飘然而去了。

---

① 即在1620年迁移到美洲建立普利茅斯殖民地的一批英国清教徒。

"在哪儿?"

"嗯,在新墨西哥州。那儿不通铁路,什么也不通,得骑骡子才行。而且到半路断水时,就只能吃罐装西红柿解渴啦。"

"哦,接着说呀,小伙子。那么,要是真的到了,那是个什么地方?"

蒂普一下子坐起身子,兴奋地侃侃而谈。

"那儿,一块红色巨岩从沙漠上拔地而起,大约有九百英尺高,周围一片平坦,只有它孤零零地傲然挺立,犹如一座巨大的纪念碑。人们把它叫做神峰,因为从来没有白人到过峰顶。岩壁光滑陡峭,直上直下,像墙壁一般。当地印第安人说,数百年之前,西班牙人还远没有到来的时候,那高耸的峰顶上有个村落。峰前有一部用木头、树皮搭成的崖梯,飞悬而下。部落中的青壮男子沿梯级下来狩猎,又背负着巨大的水罐攀缘而上。他们在山顶积贮了大量的水和干肉。只有狩猎时才下山。那是一个从事织布和制陶的和平部落。住到高高的峰顶去,正是为了逃避战争。你知道,在那上面,他们能够轻而易举地击退任何企图攀缘崖梯进犯的嗜斗部落。当地印第安人还说,他们都很漂亮,有着奇特的宗教信仰。比尔叔叔认为他们是居住在崖洞中的一支古印第安人,由于遭到危厄,才抛弃家园,迁居峰顶的。反正,他们不是一支好斗的部族。

"有一次,男人们正在山下狩猎时,可怕的大风暴蓦然而起——是一种龙卷风——当他们赶回山脚时,发现那小小崖梯早已经支离破碎,只剩下悬在半空的寥寥几级了。正当他们束手无策地在山脚扎营时,从北方袭来的一个游掠部落恰也途经那里,在峰巅上老人和妇女的目睹之下,把他们杀戮殆尽。尔后,游掠部落便径自向南方去了,让山上的人们自己设法下来。当然,他们再也没有下山,都在山上饿死了。后来,当那个游掠部落北上回来路过那里时,还听见小孩子趴在峭壁的边缘上哭,但看不到半个成年人。从此就再也没人上去过了。"

听到那么悲伤的传说,大家都惊叹着坐起身来。

"在一块巨石上不可能住许多人。"珀西表示异议,"峰顶有多大,蒂普?"

"哦,挺大呢。大得看上去连山峰都显得不那么高啦。山顶比山脚还要大,山脚四周,好几百英尺的岩壁都风化剥落了,这也正是难于攀登的一个原因。"

那么印第安人最初是怎样上去的呢?我问。

"谁都不知道他们在什么时候、怎么上去的。有个狩猎队路过那里,看到上面有个村落,就是这么回事噢。"

奥托搓搓下巴,若有所思。"当然啦,办法总是有的,难道人们不能设法把绳子甩过峰顶,再把梯子扯上去吗?"

蒂普的小眼睛兴奋地闪着光亮。"我有办法。我和比尔叔叔仔仔细细讨论过,有种火箭能把绳子送过峰顶——就是救生队常用的那种——然后,就能扯上一架绳梯,再用木桩把绳梯一头固定在峰底,另一头用支索拉紧就成了。我打算去攀登那个山峰,现在一切都已计划好啦。"

弗里茨问他,爬到峰顶会发现些什么东西。

"也许是骨头,或者村落的废墟,或者陶器,或者是一些他们膜拜的偶像,什么珍奇都可能有。无论如何,我得上去看看。"

"真的没人上去过吗?蒂普?"阿瑟问道。

"绝对没有。几乎就没有人到那儿去!有些猎人想在峭壁上开凿石级,但凿到一人一手高就不干了,整座石峰都是红色花岗岩。比尔叔叔认为那是冰川时代留下的一块巨石。那真是个奇特的地方啊,周围几百里的仙人掌和大沙漠,那巨岩的脚下却有一泓清泉和一大片芳草,难怪过去那里野牛成群了。"

说话之间,火堆上空突然一声尖鸣,大家一跃而起,只见一只黑乎乎的身子细长的鸟儿从头上倏地掠过。从它的叫声和长颈判断,是只美洲鹤。大伙儿都奔到沙洲水滨,想看它降落,可鸟儿却扑闪着双翼,顺着河道径直往南飞去,消失在夜空之中。这时哈斯勒兄弟说,根据天象,现在已经下半夜了。于是,我们在篝火上加了些木柴,穿上外套,便蜷曲着身子躺卧到那暖烘烘的沙滩上。有人假装蒙眬睡去,可我猜测,大伙儿实际上都在思索着蒂普的陡峰峭壁,萦念着那早已灭绝了的部落。那边树林里,斑尾林鸽凄然地声声啼鸣,一只狗的猎猎吠叫,从远处隐隐传来。"有人闯到老汤米的瓜地里去啦。"弗里茨睡意蒙眬地咕哝说。没人答话。后来,阴影中传出珀西的声音。

"喂,蒂普,你去的时候,带我一起去好吗?"

"大概可以。"

"要是我们有谁抢在你的前面呢,蒂普?"

"反正不论谁先到,都得把看见的全部原原本本地告诉大伙。"一个小哈斯勒说。对他的话,大家都立即赞同。

我感到放心了,不知不觉地坠入梦乡。我一定梦见大家都在争先恐后地赶往那座陡峰峭壁,因为我一下子惊醒时还在担心别人都越来越跑在我的前面,使我渐渐失去同往的机会。我一骨碌坐了起来,全身的衣服都有些潮湿了。看看伙伴们,一个个蜷缩着躺在业已熄灭的火堆旁边。四周仍然一片黑暗,可夜晚将尽的天空已渐渐泛出奇妙的蓝色。星星水晶球似的放着光芒,一似在碧泉深处闪烁。我注目凝视的当儿,星星渐渐隐去,天际愈益泛明。几乎在刹那之间,白昼突然降临了。我想再看一眼蓝色的夜空,但它已经杳然离去。鸟儿开始啁啾鸣啭,柳丛中,各色各样的小虫也都开始跳跃吟唱。一阵清风从西岸吹来,送来成熟谷物的浓郁气息。伙伴们在打着滚儿,摇动着身子。当太阳从晨风吹拂的陡岸后喷薄而出时,大家便脱掉衣服,一个劲地猛扎到河里去了。

我在圣诞节时回到桑德镇,伙伴们滑着冰一块儿来到那个沙洲上,又谈起那座神峰,都重申一定要去找到它。

时间虽然已过去二十年了,但我们谁都没有攀登过那座令人向往的神峰。珀西·庞德成了堪萨斯城的证券经纪人,除了那辆红色游览车能够开到的地方之外,别的一概不予光顾。奥托·哈斯勒在铁路上干过一阵子,不幸失去了一只脚后,就同兄弟弗里茨一同继承父业,成了镇上的裁缝。

阿瑟在这毫无生气的小镇上消磨了一生——他不

上二十五岁就死了。我最后一次见到他,是在大学放假,我回家度假的时候。他坐在桑德镇的那座大酒吧后面的小院里,坐在一株三角叶杨的树阴下的一张躺椅上。他衣着不整,手微微颤抖,可神情自若地起身迎接我,眼神同以往一样明澈,一样充满热情。我同他谈了一个小时,聆听了他的欢声笑语。我不禁想到,大自然如此煞费苦心地创造的一个人,怎么能早早地就要让他葬身于桑德镇呢。他谈到蒂普·史密斯的那座神峰,开玩笑说,等天气稍稍转凉,就打算动身前往,还说科罗拉多大峡谷也同样值得一行。

与此分手时,我深信他决走不出那高高地围着栅栏的院子,离开那舒适的三角叶杨下的阴影了。不出所料,一个夏季的早晨,他就死在那株绿杨树下。

直到现在,蒂普·史密斯仍然谈着要到新墨西哥州去。他娶了一个邋遢而又孱弱的农村姑娘,接着便又终日推着婴车。他眠食不调,身躯已经慢慢佝偻了,气色也很灰暗。但是,最最艰难的日子已经熬了过去,照他的说法,现在已经驶进平静的水面啦。我最后回桑德镇那次,在一个明月皎洁的夜晚,在蒂普结清了一天的账目,关了店门之后,与他结伴步行回家。我们绕着远路走,坐在学校门口的台阶上,又对那孤零零的红色巨岩和泯灭了的部族浮想联翩起来。蒂普还坚持说他一定要去。不过,现在他是想等孩子波特长大后同他一块儿去了。波特这孩子已经听到这个传说,也一心只想着那座神峰。

(郑昱 译)

美是自由的象征(节选)

高尔泰[*]

人一旦成其为"人",生命一旦进入了"人"这个过程,就不再能满足于食宿起居中的、生物学上的满足了。一种人的满足必然创造一种新的人的需要,这个过程永远没有终结。需要得不到满足固然是痛苦的,但是一种需要满足以后如果没有新的需要和新的追求来代替它,也仍然是痛苦。生活的狭隘、单调、枯燥沉闷和没有变化所造成的痛苦有甚于一种需要得不到满足所造成的痛苦。托尔斯泰写道:"什么都好,只要不是空虚。"空虚的痛苦是促使人们继续前进的酵母。如果没有这种痛苦,或者安于这种痛苦,人的生活就和动物的生活没有两样了。动物的所谓满足就是它的生

---

[*] 高尔泰(1935—),当代美学家。著有美学论文集《美是自由的象征》。本文选自其《美是自由的象征》,北京:人民文学出版社 1986 年版。

存条件的满足。而人已经不能满足于这样的满足了。对于人来说,仅仅活着是不够的,仅仅吃好、穿好、住好、有钱花,是不够的,他还需要更多的,否则就会痛苦。这痛苦的能力,也是人进步的手段。从这个角度来看,人类的许多消极情绪,例如厌烦、无聊、惶惑等等,都有一种积极的意义:如果没有它们,许多人都会安于现状,而不求继续上进了。

不管伊壁鸠鲁说得多么认真,事实上没有一个真正的人,曾经在老饕的餐桌上,或者守财奴的保险柜里找到过幸福。物质需要的满足从来不曾使人幸福过。生活,像是一条漫长的路,到了顶峰,就得下坡。没有开不败的花朵,没有历久长存的全盛时期。人常常在满足以后感到烦闷,胜利以后感到空虚(如果这胜利不是他继续前进的阶梯的话)。任何成功都只能使人感到暂时的快乐:如画的风景使人烦腻;反复演奏的乐曲使人厌倦;餍饫者苦于厚味;情人们如果永不分离,就会感到岁月平淡无奇;而一种持久的光荣,如果不变成荆棘的冠冕,就会使人在傲慢与庸俗中沉沦下去;权力作为信仰的工具,如果一旦本身变成目的,而把信仰当作它的工具,甚至可以使一个英雄沦为无耻的懦夫。

"人活着是为了生活,而不是为生活作准备。"这句常常被引用的警策的格言,至多只对了一半。因为生活的意义和乐趣只能在这种永不停息的准备之中,在这种追求——满足——再追求以至无穷的前进过程之中得之。人们努力着、忍耐着、期待着,好像全部生活只不过是某个理想日子的预备期似的。如果没有那个日子的照耀,所有这一切充满忍耐、努力与期待的日子都会显得更加暗淡和不能忍受。而那个理想的日子,或者永远不会来,或者来了又去了,留下的真空依然只能用新的努力与期待来充实。"吟诗日日待春风,及至桃花开后却匆匆。"这就是人们生活之流的常态。如果常态不是这样,如果世界上到处充满志得意满的市侩,社会的发展就会失去动力,历史的进步也就会停滞和发酵了。那还谈什么真与善的统一,谈什么美呢?"黄鹄去不息,哀鸣何所投?君看随阳雁,各有稻粱谋。"唯其是如此,才有美与丑。

为什么"文穷而后工"?因为"物不得其平则鸣"。圆满的生活从来不曾创造过真正的艺术。真正的艺术家们即使在最快乐的时候,心中也总有一种潜在的忧郁、不安和期待。他们总是在圆满中感到不圆满,力图突破这圆满而追求更高的人生价值。"金樽美酒斗十千,玉盘珍馐值万钱,停杯投箸不能食,拔剑四顾意茫然。"唯其能如此,才是真诗人。

不用说李白、杜甫,不用说《胡笳十八拍》,不用说南唐二主词,从《诗经》、汉魏以来的几乎全部诗、词、乐曲,包括以宁静超脱著称的陶渊明的作品,都无不表现出一种永不满足的需要,一种对于更高人生价值的渴望。"谁翻乐府凄凉曲,风也萧萧,雨也萧萧,瘦尽灯花又一宵。不知何事萦怀抱,醒也无聊,醉也无聊,梦也何曾到谢桥。"正是这样一种骚动不安、渴求上进的心灵,才成了千百年来诗人们取之不竭的灵感与激情的源泉。

被黑格尔称为内容与形式统一的古典艺术,实际上是内容从属于形式。形式美的理想是平衡与和谐,古典艺术庄严肃穆、安静和平的精神是从属于这种形式的。在中世纪艺术中,庄严肃穆大部分转化为骚动不安,安静和平往往被紧张而又无望的努力所代替。它的形式是从属于这种内容的。罗丹已经注意到在菲狄亚斯和米开朗琪罗的作品之间,明显地存在着这种差别。后者所代表的那种倾向,在近代现代艺术作品里有了长足的发展。在那些我们接触过一次就留下深刻印象的近代作品之中,有许多就好像是毫无希望地倾斜着的。例如海明威的《老人与海》、莱蒙托夫的《恶魔》、贝多芬的《第九交响乐》、罗丹的《老妓女》、芒克的《呼唤》、凡·高的《麦地》、戈雅的《马德里横祸》……都无不充满着痛苦的反省与绝望的行动意志,以及为没有可能实现的理想而受苦受难的勇气与智慧。这些作品大都在形式上保持着古典的平衡与和谐,但内容却已经完全倾斜了。这是一种心理上的倾斜,使我们在其中找不到归宿,只能同作者一同奋斗和挣扎。这种形式和内容的矛盾,在像列宾的《伊凡雷帝父子》或魏列夏庚的《致命伤》那样的作品中更为明显。那构图布局的平衡与严谨,色彩调子的和谐与呼应,同内容的陷落成了鲜明的对比。到现代,这后一种倾向好像发展到极端了,各式各样的现代派艺术根本不承认任何形式规范,内容完全越出了形式而在无边的空间中乱闯。假如你向一个现代派艺术家谈论什么规律和法则,他们根本就不想理解。形式规范好像代表着一种静止的结局,它早已经被扬弃了。只有那永不停息的、迂回曲折而又万化千变的追求过程,连同他们所带来的波诡云谲的挫折和苦难,依旧留存在艺术的领域之内,使人们为之激动和神往。因为人们正是在这种表面上看来很不真实的形式之中,看到了自己迂回曲折、升沉起伏不定的真实的生活过程。诗歌的从格律诗到自由诗,再到现代诗的发展,趋势与之相同。

虽然如此,这种没有形式的形式并不是最好的形式,因为它不能在一个共同的基础上统一起来,这是一个很大的缺陷。对于这种主要是在西方艺术中存在的缺陷,我想借用一个西方人的话来加以批评:"东方人见到统一而忽略了差异,西方人则见到差异而遗忘了统一;前者把自己对永恒的一致性所抱的一视同仁的态度推进到白痴的麻痹状态,后者则把自己对于差异性和多样性的感受扩张到无边幻想的狂热地步。"[1]

---

[1] 《费尔巴哈哲学著作选集》上卷,第45页,北京:商务印书馆1984年版。

天净沙·秋思

马致远*

枯藤老树昏鸦。小桥流水人家。古道西风瘦马。夕阳西下,断肠人在天涯①。

---

* 马致远(1250—1323?),元代剧作家。代表作有杂剧《破幽梦孤雁汉宫秋》等。本文选自《中国历代文学作品选》(下编·第一册),朱东润主编,上海:上海古籍出版社1980年版。
① 断肠人:指漂泊天涯、极度忧伤的旅人。

在山的那边

王家新*

一

小时候,我常伏在窗口痴想
——山那边是什么呢?
妈妈给我说过海
哦,山那边是海吗?

于是,怀着一种隐秘的想望
有一天我终于爬上了那个山顶
可是,我却几乎是哭着回来了
——在山的那边,依然是山
山那边的山呵,铁青着脸

---

* 王家新(1957—),当代诗人。著有诗论集《夜莺在它自己的时代》等。本文选自《王家新的诗》,北京:人民文学出版社2001年版。

给我的幻想打了一个零分!

妈妈,那个海呢?

二

在山的那边,是海!
美丽的、用信念凝成的海
今天呵,我竟没想到
一个幼时的意念却扎下了深根
是的,我曾一次又一次地失望过
当我爬上那一座座诱惑着我的山顶
但我又一次次鼓起信心向前走去
因为,我听到海依然在远方为我喧腾
那雪白的海潮呵,远远而来
一次次漫湿了我枯萎的心灵……

在山的那边,是海吗?
是的!朋友,请相信——
在不停地翻过无数座山后
你终会攀上这样一座山顶
而在这道山的那边,就是海呀
是一个全新的世界
在一瞬间照亮你的眼睛……

普罗密修斯

斯威布[*]

天和地被创造了,大海涨落于两岸之间。鱼在水里面嬉游。飞鸟在空中歌唱。大地上拥挤着动物。但还没有有灵魂可以支配周围世界的生物。这时有一个先觉者普罗密修斯①,降落在大地上。他是宙斯所放逐的神祇的后裔,是地母该亚与乌剌诺斯所生的伊阿珀托斯的儿子。他机敏而睿智。他知道天神的种子隐藏在泥土里,所以他撮起一些泥土,用河水使它润湿,这样那样的捏塑着,使它成为神祇——世界之支配者的形象。为要给予泥土构成的人形以生命,他从各种动物的心摄取善和恶,将它们封闭在人的胸膛里。在

---

* 斯威布(1792—1850),德国浪漫主义诗人。代表作为《希腊的神话与传说》。本文选自其《希腊的神话和传说》(上),楚图南译,北京:人民文学出版社1991年版。

① 今一般译作普罗米修斯。

神祇中他有一个朋友,即智慧的女神雅典娜;她惊奇于这提坦之子的创造物,因把灵魂和神圣的呼吸吹送给这仅仅有着半生命的生物。

这样,最初的人类遂被创造,不久且充满远至各处的大地。但有一长时期他们不知怎样使用他们的高贵的四肢和被吹送在身体里面的圣灵。他们视而不见,听而不闻。他们无目的地移动着,如同在梦中的人形,不知道怎样利用宇宙万物。他们不知道凿石,烧砖,从树木刻削橡梁,或利用这些材料建造房屋。他们如同忙碌的蚂蚁,聚居在没有阳光的土洞里,不能辨别冬天,花朵灿烂的春天,果实充裕的夏天的确切的征候。他们所做的事情都没有计划。于是普罗密修斯来帮助他们,教他们观察星辰的升起和降落,教他们计算和用写下的符号来交换思想。他指示他们怎样驾驭牲畜,让它们来分担人类的劳动。他训练马匹拉车,发明船和帆在海上航行。他也关心人类生活中别的一切活动。从前,生病的人没有医药知识,不知道应该吃喝什么,或不应该吃喝什么,也不知道服药来减轻他的痛苦。因为没有医药,人们都极悲惨地死亡。现在普罗密修斯指示他们怎样调治药剂来医治各种的疾病。其次他教他们预言未来,并为他们解释梦和异象,看鸟雀飞过和牺牲的预兆。他引导他们作地下勘探,好让他们发现矿石,铁,银和金。总之他介绍给他们一切生活的技术和生活上的用品。

现在,在天上的神祇们,其中有着最近才放逐他的父亲克洛诺斯建立自己的威权的宙斯,他们开始注意到这新的创造物——人类了。他们很愿意保护人类,但要求人类对他们服从以为报答。在希腊的墨科涅,在指定的一天,人、神集会来决定人类的权利和义务。在这会上,作为人类顾问而出现的普罗密修斯设法使诸神——在他们作为保护者的权力中——不要给人类太重的负担。

这时,他的机智驱使他欺骗神祇。他代表他的创造物宰杀了一匹大公牛,请神祇拿他们所喜欢的部分。他杀完之后,将它分为两堆。一堆他放上肉、内脏和脂肪,用牛皮遮盖着,顶上放着牛肚子;另一堆,他放上光骨头,巧妙地用牛的板油包蒙着。而这一堆却比较大一些!全知全能的宙斯看穿了他的骗局,说道:"伊阿珀托斯之子,显赫的王,我的好朋友,你的分配如何地不公平哟!"这时普罗密修斯相信他已骗过宙斯,暗笑着回答:"显赫的宙斯,你,万神之王,取去你随心所喜的吧。"宙斯着恼了,禁不住心头火起,但却从容地用双手去拿雪白的板油。当他将它剥开,看见剔光的骨头,他假装只是这时才发觉被骗似的,严厉地说:"我深知道,我的朋友,啊,伊阿珀托斯之子!你还没有忘掉你的欺骗的伎俩!"

为了要惩罚普罗密修斯的恶作剧,宙斯拒绝给人类为了完成他们的文明所需的最后一物:火。但机敏的伊阿珀托斯的儿子,马上想出办法,补救这个缺陷。他摘取木本茴香的一枝,走到太阳车那里,当它从天上驰过,他将树枝伸到它的火焰里,直到树枝燃烧。他持着这火种降到地上,即刻第一堆丛林的火柱就升到天上。宙斯,这发雷霆者,当他看见火焰从人类中间升起,且火光射得很广很远,这使他的灵魂感到刺痛。

现在人类既经有火，就不能从他们那里夺去。为抵消火所给予人类的利益，宙斯立刻为他们想出了一种新的灾害。他命令以巧妙著名的火神赫淮斯托斯创造一个美丽少女的形象。雅典娜由于渐渐嫉妒普罗密修斯，对他失去好意，亲自给这个妇人穿上灿亮雪白的长袍，使她戴着下垂的面网（妇人手持面网，并将它分开），在她的头上戴上鲜花的花冠，束以金发带。这条发带也是赫淮斯托斯的杰作，他为了取悦于他的父亲，就十分精巧地制造它，细致地用各种动物的多彩的形象来装饰它。神祇之使者赫耳墨斯馈赠这迷人的祸水以言语的技能；爱神阿佛洛狄忒则赋予她一切可能的媚态。于是在最使人迷恋的外表下面，宙斯布置了一种眩惑人的灾祸。他名这女子为潘多拉，意即"有着一切天赋的女人"。因为每一个天上的神祇都给了她一些对于人类有害的赠礼。最后他让这女子降落在人、神都在游荡并寻欢取乐的地上。他们都十分惊奇于这无比的创造物，因为人类自来还没有看见过这样的妇人。同时，这女人去找"后觉者"厄庇墨透斯，他是普罗密修斯的兄弟，为人比较少有计谋。

普罗密修斯警告他的兄弟不要接受俄林波斯圣山的统治者的赠礼，立刻把它退回去，恐怕人类会从它那里受到灾祸。厄庇墨透斯忘记了这警告，他十分欢喜地接受这美丽年轻的妇人，在吃到苦头之前，看不出有什么祸害。在此以前——感谢普罗密修斯的劝告啊！——人类还没有灾祸，也无过分的辛劳，或者长久疾病的苦痛。但这个妇人双手捧着一种赠礼来了——一只巨大的密闭着的匣子。她刚刚走到厄庇墨透斯那里,就突然掀开盖子,于是飞出一大群的灾害,迅速地散布到地上。但匣子底上还深藏着唯一美好的东西:希望!由于万神之父的告诫,在它还没有飞出以前,潘多拉就放下盖子,将匣子永久关闭。现在数不清的不同形色的悲惨充满大地,空中和海上。疾病日夜在人类中间徘徊,秘密地,悄悄地;因为宙斯并没有给它们声音。各种不同的热病攻袭着大地,而死神,过去原是那么迟缓地趑趄着步履来到人间,现在却以如飞的步履前进了。

这事完成以后,宙斯转而向普罗密修斯本人复仇。他将这个罪人交给赫淮斯托斯和他的外号叫做强力和暴力的两个仆人克剌托斯和比亚。他吩咐他们将他拖到斯库提亚的荒原。在那里,下临凶险的峻谷,他用强固的铁链将他锁在高加索山的悬崖绝壁上。赫淮斯托斯很勉强地执行他父亲的命令,因为他爱着这提坦之子,他是他的同类,同辈,也是神祇的后裔,是他的曾祖父乌剌诺斯的子孙。他被逼迫不能不执行残酷的命令,但却说着比他残暴的两个仆人所不喜悦的同情的言语。因此普罗密修斯被迫锁在悬岩绝壁上,笔直地吊着,不能入睡,而且永不能弯曲他的疲惫的两膝。"你将发出多少控诉和悲叹,但一切都没有用,"赫淮斯托斯说,"因为宙斯的意志是不会动摇的;凡新从别人那里夺得权力而据为己有的人都是最狠心的!"

这囚徒的苦痛被判定是永久的,或者至少有三万年。他大声悲吼,并呼叫着风、河川和无物可以隐藏的虚空和万物之母的大地,来为他的苦痛作证,但他的精神仍极坚强。"无论谁,只要他学会承认定数的不可动摇的威力,"他说,"便必须忍受命运女神所判给的痛苦。"宙斯的威胁也没能劝诱他去说明他的不吉的预言,即一种新的婚姻将使诸神之王败坏和毁灭。宙斯是言出必行的。他每天派一只鸷鹰去啄食囚徒的肝脏,但肝脏无论给吃掉多少,随即又复长成。这种痛苦将延续到有人自愿出来替他受罪为止。

就宙斯对他所宣示的判决来说,这事总算出乎提坦之子的意想之外更早地来到了。当他被吊在悬崖绝壁上已经有许多悲苦的岁月以后,赫刺克勒斯为寻觅赫斯珀里得斯的金苹果来到了这里。他看见神祇的后裔被锁在高加索山上,正想询问他怎样才可以寻到金苹果,却禁不住同情他的命运,因为他看见鸷鹰正栖止于不幸的普罗密修斯的双膝上。赫刺克勒斯将他的木棒和狮皮放在身后的地上,弯弓搭箭,从苦难的普罗密修斯的肝脏旁射落凶鸷的鸷鸟。然后他松开链锁,解下普罗密修斯,放他自由。但为满足宙斯所规定的条件,他使马人喀戎做了他的替身。喀戎虽也可以要求永生,但却愿意为这位提坦付出自己的生命。为了充分履行克洛诺斯之子宙斯的判决,被判决在悬崖绝壁长期受苦的普罗密修斯也永远戴着一只铁环,并镶上一块高加索山的石片,使宙斯能夸耀他的仇人仍然被锁在山上。

墓 碣 文

鲁 迅[*]

我梦见自己正和墓碣①对立,读着上面的刻辞。那墓碣似是沙石所制,剥落很多,又有苔藓丛生,仅存有限的文句——

……于浩歌狂热之际中寒;于天上看见深渊。于一切眼中看见无所有;于无所希望中得救。……

……有一游魂,化为长蛇,口有毒牙。不以啮人,自啮其身,终以殒颠②。……

……离开!……

我绕到碣后,才见孤坟,上无草木,且已颓坏。即从大阙口中,窥见死尸,胸腹俱破,中无心肝。而脸上

---

[*] 鲁迅(1881—1936),现代思想家、文学家。著有小说集《呐喊》、《彷徨》等,散文集《野草》、《朝花夕拾》等。本文选自其《鲁迅全集》(第2卷),北京:人民文学出版社1981年版。
① 墓碣:圆顶的墓碑。
② 殒颠:死亡。

却绝不显哀乐之状,但蒙蒙如烟然。

我在疑惧中不及回身,然而已看见墓碣阴面的残存的文句——

……抉心自食,欲知本味。创痛酷烈,本味何能知?……

……痛定之后,徐徐食之。然其心已陈旧,本味又何由知?……

……答我。否则,离开!……

我就要离开。而死尸已在坟中坐起,口唇不动,然而说——

"待我成尘时,你将见我的微笑!"

我疾走,不敢反顾,生怕看见他的追随。

一九二五年六月十七日

海滩上种花

徐志摩*

朋友是一种奢华:且不说酒肉势利,那是说不上朋友,真朋友是相知,但相知谈何容易,你要打开人家的心,你先得打开你自己的,你要在你的心里容纳人家的心,你先得把你的心推放到人家的心里去:这真心或真性情的相互的流转,是朋友的秘密,是朋友的快乐。但这是说你内心的力量够得到,性灵的活动有富余,可以随时开放,随时往外流,像山里的泉水,流向容得住你的同情的沟槽;有时你得冒险,你得花本钱,你得抵拼在巉岈的乱石间,触刺的草缝里耐心的寻路,那时候艰难,苦痛,消耗,在在是可能的,在你这水一般灵动,水一般柔顺的寻求同情的心能找到平安欣快以前。

我所以说朋友是奢华;"相知"是宝贝,但得拿真

---

* 徐志摩(1896—1931),现代诗人。著有《志摩的诗》、《翡冷翠的一夜》等。本文选自《徐志摩选集》,北京:人民文学出版社1983年版。

性情的血本去换,去拼。因此我不敢轻易说话,因为我自己知道我的来源有限,十分的谨慎尚且不时有破产的恐惧;我不能随便"花"。前天有几位小朋友来邀我跟你们讲话,他们的恳切折服了我,使我不得不从命,但是小朋友们,说也惭愧,我拿什么来给你们呢?

我最先想来对你们说些孩子话,因为你们都还是孩子。但是那孩子的我到哪里去了?仿佛昨天我还是个孩子,今天不知怎的就变了样。什么是孩子?要不为一点活泼的天真,但天真就比是泥土里的嫩芽,天冷泥土硬就压住了它的生机——这年头问谁去要和暖的春风?

孩子是没了。你记得的只是一个不清切的影子,麻糊得紧,我这时候想起就像是一个瞎子追念他自己的容貌,一样的记不周全;他即使想急了拿一双手到脸上去印下一个模子来,那模子也是个死的。真的没了。一天在公园里见一个小朋友不提多么活动,一忽儿上山,一忽儿爬树,一忽儿溜冰,一忽儿干草里打滚,要不然就跳着憨笑;我看着羡慕,也想学样,跟他一起玩,但是不能,我是一个大人,身上穿着长袍,心里存着体面,怕招人笑,天生的灵活换来矜持的存心——孩子,孩子是没有的了,有的只是一个年岁与教育蛀空了的躯壳,死僵僵的,不自然的。

我又想找回我们天性里的野人来对你们说话。因为野人也是接近自然的;我前几年过印度时得到极刻心的感想,那里的街道房屋以及土人的体肤容貌,生活的习惯,虽则简,虽则陋,虽则不夸张,却处处与大自然——上面碧蓝的天,火热的阳光,地下焦黄的泥土,高矗的椰树——相调谐,情调,色彩,结构,看来有一种意义的一致,就比是一件完美的艺术的作品。也不知怎的,那天看了他们的街,街上的牛车,赶车的老头露着他的赤光的头颅与紫姜色的圆肚,他们的庙,庙里的圣像与神座前的花,我心里只是不自在,就仿佛这情景是一个熟悉的声音的叫唤,叫你去跟着他,你的灵魂也何尝不活跳跳的想答应一声"好,我来了",但是不能,又有碍路的挡着你,不许你回复这叫唤声启示给你的自由。困着你的是你的教育;我那时的难受就比是一条蛇摆脱不了困住他的一个硬性的外壳——野人也给压住了,永远出不来。

所以今天站在你们上面的我不再是融会自然的野人,也不是天机活灵的孩子:我只是一个"文明人",我能说的只是"文明话"。但什么是文明只是堕落?文明人的心里只是种种虚荣的念头,他到处忙不算,到处都得计较成败。我怎么能对着你们不感觉惭愧?不了解自然不仅是我的心,我的话也是的。并且我即使有话说也没法表现,即使有思想也不能使你们了解;内里那点子性灵就比是在一座石壁里牢牢的砌住,一丝光亮都不透,就凭这双眼望见你们,但有什么法子可以传达我的意思给你们,我已经忘却了原来的语言,还有什么话可说的?

但我的小朋友们还是逼着我来说谎(没有话说而勉强说话便是谎)。知识,我不能给;要知识你们得请教教育家去,我这里是没有的。智慧,更没有了:智慧是地狱里的花果,能进地狱更能出地狱的才采得着智慧,不去地狱的便没有智慧——我是没有的。

我正发窘的时候,来了一个救星——就是我手里这一小幅画,等我来讲道理给你们听。这张画是我的拜年片,一个朋友替我制的。你们看这个小孩子在海边沙滩上独自的玩,赤脚穿着草鞋,右手提着一枝花,使劲把它往沙里栽,左手提着一把浇花的水壶,壶里水点一滴滴的往下吊着。离着小孩不远看得见海里翻动着的波澜。

你们看出了这画的意思没有?

在海砂里种花。在海砂里种花!那小孩这一番种花的热心怕是白费的了。砂碛是养不活鲜花的,这几点淡水是不能帮忙的;也许等不到小孩转身,这一朵小花已经支不住阳光的逼迫,就得交卸他有限的生命,枯萎了去。况且那海水的浪头也快打过来了,海浪冲来时不说这朵小小的花,就是大根的树也怕站不住——所以这花落在海边上是绝望的了,小孩这番力量准是白花的了。

你们一定很能明白这个意思。我的朋友是很聪明的,他拿这画意来比我们一群呆子,乐意在白天里做梦的呆子,满心想在海砂里种花的傻子。画里的小孩拿着有限的几滴淡水想维持花的生命,我们一群梦人也想在现在比沙漠还要干枯比沙滩更没有生命的社会里,凭着最有限的力量,想下几颗文艺与思想的种子,这不是一样的绝望,一样的傻?想在海砂里种花,想在海砂里种花,多可笑呀!但我的聪明的朋友说,这幅小小画里的意思还不止此;讽刺不是她的目的。她要我们更深一层看。在我们看来海砂里种花是傻气,但在那小孩自己却不觉得。他的思想是单纯的,他的信仰也是单纯的。他知道的是什么？他知道花是可爱的，可爱的东西应得帮助他发长；他平常看见花草都是从地土里长出来的，他看来海砂也只是地，为什么海砂里不能长花他没有想到，也不必想到，他就知道拿花来栽，拿水去浇，只要那花在地上站直了他就欢喜，他就乐，他就会跳他的跳，唱他的唱，来赞美这美丽的生命，以后怎么样，海砂的性质，花的运命，他全管不着！我们知道小孩们怎样的崇拜自然，他的身体虽则小，他的灵魂却是大着，他的衣服也许脏，他的心可是洁净的。这里还有一幅画，这是自然的崇拜，你们看这孩子在月光下跪着拜一朵低头的百合花，这时候他的心与月光一般的清洁，与花一般的美丽，与夜一般的安静。我们可以知道到海边上来种花那孩子的思想与这月下拜花的孩子的思想会得跪下的——单纯，清洁，我们可以想象那一个孩子把花栽好了也是一样来对着花膜拜祈祷——他能把花暂时栽了起来便是他的成功，此外以后怎么样不是他的事情了。

你们看这个象征不仅美，并且有力量；因为它告诉我们单纯的信心是创作的泉源——这单纯的烂漫的天真是最永久最有力量的东西，阳光烧不焦他，狂风吹不倒他，海水冲不了他，黑暗掩不了他——地面上的花朵有被摧残有消灭的时候，但小孩爱花种花这一点："真"却有的是永久的生命。

我们来放远一点看，我们现有的文化只是人类在历史上努力与牺牲的成绩。为什么人们肯努力肯牺牲？因为他们有天生的信心；他们的灵魂认识什么是真什么是善什么是美，虽则他们的肉体与智识有时候会诱惑他们反着方向走路；但只是他们认明一件事情是有永久价值的时候，他们就自然的会得兴奋，不期然的自己牺牲，要在这忽忽变动的声色的世界里，赎出几个永久不变的原则的凭证来。耶稣为什么不怕上十字架？密尔顿①何以瞎了眼还要做诗？贝德芬②何以聋了还要制音乐？密仡郎其罗③为什么肯积受几个月的潮湿不顾自己的皮肉与靴子连成一片的用心思，为的只是要解决一个小小的美术问题？为什么永远有人到冰洋尽头雪山顶上去探险？为什么科学家肯在显微镜底下或是数目字中间研究一般人眼看不到心想不通的道理消磨他一生的光阴？

为的是这些人道的英雄都有他们不可摇动的信心；像我们在海砂里种花的孩子一样，他们的思想是单纯的——宗教家为善的原则牺牲，科学家为真的原则牺牲，艺术家为美的原则牺牲——这一切牺牲的结果便是我们现有的有限的文化。

你们想想在这地面上做事难道还不是一样的傻气——这地面还不与海砂一样不容你生根；在这里的事业还不是与鲜花一样的娇嫩？——潮水过来可以冲掉，狂风吹来可以折坏，阳光晒来可以熏焦我们小孩子手里拿着往砂里栽的鲜花，同样的，我们文化的全体还不一样有随时可以冲掉折坏熏焦的可能吗？巴比伦的文明现在那里？磣碄城曾经在地下埋过千百年，克利脱的文明直到最近五六十年间才完全发现。并且有时

---

① 今译为米尔顿。
② 今译为贝多芬。
③ 今译为米开朗琪罗。

一件事实体的存在并不能证明他生命的继续。这区区地球的本体就有一千万个毁灭的可能。人们怕死不错,我们怕死人,但最可怕的不是死的死人,是活的死人,单有躯壳生命没有灵性生活是莫大的悲惨;文化也有这种情形,死的文化倒也罢了,最可怜的是勉强喘着气的半死的文化。你们如其问我要例子,我就不迟疑的回答你说,朋友们,贵国的文化便是一个喘着气的活死人!时候已经很久的了,自从我们最后的几个祖宗为了不变的原则牺牲他们的呼吸与血液,为了不死的生命牺牲他们有限的存在,为了单纯的信心遭受当时人的讪笑与侮辱。自从我们最后听见普遍的声音像潮水似的充满着地面,自从我们最后看见强烈的光明像彗星似的劫扫过地面。时候已经很久的了,自从我们最后为某种主义流过火热的鲜血,自从我们的骨髓里有胆量,我们的说话里有力量。这是一个极伤心的反省!我真不知道这时代犯了什么不可赦的大罪,上帝竟狠心的赏给我们这样恶毒的刑罚?你看看这年头到哪里去找一个完全的男子或是一个完全的女子——你们去看去,这年头哪一个男子不是阳痿,哪一个女子不是鼓胀!要形容我们现在受罪的时期,我们得发明一个比丑更丑比脏更脏比下流更下流比苟且更苟且比懦怯更懦怯的一类生字去!朋友们,真的我心里常常害怕,害怕下回东风带来的不是我们盼望中的春天,不是鲜花青草蝴蝶飞鸟,我怕他带来一个比冬天更枯槁更凄惨更寂寞的死天——因为丑陋的脸子不配穿漂亮的衣服,我们这样丑陋的变态的人心与社会凭什么权利可以问青天要阳光,问地面要青草,问飞鸟要音乐,问花朵要颜色？你问我明天天会不会放亮？我回答说我不知道,竟许不！

归根是我们失去了我们灵性努力的重心,那就是一个单纯的信仰,一点烂漫的童真！不要说到海滩去种花——我们都是聪明人谁愿意做傻瓜去——就是在你自己院子里种花你都懒怕动手哪！最可怕的怀疑的鬼与厌世的黑影已经占住了我们的灵魂！

所以朋友们,你们都是青年,都是春雷声响不会停止时破绽出来的鲜花,你们再不可堕落了——虽则陷阱的大口满张在你的跟前,你不要怕,你把你的烂漫的天真倒下去,填平了它再往前走——你们要保持那一点的信心,这里面连着来的就是精力与勇敢与灵感——你们要不怕做小傻瓜,尽量在这人道的海滩边种你的鲜花去——花也许会消灭,但这种花的精神是不烂的！

冷酷的希望

北 岛[*]

1

风牵动棕黄的影子
带走了松林的絮语

吝啬的夜
给乞丐洒下星星的银币
寂静也衰老了
不再禁止孩子们的梦呓

---

[*] 北岛(1949—),当代诗人。著有《北岛诗选》等。本文选自《北岛诗选》,广州:新世纪出版社1986年版。

2

永不重复的夜
永不重复的梦境
淹没在悄悄褪色的晨雾中

3

两双孩子的大眼睛
躲在阴暗的屋檐下
小天窗已经失明
再不能采集带霜花的星星
牵牛花已经喑哑
再不能讲述月光下的童话

告别了
童年的伙伴和彩色的梦
大地在飞奔……
让后退的地平线
在呼啸中崩溃吧

4

世界真大呀

5

在早霞粉红色的广告上
闪动着一颗绿色的星
手牵着手
我们走向前去
把自己的剪影献给天空

6

从小小的手掌上
吹出一颗轻盈的柳絮
让它去揭开雾海的秘密
让它去驾驭粗野的风

7

是什么在喧闹
仿佛来自天上

喂,太阳——万花筒
旋转起来吧
告诉我们无数个未知的梦

8

乌云奏起沉重的哀乐

排好了送葬的行列
太阳向深渊陨落
牛顿死了

9

天空低矮的屋檐下
织起了浅灰色的篱笆
泡沫的小蘑菇
栽满路上的坑洼

雨一滴一滴
滑过忧伤的脸颊

10

一只被打碎的花瓶
嵌满褐色的泥沙

脆弱的芦苇在呼吁
我们怎么来制止
这场疯狂的大屠杀

11

也许
我们就这样
失去了阳光和土地

也失去了我们自己

12

希望
这大地的遗赠
显得如此沉重

寂静
寒冷

霜花随雾飘去了

13

夜
湛蓝的网
星光的网结

报时的钟声

这庄重的序曲
使我相信了死亡

14

紫黑色的波涛凝固了
在山涧
在摇荡的小桥下

乌鸦在盘旋
没有一点声响

15

鸽子匆匆飞去了
飘下一根洁白的羽毛

孩子呵
从母亲的血液里
你继承了什么

16

泪水是咸的
呵,哪里是生活的海洋
愿每个活着的人
真真实实地笑
痛痛快快地哭吧

17

终于
雷声也喑哑了
黑暗
遮去了肮脏和罪恶
也遮住了纯洁的眼睛

18

一盏昏睡的煤油灯
用谦卑的飞爆声
描绘另一个星球的见闻
随着一缕青烟的叹息
它摘下淡蓝的光轮

19

空中升起金色的气球
我们牵住了无形的线绳

你飘吧
飘过这黑色的海洋
飘向晴朗的天空

20

报时的钟声

这庄重的序曲
究竟意味着什么

21

希望

这大地的遗赠
显得如此沉重

寂静
寒冷

祖国(或以梦为马)

海 子[*]

我要做远方的忠诚的儿子
和物质的短暂情人
和所有以梦为马的诗人一样
我不得不和烈士和小丑走在同一道路上

万人都要将火熄灭　我一人独将此火
高高举起
此火为大　开花落英于神圣的祖国
和所有以梦为马的诗人一样
我藉此火得度一生的茫茫黑夜

---

[*] 海子(1964—1989),当代诗人。著有诗集《土地》、《海子的诗》、《海子诗全编》等。本文选自《海子的诗》,北京:人民文学出版社1995年版。

此火为大　祖国的语言和乱石投筑的梁山城寨

以梦为上的敦煌——那七月也会寒冷的骨骼
如雪白的柴和坚硬的条条白雪　横放在众神之山
和所有以梦为马的诗人一样
我投入此火　这三者是囚禁我的灯盏　吐出光辉

万人都要从我刀口走过　去建筑祖国的语言
我甘愿一切从头开始
和所有以梦为马的诗人一样
我也愿将牢底坐穿

众神创造物中只有我最易朽　带着不可抗拒的
死亡的速度
只有粮食是我珍爱　我将她紧紧抱住
抱住她在故乡生儿育女
和所有以梦为马的诗人一样
我也愿将自己埋葬在四周高高的山上
守望平静的家园

面对大河我无限惭愧
我年华虚度　空有一身疲倦
和所有以梦为马的诗人一样
岁月易逝　一滴不剩　水滴中有一匹马儿一命归天

千年后如若我再生于祖国的河岸
千年后我再次拥有中国的稻田　和周天子的雪山
　天马踢踏
和所有以梦为马的诗人一样
我选择永恒的事业

我的事业　　就是要成为太阳的一生
他从古至今——"日"——他无比辉煌无比光明
和所有以梦为马的诗人一样
最后我被黄昏的众神抬入不朽的太阳

太阳是我的名字
太阳是我的一生
太阳的山顶埋葬　诗歌的尸体——千年王国和我
骑着五千年凤凰和名字叫"马"的龙
　——我必将失败
但诗歌本身以太阳必将胜利

丹柯的故事

高尔基[*]

"古时候地面上就只有一族人,他们周围三面都是走不完的浓密的树林,第四面便是草原。这是一些快乐的、强壮的、勇敢的人。可是有一回困难的时期到了:不知道从什么地方来了一些别的种族,把他们赶到林子的深处去了。那儿很阴暗而且多泥沼,因为林子太古老了,树枝密密层层地缠结在一块儿,遮盖了天空,太阳光也不容易穿过浓密的树叶,射到沼地上。然而要是太阳光落在泥沼的水面上,就会有一股恶臭升起来,人们就会因此接连地死去。这个时候妻子、小孩们伤心痛哭,父亲们静默沉思,他们让悲哀压倒了。他们明白,他们要想活命就得走出这个林子,这只有两条

---

[*] 高尔基(1868—1936),苏联作家。著有《母亲》、《克里姆·萨姆金的一生》等。本文选自《高尔基文集》第1卷中《伊则吉尔老婆子》一文,北京:人民文学出版社1981年版。标题为选编者所加。

路可走:一条路是往后退,可是那边有又强又狠的敌人;另一条路是朝前走,可是那儿又有巨人一样的大树挡着路,它们那些有力的桠枝紧紧地抱在一块儿,它们那些虬曲的树根牢牢地生在沼地的粘泥里。这些石头一样的大树白天不响也不动地立在灰暗中,夜晚人们燃起篝火的时候,它们更紧地挤在人们的四周。不论是白天或夜晚,在那些人的周围总有一个坚固的黑暗的圈子,它好像就想压碎他们似的,然而他们原是习惯了草原的广阔天地的人。更可怕的是风吹过树梢、整个林子发出低沉的响声、好像在威胁那些人、并且给他们唱葬歌的那个时候。然而他们究竟是些强的人,他们还能跟那班曾经战胜过他们的人拼死地打一仗,不过他们是不能够战死的,因为他们还有未实现的宿愿,要是他们给人杀死了,他们的宿愿也就跟他们一块儿消灭了。所以他们在长夜里,在树林的低沉的喧响下面,在泥沼的有毒的恶臭中间,坐着想来想去。他们坐在那儿,篝火的影子在他们的四周跳着一种无声的舞蹈,这好像不是影子在跳舞,而是树林和泥沼的恶鬼在庆祝胜利……人们老是坐着在想。可是任何一桩事情——不论是工作也好,女人也好,都不会像愁思那样厉害地使人身心疲乏。人们给思想弄得衰弱了……恐惧在他们中间产生了,绑住了他们的强壮的手,恐怖是由女人产生的,她们伤心地哭着那些给恶臭杀死的人的尸首和那些给恐惧抓住了的活人的命运,这样就产生了恐怖。林子里开始听见胆小的话了,起初还是胆怯的、小声的,可是以后却越来越响了……他们已经准备到敌人那儿去,把他们的自由献给敌人;大家都给死吓坏了,已经没有一个人害怕奴隶的生活了……然而正是在这个时候出现了丹柯,他一个人把大家全搭救了。"

老婆子分明是常常在讲丹柯的燃烧的心。她讲得很好听,她那刺耳的破声在我面前很清楚地绘出了树林的喧响,在这树林中间那些不幸的、精疲力竭的人给沼地的毒气害得快死了……

"丹柯是那些人中间一个年轻的美男子。美的人总是勇敢的。他对他的朋友们这样说:

"'你们不能够用思想移开路上的石头。什么事都不做的人不会得到什么结果的。为什么我们要把我们的气力浪费在思想上、悲伤上呢?起来,我们到林子里去,我们要穿过林子,林子是有尽头的,世界上的一切都是有尽头的!我们走!喂!嘿!……'

"他们望着他,看出来他是他们中间最好的一个,因为在他的眼睛里闪亮着很多的力量同烈火。

"'你领导我们吧!'他们说。

"于是他就领导他们……"

老婆子闭了嘴,望着草原,在那边黑暗越来越浓了。从丹柯的燃烧的心里发出来的小火星时时在远远的什么地方闪亮,好像是一些开了一会儿就谢的虚无缥缈的蓝花。

"丹柯领着他们。大家和谐地跟着他走——他们相信他。这条路很难走。四周是一片黑暗,他们每一步都碰见泥沼张开它那龌龊的、贪吃的大口,把人吞下去,树木像一面牢固的墙拦住他们的去路,树枝纠缠在一块儿;树根像蛇一样地朝四面八方伸出去。每一步路都要那些人花掉很多的汗和很多的血。他们走了很久……树林越来越密,气力越来越小。人们开始抱怨起丹柯来,说他年轻没有经验,不会把他们领到哪儿去的。可是他还在他们的前面走着,他快乐而安详。

"可是有一回在林子的上空来了大雷雨,树木凶恶地、威胁地低声讲起话来。林子显得非常黑,好像自从它长出来以后世界上所有过的黑夜全集中在这儿了。这些渺小的人在那种吓人的雷电声里,在那些巨大的树木中间走着;他们向前走,那些摇摇晃晃的巨人一样的大树发出轧轧的响声,并且哼着愤怒的歌子,闪电在林子的顶上飞舞,用它那寒冷的青光把林子照亮了一下,可是马上又隐去了,来去是一样得快,好像它们出现来吓人似的。树木给闪电的寒光照亮了,它们好像活起来了,在那些正从黑暗的监禁中逃出来的人的四周,伸出它们的满是疙瘩的长手,结成一个密密的网,要把他们挡住一样。并且仿佛有一种可怕的、黑暗的、寒冷的东西正从树枝的黑暗中望着那些走路的人。这条路的确是很难走的,人们给弄得疲乏透顶,勇气全失了。可是他们不好意思承认自己的软弱,所以他们就把怨恨出在正在他们前面走着的丹柯的身上。他们开始抱怨他不能够好好地带领他们——瞧,就是这样!

"他们站住了,又倦又气,在树林的胜利的喧响下面,在颤抖着的黑暗中间,开始审问起丹柯来。

"他们说:'你对我们只是个无足轻重的、有害的人!你领导我们,把我们弄得筋疲力尽了,因此你就该死!'

"'你们说:领导我们!我才来领导的!'丹柯挺起

胸膛对他们大声说。'我有领导的勇气,所以我来领导你们!可是你们呢?你们做了什么对你们自己有益的事情呢?你们只是走,你们却不能保持你们的气力走更长的路!你们只是走,走,像一群绵羊一样!'

"可是这些话反倒使他们更生气了。

"'你该死!你该死!'他们大声嚷着。

"树林一直不停地发出低沉的声音,来响应他们的叫嚷,电光把黑暗撕成了碎片。丹柯望着那些人,那些为着他们的缘故他受够了苦的人,他看见他们现在跟野兽完全一样。许多人把他围住,可是他们的脸上没有一点高贵的表情,他不能够期望从他们那儿得到宽恕。于是怒火在他的心中燃起来,不过又因为怜悯人们的缘故灭了。他爱那些人,而且他以为,他们没有他也许就会灭亡。所以他的心又发出了愿望的火:他愿意搭救他们,把他们领到一条容易走的路上去,于是在他的眼睛里亮起来那种强烈的火的光芒……可是他们看见这个,以为他发了脾气所以眼睛燃烧得这么亮,他们便警戒起来,就像一群狼似的,等着他来攻击他们;他们把他包围得更紧了,为着更容易捉住丹柯,弄死他。可是他已经明白了他们的心思,因此他的心燃烧得更厉害了,因为他们的这种心思使他产生了苦恼。

"然而树林一直在唱它那阴郁的歌,雷声仍在隆隆地响,大雨依旧在下着……

"'我还能够为这些人做什么呢?'丹柯的叫声比雷声更大。

"忽然他用手抓开了自己的胸膛,从那儿拿出他自己的心来,把它高高地举在头上。

"他的心燃烧得跟太阳一样亮,而且比太阳更亮,整个树林完全静下去了,林子给这个伟大的人类爱的火炬照得透亮;黑暗躲开它的光芒逃跑了,逃到林子的深处去,就在那儿,黑暗颤抖着跌进沼地的龌龊的大口里去了。人们全吓呆了,好像变成了石头一样。

"'我们走吧!'丹柯嚷着,高高地举起他那颗燃烧的心,给人们照亮道路,自己领头向前奔去。

"他们像着了魔似的跟着他冲去。这个时候树林又发出了响声,吃惊地摇动着树顶,可是它的喧响让那些奔跑的人的脚步声盖过了。众人勇敢地跑着,而且跑得很快。他们都让燃烧的心的奇异景象吸引住了。现在也有人死亡,不过死的时候没有抱怨,也没有眼泪。可是丹柯一直在前面走,他的心也一直在燃烧,燃烧!

"树林忽然在他们前面分开了,分开了,等到他们走过以后,它又合拢起来,还是又密又静的;丹柯和所有的人都浸在雨水洗干净了的新鲜空气和阳光的海洋里。在那边,在他们的后面,在村子的上空,还有雷雨,可是在这儿太阳发出了灿烂的光辉,草原一起一伏,好像在呼吸一样,草叶带着一颗一颗钻石一样的雨珠在闪亮,河面上泛着金光……黄昏来了,河上映着落日的霞光,显得鲜红,跟那股从丹柯的撕开的胸膛淌出来的热血是一样的颜色。

"骄傲的勇士丹柯望着横在自己面前的广大的草原,——他快乐地望着这自由的土地,骄傲地笑起来。随后他倒下来——死了。

"充满了希望的快乐的人们并没有注意到他的

死,也没有看到丹柯的勇敢的心还在他的尸首旁边燃烧。只有一个仔细的人注意到这个,有点害怕,拿脚踏在那颗骄傲的心上……那颗心裂散开来,成了许多火星,熄了……

"在雷雨到来前,出现在草原上的蓝色火星就是这样来的!"

现在老婆子讲完了她的美丽的故事,草原上开始了一阵可怕的静寂,这草原好像也因为勇士丹柯所表现的力量而大大地吃惊了,那个为了人们烧掉自己的心死去、并不要一点酬报的丹柯。老婆子在打瞌睡。我一边瞧着她,一边在想:她的记忆里还剩得有多少的故事,多少的回忆啊?我想到丹柯的伟大的燃烧的心,又想到创造出这一类美丽而有力的传说的人类的幻想。

起了一阵风,把这个睡得很熟的伊则吉尔老婆子身上穿的破衣服刮起来,露出她的干瘪的胸膛。我把她的年老的身子又盖上了,自己躺在她旁边的地上。草原上黑暗而静寂。云仍旧缓慢地、寂寞地在天空飘移……海发出了低沉的、忧郁的喧响。

(巴金　译)

乌 篷 船

周作人[*]

子荣君：

接到手书，知道你要到我的故乡去，叫我给你一点什么指导。老实说，我的故乡，真正觉得可怀恋的地方，并不是那里；但是因为在那里生长，住过十多年，究竟知道一点情形，所以写这一封信告诉你。

我所要告诉你的，并不是那里的风土人情，那是写不尽的，但是你到那里一看也就会明白的，不必啰唆地多讲。我要说的是一种很有趣的东西，这便是船。你在家乡平常总坐人力车、电车，或是汽车，但在我的故乡那里这些都没有，除了在城内或山上是用轿子以外，普通代步都是用船。船有两种，普通坐的都是"乌篷

---

[*] 周作人（1885—1968），现代作家。著有《自己的园地》、《雨天的书》等。本文选自《中华散文珍藏本·周作人卷》，北京：人民文学出版社2000年版。

船",白篷的大抵作航船用,坐夜航船到西陵去也有特别的风趣,但是你总不便坐,所以我也就可以不说了。乌篷船大的为"四明瓦"(Sy-men-ngoa),小的为脚划船(划读如 uoa),亦称小船。但是最适用的还是在这中间的"三道",亦即三明瓦。篷是半圆形的,用竹片编成,中夹竹箬,上涂黑油;在两扇"定篷"之间放着一扇遮阳,也是半圆的,木作格子,嵌着一片片的小鱼鳞,径约一寸,颇有点透明,略似玻璃而坚韧耐用,这就称为明瓦。三明瓦者,谓其中舱有两道,后舱有一道明瓦也。船尾用橹,大抵两支,船首有竹篙,用以定船。船头着眉目,状如老虎,但似在微笑,颇滑稽而不可怕,唯白篷船则无之。三道船篷之高大约可以使你直立,舱宽可以放下一顶方桌,四个人坐着打麻将——这个恐怕你也已学会了吧? 小船则真是一叶扁舟,你坐在船底席上,篷顶离你的头有两三寸,你的两手可以搁在左右的舷上,还把手都露出在外边。在这种船里仿佛是在水面上坐,靠近田岸去时泥土便和你的眼鼻接近,而且遇着风浪,或是坐得少不小心,就会船底朝天,发生危险,但是也颇有趣味,是水乡的一种特色。不过你总可以不必去坐,最好还是坐那三道船吧。

你如坐船出去,可是不能像坐电车的那样性急,立刻盼望走到,倘若出城,走三四十里路(我们那里的里程是短,一里才及英里三分之一),来回总要预备一天。你坐在船上,应该是游山的态度,看看四周物色,随处可见的山,岸旁的乌桕,河边的红蓼和白苹,渔舍,各式各样的桥,困倦的时候睡在舱中拿出随笔来看,或者冲一碗清茶喝喝。偏门外的鉴湖一带,贺家池,壶觞左近,我都是喜欢的,或者往娄公埠骑驴去游兰亭(但我劝你还是步行,骑驴或者于你不很相宜),到得暮色苍然的时候进城上都挂着薛荔的东门来,倒是颇有趣味的事。倘若路上不平静,你往杭州去时可于下午开船,黄昏时候的景色正最好看,只可惜这一带地方的名字我都忘记了。夜间睡在舱中,听水声橹声,来往船只的招呼声,以及乡间的犬吠鸡鸣,也都很有意思,雇一只船到乡下去看庙戏,可以了解中国旧戏的真趣味,而且在船上行动自如,要看就看,要睡就睡,要喝酒就喝酒,我觉得也可以算是理想的行乐法。只可惜讲维新以来这些演剧与迎会都已禁止,中产阶级的低能人别在"布业会馆"等处建起"海式"的戏场来,请大家买票看上海的猫儿戏。这些地方你千万不要去。——你到我那故乡,恐怕没有一个人认得,我又因为在教书不能陪你去玩,坐夜船,谈闲天,实在抱歉而且惆怅。川岛君夫妇现在偶山下,本来可以给你绍介,但是你到那里的时候他们恐怕已经离开故乡了。初寒,善自珍重,不尽。

一九二六年一月十八日夜于北京

定 风 波

苏 轼*

三月七日,沙湖道中遇雨①,雨具先去,同行皆狼狈②,余不觉。已而遂晴。故作此。

莫听穿林打叶声,何妨吟啸且徐行③。竹杖芒鞋轻胜马④,谁怕?一蓑烟雨任平生⑤。料峭春风吹酒

---

* 苏轼(1037—1101),字子瞻,号东坡居士,宋代文学家。本文选自《中国历代文学作品选》(中编·第二册),朱东润主编,上海:上海古籍出版社1980年版。
① 沙湖:《东坡志林》卷一《游沙湖》:"黄州(指治所黄冈)东南三十里为沙湖,亦曰螺师店。"
② 狼狈:进退都感觉困难。
③ 吟啸:吟诗、长啸。表示意态闲适。陶渊明《归去来辞》:"登东皋以舒啸,临清流而赋诗。"
④ 芒鞋:即草鞋。
⑤ 一蓑句:谓披蓑衣,冒风雨的生活,向来处之泰然。蓑:原本作"莎",据别本改。

醒①,微冷,山头斜照却相迎。回首向来萧瑟处,归去,也无风雨也无晴②。

---

① 料峭:形容风寒。
② 回首三句:表示心境平淡、闲适。作者在其《独觉》诗中亦有"回首向来萧瑟处,也无风雨也无晴"语。萧瑟处:指过雨的处所。萧瑟:风雨吹打树林的声音。萧:原本作"箫",误。

赠与今年的大学毕业生

胡 适[*]

　　这一两个星期里,各地的大学都有毕业的班次,都有很多的毕业生离开学校去开始他们的成人事业。学生的生活是一种享有特殊优待的生活,不妨幼稚一点,不妨吵吵闹闹,社会都能纵容他们,不肯严格的要他们负行为的责任。现在他们要撑起自己的肩膀来挑他们自己的担子了。在这个国难最紧急的年头,他们的担子真不轻!我们祝他们的成功,同时也不忍不依据我们自己的经验,赠与他们几句送行的赠言,——虽未必是救命毫毛,也许作个防身的锦囊罢!

　　你们毕业之后,可走的路不出这几条:绝少数的人还可以在国内或国外的研究院继续作学术研究;少数

---

　　[*] 胡适(1891—1962),现代思想家、学者、诗人。著有诗集《尝试集》、《中国哲学史大纲》等。本文选自《胡适精品集·信心与反省》,胡明主编,北京:光明日报出版社 1998 年版。

的人可以寻着相当的职业;此外还有做官,办党,革命三条路;此外就是在家享福或者失业闲居了。第一条继续求学之路,我们可以不讨论。走其余几条路的人,都不能没有堕落的危险。堕落的方式很多,总括起来,约有这两大类:

第一是容易抛弃学生时代的求知识的欲望。你们到了实际社会里,往往所用非所学,往往所学全无用处,往往可以完全用不着学问,而一样可以胡乱混饭吃,混官做。在这种环境里,即使向来抱有求知识学问的决心的人,也不免心灰意懒,把求知的欲望渐渐冷淡下去。况且学问是要有相当的设备的;书籍,试验室,师友的切磋指导,闲暇的工夫,都不是一个平常要糊口养家的人所能容易办到的。没有做学问的环境,又谁能怪我们抛弃学问呢?

第二是容易抛弃学生时代的理想的人生的追求。少年人初次与冷酷的社会接触,容易感觉理想与事实相去太远,容易发生悲观和失望。多年怀抱的人生理想,改造的热诚,奋斗的勇气,到此时候,好像全不是那么一回事。渺小的个人在那强烈的社会炉火里,往往经不起长时期的烤炼就熔化了,一点高尚的理想不久就幻灭了。抱着改造社会的梦想而来,往往是弃甲曳兵而走,或者做了恶势力的俘虏。你在那俘房牢狱里,回想那少年气壮时代的种种理想主义,好像都成了自误误人的迷梦,从此以后,你就甘心放弃理想人生的追求,甘心做现成社会的顺民了。

要防御这两方面的堕落,一面要保持我们求知识的欲望,一面要保持我们对于理想人生的追求。有什么好法子呢？依我个人的观察和经验，有三种防身的药方是值得一试的。

第一个方子只有一句话："总得时时寻一两个值得研究的问题！"问题是知识学问的老祖宗；古今来一切知识的产生与积聚，都是因为要解答问题，——要解答实用上的困难或理论上的疑难。所谓"为知识而求知识"，其实也只是一种好奇心追求某种问题的解答，不过因为那种问题的性质不必是直接应用的，人们就觉得这是"无所为"的求知识了。我们出学校之后，离开了做学问的环境，如果没有一个两个值得解答的疑难问题在脑子里盘旋，就很难继续保持追求学问的热心。可是，如果你有了一个真有趣的问题天天逗你去想他，天天引诱你去解决他，天天对你挑衅笑你无可奈何他，——这时候，你就会同恋爱一个女子发了疯一样，坐也坐不下，睡也睡不安，没工夫也得偷出工夫去陪她，没钱也得撙衣节食去巴结她。没有书，你自会变卖家私去买书；没有仪器，你自会典押衣服去置办仪器；没有师友，你自会不远千里去寻师访友。你只要能时时有疑难问题来逼你用脑子，你自然会保持发展你对学问的兴趣，即使在最贫乏的知识环境中，你也会慢慢的聚起一个小图书馆来，或者设置起一所小试验室来。所以我说：第一要寻问题。脑子里没有问题之日，就是你的知识生活寿终正寝之时！古人说，"待文王而兴者，凡民也。若夫豪杰之上，虽无文王犹兴。"试想葛理略（Galileo）和牛敦（Newton）[①]有多少藏书？有

---

① 今译作伽利略和牛顿。

多少仪器?他们不过是有问题而已。有了问题而后,他们自会造出仪器来解答他们的问题。没有问题的人们,关在图书馆里也不会用书,锁在试验室里也不会有什么发现。

第二个方子也只有一句话:"总得多发展一点非职业的兴趣。"离开学校之后,大家总得寻个吃饭职业。可是你寻得的职业未必就是你所学的,或者未必是你所心喜的,或者是你所学而实在和你的性情不相近的。在这种状况之下,工作就往往成了苦工,就不感觉兴趣了。为糊口而做那种非"性之所近而力之所能勉"的工作,就很难保持求知的兴趣和生活的理想主义。最好的救济方法只有多多发展职业以外的正当兴趣与活动。一个人应该有他的职业,又应该有他的非职业的玩艺儿,可以叫做业余活动。凡一个人用他的闲暇来做的事业,都是他的业余活动。往往他的业余活动比他的职业还更重要,因为一个人的前程往往全靠他怎样用他的闲暇时间。他用他的闲暇来打麻将,他就成个赌徒;你用你的闲暇来做社会服务,你也许成个社会改革者;或者你用你的闲暇去研究历史,你也许成个史学家。你的闲暇往往定你的终身。英国十九世纪的两个哲人,弥儿①(J. S. Mill)终身做东印度公司的秘书,然而他的业余工作使他在哲学上、经济学上、政治思想史上都占一个很高的位置;斯宾塞(Spencer)是一个测量工程师,然而他的业余工作使他成为前世纪晚期世界思想界的一个重镇。古来成大学问的人,

---

① 今译作穆勒(1806—1878),19世纪西方自由主义的鼻祖。

几乎没有一个不是善用他的闲暇时间的。特别在这个组织不健全的中国社会,职业不容易适合我们性情,我们要想生活不苦痛或不堕落,只有多方发展业余的兴趣,使我们的精神有所寄托,使我们的剩余精力有所施展。有了这种心爱的玩艺儿,你就做六个钟头的抹桌子工夫也不会感觉烦闷了,因为你知道,抹了六点钟的桌子之后,你可以回家去做你的化学研究,或画完你的大幅山水,或写你的小说戏曲,或继续你的历史考据,或做你的社会改革事业。你有了这种称心如意的活动,生活就不枯寂了,精神也就不会烦闷了。

第三个方子也只有一句话:"你总得有一点信心。"我们生当这个不幸的时代,眼中所见,耳中所闻,无非是叫我们悲观失望的。特别是在这个年头毕业的你们,眼见自己的国家民族沉沦到这步田地,眼看世界只是强权的世界,望极天边好像看不见一线的光明,——在这个年头不发狂自杀,已算是万幸了,怎么还能够希望保持一点内心的镇定和理想的信任呢?我要对你们说:这时候正是我们要培养我们的信心的时候!只要我们有信心,我们还有救。古人说:"信心(Faith)可以移山。"又说:"只要工夫深,生铁磨成绣花针。"你不信吗?当拿破仑的军队征服普鲁士占据柏林的时候,有一位穷教授叫做菲希特(Fichte)的,天天在讲堂上劝他的国人要有信心,要信仰他们的民族是有世界的特殊使命的,是必定要复兴的。菲希特死的时候(1814),谁也不能预料德意志统一帝国何时可以实现。然而不满五十年,新的统一的德意志帝国居然实现了。

一个国家的强弱盛衰,都不是偶然的,都不能逃出因果的铁律的。我们今日所受的苦痛和耻辱,都只是过去种种恶因种下的恶果。我们要收将来的善果,必须努力种现在的新因。一粒一粒的种,必有满仓满屋的收,这是我们今日应该有的信心。

我们要深信:今日的失败,都由于过去的不努力。

我们要深信:今日的努力,必定有将来的大收成。

佛典里有一句话:"福不唐捐。"唐捐就是白白的丢了。我们也应该说:"功不唐捐!"没有一点努力是会白白的丢了的。在我们看不见想不到的时候,在我们看不见想不到的方向,你瞧! 你下的种子早已生根发叶开花结果了!

你不信吗? 法国被普鲁士打败之后,割了两省地,赔了五十万万佛郎的赔款。这时候有一位刻苦的科学家巴斯德(Pasteur)终日埋头在他的试验室里做他的化学试验和微菌学研究。他是一个最爱国的人,然而他深信只有科学可以救国。他用一生的精力证明了三个科学问题:(一) 每一种发酵作用都是由于一种微菌的发展;(二) 每一种传染病都是由于一种微菌在生物体中的发展;(三) 传染病的微菌,在特殊的培养之下,可以减轻毒力,使它从病菌变成防病的药苗。——这三个问题,在表面上似乎都和救国大事业没有多大的关系。然而从第一个问题的证明,巴斯德定出做醋酿酒的新法,使全国的酒醋业每年减除极大的损失。从第二个问题的证明,巴斯德教全国的蚕丝业怎样选种防病,教全国的畜牧农家怎样防止牛羊瘟疫,又教全世界的医学界怎样注重消毒以减除外科手术的死亡率。

从第三个问题的证明,巴斯德发明了牲畜的脾热瘟的疗治药苗,每年替法国农家减除了二千万佛郎的大损失;又发明了疯狗咬毒的治疗法,救济了无数的生命。所以英国的科学家赫胥黎(Huxley)在皇家学会里称颂巴斯德的功绩道:"法国给了德国五十万万佛郎的赔款,巴斯德先生一个人研究科学的成绩足够还清这一笔赔款了。"

巴斯德对于科学有绝大的信心,所以他在国家蒙奇辱大难的时候,终不肯抛弃他的显微镜与试验室。他绝不想他的显微镜底下能偿还五十万万佛郎的赔款,然而在他看不见想不到的时候,他已收获了科学救国的奇迹了。

朋友们,在你最悲观最失望的时候,那正是你必须鼓起坚强的信心的时候。你要深信:天下没有白费的努力。成功不必在我,而功力必不唐捐。

二十一·六·二十七夜

神 女 峰

舒 婷[*]

在向你挥舞的各色花帕中
是谁的手突然收回
紧紧捂住了自己的眼睛
当人们四散离去,谁
还站在船尾
衣裙漫飞,如翻涌不息的云
江涛
　　　高一声
　　　　　　低一声

美丽的梦留下美丽的忧伤
人间天上,代代相传

---

[*] 舒婷(1952—),当代诗人。著有诗集《双桅船》、《会唱歌的鸢尾花》等。本文选自《舒婷的诗》,北京:人民文学出版社 1994 年版。

但是,心
真能变成石头吗
为眺望远天的杳鹤
而错过无数次春江月明

沿着江岸
金光菊和女贞子的洪流
正煽动新的背叛
　　与其在悬崖上展览千年
　　不如在爱人肩头痛哭一晚

1981 年 6 月于长江

假如生活欺骗了你……

普希金*

假如生活欺骗了你,
不要心焦,也不要烦恼,
阴郁的日子里要心平气和,
相信吧,那快乐的日子就会来到。

心儿会在未来变得活跃,
尽管现在那么无聊;
一切都如云烟,一切都会过去;
而那过去了的,却又使你感到美好。

1825 年

---

* 普希金(1799—1837),俄国诗人、小说家。著有诗体长篇小说《叶甫盖尼·奥涅金》等。本文选自《普希金抒情诗选》,刘湛秋译,长沙:湖南人民出版社 1984 年版。

命若琴弦

史铁生[*]

莽莽苍苍的群山之中走着两个瞎子,一老一少,一前一后,两顶发了黑的草帽起伏攒动,匆匆忙忙,像是随着一条不安静的河水在漂流。无所谓从哪儿来,也无所谓到哪儿去,每人带一把三弦琴,说书为生。

方圆几百上千里的这片大山中,峰峦叠嶂,沟壑纵横,人烟稀疏,走一天才能见一片开阔地,有几个村落。荒草丛中随时会飞起一对山鸡,跳出一只野兔、狐狸,或者其他小野兽。山谷中常有鹞鹰盘旋。

寂静的群山没有一点阴影,太阳正热得凶。

"把三弦子抓在手里。"老瞎子喊,在山间震起回声。

---

[*] 史铁生(1951—),当代作家。著有《务虚笔记》、《我与地坛》等。本文选自《中国当代作家选集丛书·史铁生》,北京:人民文学出版社1987年版。

"抓在手里呢。"小瞎子回答。

"操心身上的汗把三弦子弄湿了。弄湿了晚上弹你的肋条?"

"抓在手里呢。"

老少二人都赤着上身,各自拎了一条木棍探路,缠在腰间的粗布小裤已经被汗水洇湿了一大片。蹚起来的黄土干得呛人。这正是说书的旺季。天长,村子里的人吃罢晚饭都不呆在家里;有的人晚饭也不在家里吃,捧上碗到路边去,或者到场院里。老瞎子想赶着多说书,整个热季领着小瞎子一个村子一个村子紧走,一晚上一晚上紧说。老瞎子一天比一天紧张、激动,心里算定:弹断一千根琴弦的日子就在这个夏天了,说不定就在前面的野羊坳。

暴躁了一整天的太阳这会儿正平静下来,光线开始变得深沉。远远近近的蝉鸣也舒缓了许多。

"小子!你不能走快点吗?"老瞎子在前面喊,不回头也不放慢脚步。

小瞎子紧跑几步,吊在屁股上的一只大挎包叮嘡哐嘡地响,离老瞎子仍有几丈远。

"野鸽子都往窝里飞啦。"

"什么?"小瞎子又紧走几步。

"我说野鸽子都回窝了,你还不快走!"

"噢。"

"你又鼓捣我那电匣子呢。"

"嘿——!鬼动来。"

"那耳机子快让你鼓捣坏了。"

"鬼动来!"

老瞎子暗笑:你小子才活了几天?"蚂蚁打架我也听得着。"老瞎子说。

小瞎子不争辩了,悄悄把耳机子塞到挎包里去,跟在师父身后闷闷地走路。无尽无休的无聊的路。

走了一阵子,小瞎子听见有只獾在地里啃庄稼,就使劲学狗叫,那只獾连滚带爬地逃走了,他觉得有点开心,轻声哼了几句小调儿,哥哥呀妹妹的。师父不让他养狗,怕受村子里的狗欺负,也怕欺负了别人家的狗,误了生意。又走了一会,小瞎子又听见不远处有条蛇在游动,弯腰摸了块石头砍过去,"哗啦啦"一阵高粱叶子响。老瞎子有点可怜他了,停下来等他。

"除了獾就是蛇。"小瞎子赶忙说,担心师父骂他。

"有了庄稼地了,不远了。"老瞎子把一个水壶递给徒弟。

"干咱们这营生的,一辈子就是走,"老瞎子又说。"累不?"

小瞎子不回答,知道师父最讨厌他说累。

"我师父才冤呢。就是你师爷,才冤呢,东奔西走一辈子,到了没弹够一千根琴弦。"

小瞎子听出师父这会儿心绪好,就问:"什么是绿色的长乙(椅)?"

"什么?噢,八成是一把椅子吧。"

"曲折的油狼(游廊)呢?"

"油狼?什么油狼?"

"曲折的油狼。"

"不知道。"

"匣子里说的。"

"你就爱瞎听那些玩艺儿。听那些玩艺儿有什么用？天底下的好东西多啦,跟咱们有什么关系？"

"我就没听您说过,什么跟咱们有关系。"小瞎子把"有"字说得重。

"琴！三弦子！你爹让你跟了我来,是为让你弹好三弦子,学会说书。"

小瞎子故意把水喝得咕噜噜响。

再上路时小瞎子走在前头。

大山的阴影在沟谷里铺开来。地势也渐渐的平缓,开阔。

接近村子的时候,老瞎子喊住小瞎子,在背阴的山脚下找到一个小泉眼。细细的泉水从石缝里往外冒,淌下来,积成脸盆大的小洼,周围的野草长得茂盛,水流出去几十米便被干渴的土地吸干。

"过来洗洗吧,洗洗你那身臭汗味。"

小瞎子拨开野草在水洼边蹲下,心里还在猜想着"曲折的油狼"。

"把浑身都洗洗。你那样儿准像个小叫花子。"

"那您不就是个老叫花子了?"小瞎子把手按在水里,嘻嘻地笑。

老瞎子也笑,双手掬起水往脸上泼。"可咱们不是叫花子,咱们有手艺。"

"这地方咱们好像来过。"小瞎子侧耳听着四周的动静。

"可你的心思总不在学艺上。你这小子心太野。老人的话你从来不着耳朵听。"

"咱们准是来过这儿。"

"别打岔！你那三弦子弹得还差着远呢。咱这命就在这几根琴弦上,我师父当年就这么跟我说。"

泉水清凉凉的。小瞎子又哥哥呀妹妹的哼起来。

老瞎子挺来气:"我说什么你听见了吗?"

"咱这命就在这几根琴弦上,您师父我师爷说的。我都听过八百遍了。您师父还给您留下一张药方,您得弹断一千根琴弦才能去抓那副药,吃了药您就能看见东西了。我听您说过一千遍了。"

"你不信?"

小瞎子不正面回答,说:"干吗非得弹断一千根琴弦才能去抓那副药呢?"

"那是药引子。机灵鬼儿,吃药得有药引子!"

"一千根断了的琴弦还不好弄?"小瞎子忍不住哧哧地笑。

"笑什么笑! 你以为你懂得多少事? 得真正是一根一根弹断了的才成。"

小瞎子不敢吱声了,听出师父又要动气。每回都是这样,师父容不得对这件事有怀疑。

老瞎子也没再作声,显得有些激动,双手搭在膝盖上,两颗骨头一样的眼珠对着苍天,像是一根一根地回忆着那些弹断的琴弦。盼了多少年了呀,老瞎子想,盼了五十年了! 五十年中翻了多少架山,走了多少里路哇,挨了多少回晒,挨了多少回冻,心里受了多少委屈呀。一晚上一晚上地弹,心里总记着,得真正是一根一根尽心尽力地弹断的才成。现在快盼到了,绝出不了这个夏天了。老瞎子知道自己又没什么能要命的病,活过这个夏天一点不成问题。"我比我师父可运气多了,"他说,"我师父到了没能睁开眼睛看一回。"

"咳!我知道这地方是哪儿了!"小瞎子忽然喊起来。

老瞎子这才动了动,抓起自己的琴来摇了摇,叠好的纸片碰在蛇皮上发出细微的响声,那张药方就在琴槽里。

"师父,这儿不是野羊岭吗?"小瞎子问。

老瞎子没搭理他,听出这小子又不安稳了。

"前头就是野羊坳,是不是,师父?"

"小子,过来给我擦擦背。"老瞎子说,把弓一样的脊背弯给他。

"是不是野羊坳,师父?"

"是!干什么?你别又闹猫似的。"

小瞎子的心扑通扑通跳,老老实实地给师父擦背。老瞎子觉出他擦得很有劲。

"野羊坳怎么了?你别又叫驴似的会闻味儿。"

小瞎子心虚,不吭声,不让自己显出兴奋。

"又想什么呢?别当我不知道你那点心思。"

"又怎么了,我?"

"怎么了你?上回你在这儿病得不够?那妮子是什么好货!"老瞎子心想,也许不该再带他到野羊坳来。可是野羊坳是个大村子,年年在这儿生意都好,能说上半个多月。老瞎子恨不能立刻弹断最后几根琴弦。

小瞎子嘴上嘟嘟囔囔的,心却飘飘的,想着野羊坳里那个尖声细气的小妮子。

"听我一句话,不害你,"老瞎子说,"那号事靠不住。"

"什么事？"

"少跟我贫嘴。你明白我说的什么事。"

"我就没听您说过,什么事靠得住。"小瞎子又偷偷地笑。

老瞎子没理他,骨头一样的眼珠又对着苍天。那儿,太阳正变成一汪血。

两面脊背和山是一样的黄褐色。一座已经老了,嶙峋瘦骨像是山根下裸露的基石。另一座正年轻。老瞎子七十岁,小瞎子才十七。

小瞎子十四岁上父亲把他送到老瞎子这儿来,为的是让他学说书,这辈子好有个本事,将来可以独自在世上活下去。

老瞎子说书已经说了五十多年。这一片偏僻荒凉的大山里的人们都知道他：头发一天天变白,背一天天变驼,年年月月背一把三弦琴满世界走,逢上有愿意出钱的地方就拨动琴弦唱一晚上,给寂寞的山村带来欢乐。开头常是这么几句："自从盘古分天地,三皇五帝到如今,有道君王安天下,无道君王害黎民。轻轻弹响三弦琴,慢慢稍停把歌论,歌有三千七百本,不知哪本动人心。"于是听书的众人喊起来,老的要听董永卖身葬父,小的要听武二郎夜走蜈蚣岭,女人们想听秦香莲。这是老瞎子最知足的一刻,身上的疲劳和心里的孤寂全忘却,不慌不忙地喝几口水,待众人的吵嚷声鼎沸,便把琴弦一阵紧拨,唱道："今日不把别人唱,单表公子小罗成。"或者："茶也喝来烟也吸,唱一回哭倒长城的孟姜女。"满场立刻鸦雀无声,老瞎子也全心沉到自己所说的书中去。

他会的老书数不尽。他还有一个电匣子,据说是花了大价钱从一个山外人手里买来,为的是学些新词儿,编些新曲儿。其实山里人倒不太在乎他说什么唱什么,人人都称赞他那三弦子弹得讲究,轻轻漫漫的,飘飘洒洒的,疯癫狂放的,那里头有天上的日月,有地上的生灵。老瞎子的嗓子能学出世上所有的声音,男人、女人、刮风下雨、兽啼禽鸣。不知道他脑子里能呈现出什么景象,他一落生就瞎了眼睛,从没见过这个世界。

小瞎子可以算见过世界,但只有三年,那时还不懂事。他对说书和弹琴并无多少兴趣,父亲把他送来的时候费尽了唇舌,好说歹说连哄带骗,最后不如说是那个电匣子把他留住。他抱着电匣子听得入神,甚至没发觉父亲什么时候离去。

这只神奇的匣子永远令他着迷,遥远的地方和稀奇古怪的事物使他幻想不绝,凭着三年朦胧的记忆,补充着万物的色彩和形象。譬如海,匣子里说蓝天就像大海,他记得蓝天,于是想象出海;匣子里说海是无边无际的水,他记得锅里的水,于是想象出满天排开的水锅。再譬如漂亮的姑娘,匣子里说就像盛开的花朵,他实在不相信会是那样,母亲的灵柩被抬到远山上去的时候,路上正开遍着野花,他永远记得却永远不愿意去想。但他愿意想姑娘,越来越愿意想;尤其是野羊坳的那个尖声细气的小妮子,总让他心里荡起波澜。直到有一回匣子里唱道,"姑娘的眼睛就像太阳",这下他才找到了一个贴切的形象,想起母亲在红透的夕阳中向他走来的样子,其实人人都是根据自己的所知猜测着无穷的未知,以自己的感情勾画出世界。每个人的世界就都不同。

也总有一些东西小瞎子无从想象,譬如"曲折的油狼"。

这天晚上,小瞎子跟着师父在野羊坳说书,又听见那小妮子站在离他不远处尖声细气地说笑。书正说到紧要处——"罗成回马再交战,大胆苏烈又兴兵。苏烈大刀如流水,罗成长枪似腾云,好似海中龙吊宝,犹如深山虎争林。又战七日并七夜,罗成清茶无点唇……"老瞎子把琴弹得如雨骤风疾,字字句句唱得铿锵。小瞎子却心猿意马,手底下早乱了套数……

野羊岭上有一座小庙,离野羊坳村二里地,师徒二人就在这里住下。石头砌的院墙已经残断不全,几间小殿堂也歪斜欲倾百孔千疮,唯正中一间尚可遮蔽风雨,大约是因为这一间中毕竟还供奉着神灵。三尊泥像早脱尽了尘世的彩饰,还一身黄土本色返璞归真了,认不出是佛是道。院里院外、房顶墙头都长满荒藤野草,葱葱郁郁倒有生气。老瞎子每回到野羊坳说书都住这儿,不出房钱又不惹是非。小瞎子是第二次住在这儿。

散了书已经不早,老瞎子在正殿里安顿行李。小瞎子在侧殿的檐下生火烧水。去年砌下的灶稍加修整就可以用。小瞎子撅着屁股吹火,柴草不干,呛得他满院里转着圈咳嗽。

老瞎子在正殿里数叨他:"我看你能干好什么。"

"柴湿嘛。"

"我没说这事。我说的是你的琴,今儿晚上的琴你弹成了什么。"

小瞎子不敢接这话茬,吸足了几口气又跪到灶火前去,鼓着腮帮子一通猛吹。"你要是不想干这行,就趁早给你爹捎信把你领回去。老这么闹猫闹狗的可不行,要闹回家闹去。"

小瞎子咳嗽着从灶火边跳开,几步蹿到院子另一头,呼哧呼哧大喘气,嘴里一边骂。

"说什么呢?"

"我骂这火。"

"有你那么吹火的?"

"那怎么吹?"

"怎么吹?哼,"老瞎子顿了顿,又说,"你就当这灶火是那妮子的脸!"

小瞎子又不敢搭腔了,跪到灶火前去再吹。心想:真的,不知道兰秀儿的脸什么样。那个尖声细气的小妮子叫兰秀儿。

"那要是妮子的脸,我看你不用教也会吹。"老瞎子说。

小瞎子笑起来,越笑越咳嗽。

"笑什么笑!"

"您吹过妮子脸?"

老瞎子一时语塞。小瞎子笑得坐在地上。"日他妈。"老瞎子骂道,笑笑,然后变了脸色,再不言语。

灶膛里腾的一声,火旺起来。小瞎子再去添柴,一心想着兰秀儿。才散了书的那会儿,兰秀儿挤到他跟前来小声说:"哎,上回你答应我什么来?"师父就在旁边,他没敢吭声。人群挤来挤去,一会儿又把兰秀儿挤到他身边。"噫,上回吃了人家的煮鸡蛋倒白吃了?"兰秀儿说,声音比上回大。这时候师父正忙着跟几个老汉拉话,他赶紧说:"嘘——,我记着呢。"兰秀儿又把声音压低:"你答应给我听电匣子你还没给我听。""嘘——,我记着呢。"幸亏那会儿人声嘈杂。

正殿里好半天没有动静。之后,琴声响了,老瞎子又上好了一根新弦。他本来应该高兴的,来野羊坳头一晚上就又弹断了一根琴弦。可是那琴声却低沉、零乱。

小瞎子渐渐听出琴声不对,在院里喊:"水开了,师父。"

没有回答。琴声一阵紧似一阵了。

小瞎子端了一盆热水进来,放在师父跟前,故意嘻嘻笑着说:"您今儿晚还想弹断一根是怎么着?"

老瞎子没听见,这会儿他自己的往事都在心中,琴声烦躁不安,像是年年旷野里的风雨,像是日夜山谷中的流溪,像是奔奔忙忙不知所归的脚步声。小瞎子有点害怕了:师父很久不这样了,师父一这样就要犯病,头疼、心口疼、浑身疼,会几个月爬不起炕来。

"师父,您先洗脚吧。"

琴声不停。

"师父,您该洗脚了。"小瞎子的声音发抖。

琴声不停。

"师父!"

琴声戛然而止,老瞎子叹了口气。小瞎子松了口气。

老瞎子洗脚,小瞎子乖乖地坐在他身边。

"睡去吧,"老瞎子说,"今儿个够累的了。"

"您呢?"

"你先睡,我得好好泡泡脚。人上了岁数毛病多。"老瞎子故意说得轻松。

"我等您一块儿睡。"

山深夜静。有了一点风,墙头的草叶子响。夜猫子在远处哀哀地叫。听得见野羊坳里偶尔有几声狗吠,又引得孩子哭。月亮升起来,白光透过残损的窗棂进了殿堂,照见两个瞎子和三尊神像。

"等我干嘛,时候不早了。"

"你甭担心我,我怎么也不怎么。"老瞎子又说。

"听见没有,小子?"

小瞎子到底年轻,已经睡着了。老瞎子推推他让他躺好,他嘴里咕囔了几句倒头睡去。老瞎子给他盖被时,从那身日渐发育的筋肉上觉出,这孩子到了要想那些事的年龄,非得有一段苦日子过不可了。唉,这事谁也替不了谁。

老瞎子再把琴抱在怀里,摩挲着根根绷紧的琴弦,心里使劲念叨:又断了一根了,又断了一根了。再摇摇琴槽,有轻微的纸和蛇皮的摩擦声。唯独这事能为他排忧解烦。一辈子的愿望。

小瞎子做了一个好梦,醒来吓了一跳,鸡已经叫了。他一骨碌爬起来听听,师父正睡得香,心说还好。他摸到那个大挎包,悄悄地掏出电匣子,蹑手蹑脚出了门。

往野羊坳方向走了一会儿,他才觉出不对头,鸡叫声渐渐停歇,野羊坳里还是静静的没有人声。他愣了一会儿,鸡才叫头遍吗?灵机一动扭开电匣子。电匣子里也是静悄悄。现在是半夜。他半夜里听过匣子,什么都没有。这匣子对他来说还是个表,只要扭开一听,便知道是几点钟,什么时候有什么节目都是一定的。

小瞎子回到庙里,老瞎子正翻身。

"干吗哪?"

"撒尿去了。"小瞎子说。

一上午,师父逼着他练琴。直到晌午饭后,小瞎子才瞅机会溜出庙来,溜进野羊坳。鸡也在树荫下打盹,猪也在墙根下说着梦话,太阳又热得凶,村子里很安静。

小瞎子踩着磨盘,扒着兰秀儿家的墙头轻声喊:"兰秀儿——兰秀儿——"

屋里传出雷似的鼾声。

他犹豫了片刻,把声音稍稍抬高:"兰秀儿——!兰秀儿——!"

狗叫起来。屋里的鼾声停了,一个闷声闷气的声音问:"谁呀?"

小瞎子不敢回答,把脑袋从墙头上缩下来。

屋里吧唧了一阵嘴,又响起鼾声。

他叹口气,从磨盘上下来,怏怏地往回走。忽听见身后嘎吱一声院门响,随即一阵细碎的脚步声向他跑来。

"猜是谁?"尖声细气。小瞎子的眼睛被一双柔软的小手捂上了。——这才多余呢。兰秀儿不到十五岁,认真说还是个孩子。

"兰秀儿!"

"电匣子拿来没?"

小瞎子掀开衣襟,匣子挂在腰上。"嘘——,别在这儿,找个没人的地方听去。"

"咋啦?"

"回头招好些人。"

"咋啦?"

"那么多人听,费电。"

两个人东拐西弯,来到山背后那眼小泉边。小瞎子忽然想起件事,问兰秀儿:"你见过曲折的油狼吗?"

"啥?"

"曲折的油狼。"

"曲折的油狼?"

"知道吗?"

"你知道?"

"当然。还有绿色的长椅。就是一把椅子。"

"椅子谁不知道。"

"那曲折的油狼呢?"

兰秀儿摇摇头,有点崇拜小瞎子了。小瞎子这才郑重其事地扭开电匣子,一支欢快的乐曲在山沟里飘荡。

这地方又凉快又没有人来打扰。

"这是'步步高'。"小瞎子说,跟着哼。

一会儿又换了支曲子,叫"旱天雷",小瞎子还能跟着哼。兰秀儿觉得很惭愧。

"这曲子也叫'和尚思妻'。"

兰秀儿笑起来:"瞎骗人!"

"你不信?"

"不信。"

"爱信不信。这匣子里说的古怪事多啦。"小瞎子玩着凉凉的泉水,想了一会儿。"你知道什么叫接吻吗?"

"你说什么叫?"

这回轮到小瞎子笑,光笑不答。兰秀儿明白准不是好话,红着脸不再问。

音乐播完了,一个女人说,"现在是讲卫生节目。"

"啥?"兰秀儿没听清。

"讲卫生。"

"是什么?"

"嗯——,你头发上有虱子吗?"

"去——,别动!"

小瞎子赶忙缩回手来,赶忙解释:"要有就是不讲卫生。"

"我才没有。"兰秀儿抓抓头,觉得有些刺痒。"嚷——,瞧你自个儿吧!"兰秀儿一把搬过小瞎子的头,"看我捉几个大的。"

这时候听见老瞎子在半山上喊:"小子,还不给我回来!该做饭了,吃罢饭还得去说书!"他已经站在那儿听了好一会儿了。

野羊坳里已经昏暗,羊叫、驴叫、狗叫、孩子们叫,处处起了炊烟。野羊岭上还有一线残阳,小庙正在那淡薄的光中,没有声响。

小瞎子又撅着屁股烧火。老瞎子坐在一旁淘米,凭着听觉他能把米中的沙子捡出来。

"今天的柴挺干。"小瞎子说。

"嗯。"

"还是焖饭?"

"嗯。"

小瞎子这会儿精神百倍,很想找些话说,但是知道师父的气还没消,心说还是少找骂。

两个人默默地干着自己的事,又默默地一块儿把饭做熟。岭上也没了阳光。

小瞎子盛了一碗小米饭,先给师父:"您吃吧。"声音怯怯的,无比驯顺。

老瞎子终于开了腔:"小子,你听我一句行不?"

"嗯。"小瞎子往嘴里扒拉饭,回答得含糊。

"你要是不愿意听,我就不说。"

"谁说不愿意听了?我说'嗯'!"

"我是过来人,总比你知道的多。"

小瞎子闷头扒拉饭。

"我经过那号事。"

"什么事?"

"又跟我贫嘴!"老瞎子把筷子往灶台上一摔。

"兰秀儿光是想听听电匣子。我们光是一块儿听电匣子来。"

"还有呢?"

"没有了。"

"没有了?"

"我还问她见没见过曲折的油狼。"

"我没问你这个!"

"后来,后来,"小瞎子不那么气壮了。"不知怎么一下就说起了虱子……"

"还有呢?"

"没了。真没了!"

两个人又默默地吃饭。老瞎子带了这徒弟好几年,知道这孩子不会撒谎,这孩子最让人放心的地方就是诚实、厚道。

"听我一句话,保准对你没坏处。以后离那妮子远点儿。"

"兰秀儿人不坏。"

"我知道她不坏,可你离她远点儿好。早年你师爷这么跟我说,我也不信……"

"师父?说兰秀儿?"

"什么兰秀儿,那会儿还没她呢。那会儿还没有你们呢……"老瞎子阴郁的脸又转向暮色浓重的天际,骨头一样白色的眼珠不住地转动,不知道在那儿他能"看"见什么。

许久,小瞎子说:"今儿晚上您多半又能弹断一根琴弦。"想让师父高兴些。

这天晚上师徒俩又在野羊坳说书。"上回唱到罗成死,三魂七魄赴幽冥,听歌君子莫嘈嚷,列位听我道下文。罗成阴魂出地府,一阵旋风就起身,旋风一阵来得快,长安不远面前存……"老瞎子的琴声也乱,小瞎子的琴声也乱。小瞎子回忆着那双柔软的小手捂在自己脸上的感觉,还有自己的头被兰秀儿搬过去时的滋味。老瞎子想起的事情更多……

夜里老瞎子翻来覆去睡不安稳,多少往事在他耳边喧嚣,在他心头动荡,身体里仿佛有什么东西要爆炸。坏了,要犯病,他想。头昏,胸口憋闷,浑身紧巴巴的难受。他坐起来,对自己叨咕:"可别犯病,一犯病今年就甭想弹够那些琴弦了。"他又摸到琴。要能叮叮当当随心所欲地疯弹一阵,心头的忧伤或许就能平息,耳边的往事或许就会消散。可是小瞎子正睡得香甜。

他只好再全力去想那张药方和琴弦:还剩下几根,还只剩最后几根了。那时就可以去抓药了,然后就能看见这个世界——他无数次爬过的山,无数次走过的路,无数次感到过她的温暖和炽热的太阳,无数次梦想着的蓝天、月亮和星星……还有呢?突然间心里一阵空,空得深重。就只为了这些?还有什么?他朦胧中所盼望的东西似乎比这要多得多……

夜风在山里游荡。

猫头鹰又在凄哀地叫。

不过现在他老了,无论如何没几年活头了,失去的已经永远失去了,他像是刚刚意识到这一点。七十年中所受的全部辛苦就为了最后能看一眼世界,这值得吗?他问自己。

小瞎子在梦里笑,在梦里说:"那是一把椅子,兰秀儿……"

老瞎子静静地坐着。静静地坐着的还有那三尊分不清是佛是道的泥像。

鸡叫头遍的时候老瞎子决定,天一亮就带这孩子离开野羊坳。否则这孩子受不了,他自己也受不了。兰秀儿人不坏,可这事会怎么结局,老瞎子比谁都

"看"得清楚。鸡叫二遍,老瞎子开始收拾行李。

可是一早起来小瞎子病了,肚子疼,随即又发烧。老瞎子只好把行期推迟。

一连好几天,老瞎子无论是烧火、淘米、捡柴,还是给小瞎子挖药、煎药,心里总在说:"值得,当然值得。"要是不这么反反复复对自己说,身上的力气似乎就全要垮掉。"我非要最后看一眼不可。""要不怎么着?就这么死了去?""再说就只剩下最后几根了。"后面三句都是理由。老瞎子又冷静下来,天天晚上还到野羊坳去说书。

这一下小瞎子倒来了福气。每天晚上师父到岭下去了,兰秀儿就猫似的轻轻跳进庙里来听匣子。兰秀儿还带来熟的鸡蛋,条件是得让她亲手去扭那匣子的开关。"往哪边扭?""往右。""扭不动。""往右,笨货,不知道哪边是右哇?""咔哒"一下,无论是什么便响起来,无论是什么俩人都爱听。

又过了几天,老瞎子又弹断了三根琴弦。

这一晚,老瞎子在野羊坳里自弹自唱:"不表罗成投胎事,又唱秦王李世民。秦王一听双泪流,可怜爱卿丧残身,你死一身不打紧,缺少扶朝上将军……"

野羊岭上的小庙里这时更热闹。电匣子的音量开得挺大,又是孩子哭,又是大人喊,轰隆隆地又响炮,嘀嘀哒哒地又吹号。月光照进正殿,小瞎子躺着啃鸡蛋,兰秀儿坐在他旁边。两个人都听得兴奋,时而大笑,时而稀里糊涂莫名其妙。

"这匣子你师父哪买来?"

"从一个山外头的人手里。"

"你们到山外头去过?"兰秀儿问。

"没。我早晚要去一回就是,坐坐火车。"

"火车?"

"火车你也不知道? 笨货。"

"噢,知道知道,冒烟哩是不是?"

过了一会儿兰秀儿又说:"保不准我就得到山外头去。"语调有些恓惶。

"是吗?"小瞎子一挺坐起来,"那你到底瞧瞧曲折的油狼是什么。"

"你说是不是山外头的人都有电匣子?"

"谁知道。我说你听清楚没有? 曲、折、的、油、狼,这东西就在山外头。"

"那我得跟他们要一个电匣子。"兰秀儿自言自语地想心事。

"要一个?"小瞎子笑了两声,然后屏住气,然后大笑:"你干吗不要俩? 你可真本事大。你知道这匣子几千块钱一个? 把你卖了吧,怕也换不来。"

兰秀儿心里正委屈,一把揪住小瞎子的耳朵使劲拧,骂道:"好你个死瞎子。"

两个人在殿堂里扭打起来。三尊泥像袖手旁观帮不上忙。两个年轻的正在发育的身体碰撞在一起,纠缠在一起,一个把一个压在身下,一会儿又颠倒过来,骂声变成笑声。匣子在一边唱。

打了好一阵子,两个人都累得住了手,心怦怦跳,面对面躺着喘气,不言声儿,谁却也不愿意再拉开距离。

兰秀儿呼出的气吹在小瞎子脸上,小瞎子感到了诱惑,并且想起那天吹火时师父说的话,就往兰秀儿脸上吹气。兰秀儿并不躲。

"嘿,"小瞎子小声说,"你知道接吻是什么了吗?"

"是什么?"兰秀儿的声音也小。

小瞎子对着兰秀儿的耳朵告诉她。兰秀儿不说话。老瞎子回来之前,他们试着亲了嘴儿,滋味真不坏……

就是这天晚上,老瞎子弹断了最后两根琴弦。两根弦一齐断了。他没料到。他几乎是连跑带爬地上了野羊岭,回到小庙里。

小瞎子吓了一跳:"怎么了,师父?"

老瞎子喘吁吁地坐在那儿,说不出话。

小瞎子有些犯嘀咕:莫非是他和兰秀儿干的事让师父知道了?

老瞎子这才相信:一切都是值得的。一辈子的辛苦都是值得的。能看一回,好好看一回,怎么都是值得的。

"小子,明天我就去抓药。"

"明天?"

"明天。"

"又断了一根了?"

"两根。两根都断了。"

老瞎子把那两根弦卸下来,放在手里揉搓了一会儿,然后把它们并到另外的九百九十八根中去,绑成一捆。

"明天就走?"

"天一亮就动身。"

小瞎子心里一阵发凉。老瞎子开始剥琴槽上的蛇皮。

"可我的病还没好利索，"小瞎子小声叨咕。

"噢，我想过了，你就先留在这儿，我用不了十天就回来。"

小瞎子喜出望外。

"你一个人行不？"

"行！"小瞎子紧忙说。

老瞎子早忘了兰秀儿的事。"吃的、喝的、烧的全有。你要是病好利索了，也该学着自个儿去说回书。行吗？"

"行。"小瞎子觉得有点对不住师父。

蛇皮剥开了，老瞎子从琴槽中取出一张叠得方方正正的纸条。他想起这药方放进琴槽时，自己才二十岁，便觉得浑身上下都好像冷。

小瞎子也把那药方放在手里摸了一会儿，也有了几分肃穆。

"你师爷一辈子才冤呢。"

"他弹断了多少根？"

"他本来能弹够一千根，可他记成了八百。要不然他能弹断一千根。"

天不亮老瞎子就上路了。他说最多十天就回来，谁也没想到他竟去了那么久。

老瞎子回到野羊坳时已经是冬天。

漫天大雪，灰暗的天空连接着白色的群山。没有声息，处处也没有生气，空旷而沉寂。所以老瞎子那顶发了黑的草帽就尤其攒动得显著。他蹒蹒跚跚地爬上野羊岭。庙院中衰草瑟瑟,蹿出一只狐狸,仓皇逃远。

村里人告诉他,小瞎子已经走了些日子。

"我告诉他我回来。"

"不知道他干嘛就走了。"

"他没说去哪儿?留下什么话没?"

"他说让您甭找他。"

"什么时候走的?"

人们想了好久,都说是在兰秀儿嫁到山外去的那天。

老瞎子心里便一切全都明白。

众人劝老瞎子留下来,这么冰天雪地的上哪去?不如在野羊坳说一冬书。老瞎子指指他的琴,人们见琴柄上空荡荡已经没了琴弦。老瞎子面容也憔悴,呼吸也孱弱,嗓音也沙哑了,完全变了个人。他说得去找他的徒弟。

若不是还想着他的徒弟,老瞎子就回不到野羊坳。那张他保存了五十年的药方原来是一张无字的白纸。他不信,请了多少个识字而又诚实的人帮他看,人人都说那果真就是一张无字的白纸。老瞎子在药铺前的台阶上坐了一会儿,他以为是一会儿,其实已经几天几夜,骨头一样的眼珠在询问苍天,脸色也变成骨头一样的苍白。有人以为他是疯了,安慰他,劝他。老瞎子苦笑:七十岁了再疯还有什么意思?他只是再不想动弹,吸引着他活下去、走下去、唱下去的东西骤然间消失干净,就像一根不能拉紧的琴弦,再难弹出赏心悦耳的曲子。老瞎子的心弦断了。现在发现那目的原来是空的。老瞎子在一个小客店里住了很久,觉得身体里的一切都在熄灭。他整天躺在炕上,不弹也不唱,一天天迅速地衰老。直到花光了身上所有的钱,直到忽然想起了他的徒弟,他知道自己的死期将至,可那孩子在等他回去。

茫茫雪野,皑皑群山,天地之间攒动着一个黑点。走近时,老瞎子的身影弯得如一座桥。他去找他的徒弟。他知道那孩子目前的心情、处境。

他想自己先得振作起来,但是不行,前面明明没有了目标。

他一路走,便怀恋起过去的日子,才知道以往那些奔奔忙忙、兴致勃勃的翻山、赶路、弹琴,乃至心焦、忧虑都是多么欢乐!那时有个东西把心弦扯紧,虽然那东西原是虚设。老瞎子想起他师父临终时的情景。他师父把那张自己没用上的药方封进他的琴槽。"您别死。再活几年,您就能睁眼看一回了。"说这话时他还是个孩子。他师父久久不言语,最后说:"记住,人的命就像这琴弦,拉紧了才能弹好,弹好了就够了。"……不错,那意思就是说:目的本来没有。老瞎子知道怎么对自己的徒弟说了。可是他又想:能把一切都告诉小瞎子吗?老瞎子又试着振作起来,可还是不行,总摆脱不掉那张无字的白纸……

在深山里,老瞎子找到了小瞎子。

小瞎子正跌倒在雪地里,一动不动,想那么等死。老瞎子懂得那绝不是装出来的悲哀。老瞎子把他拖进一个山洞,他已无力反抗。

老瞎子捡了些柴,打起一堆火。

小瞎子渐渐有了哭声。老瞎子放了心,任他尽情尽意地哭。只要还能哭就还有救,只要还能哭就有哭够的时候。

小瞎子哭了几天几夜,老瞎子就那么一声不吭地守候着。火光和哭声惊动了野兔子、山鸡、野羊、狐狸和鹞鹰……

终于小瞎子说话了:"干嘛咱们是瞎子!"

"就因为咱们是瞎子。"老瞎子回答。

终于小瞎子又说:"我想睁开眼看看,师父,我想睁开眼看看!哪怕就看一回。"

"你真那么想吗?"

"真想,真想——"

老瞎子把篝火拨得更旺些。

雪停了。铅灰色的天空中,太阳像一面闪光的小镜子。鹞鹰在平稳地滑翔。

"那就弹你的琴弦,"老瞎子说,"一根一根尽力地弹吧。"

"师父,您的药抓来了?"小瞎子如梦方醒。

"记住,得真正是弹断的才成。"

"您已经看见了吗?师父,您现在看得见了?"

小瞎子挣扎着起来,伸手去摸师父的眼窝。老瞎子把他的手抓住。

"记住,得弹断一千二百根。"

"一千二?"

"把你的琴给我,我把这药方给你封在琴槽里。"老瞎子现在才弄懂了他师父当年对他说的话——咱的命就在这琴弦上。

目的虽是虚设的,可非得有不行,不然琴弦怎么拉紧;拉不紧就弹不响。

"怎么是一千二,师父?"

"是一千二,我没弹够,我记成了一千。"老瞎子想:这孩子再怎么弹吧,还能弹断一千二百根?永远扯紧欢跳的琴弦,不必去看那张无字的白纸……

这地方偏僻荒凉,群山不断。荒草丛中随时会飞起一对山鸡,跳出一只野兔、狐狸,或者其他小野兽。山谷中鹞鹰在盘旋。

现在让我们回到开始:

莽莽苍苍的群山之中走着两个瞎子,一老一少,一前一后,两顶发了黑的草帽起伏攒动,匆匆忙忙,像是随着一条不安静的河水在漂流。无所谓从哪儿来,到哪儿去,也无所谓谁是谁……

一九八五年四月二十日

有关大雁塔

韩 东[*]

有关大雁塔
我们又能知道些什么
有很多人从远方赶来
为了爬上去
做一次英雄
也有的还来第二次
或者更多
那些不得意的人们
那些发福的人们
统统爬上去
做一做英雄

---

[*] 韩东(1961—),当代诗人。著有诗集《白色的石头》等。本文选自《以梦为马·新生代诗卷》,陈超编选,北京:北京师范大学出版社1993年版。

然后下来
走进下面的大街
转眼不见了
也有有种的往下跳
在台阶上开一朵红花
那就真的成了英雄——
当代英雄

有关大雁塔
我们又能知道些什么
我们爬上去
看看四周的风景
然后再下来

超　人

冰　心[*]

何彬是一个冷心肠的青年,从来没有人看见他和人有什么来往。他住的那一座大楼上,同居的人很多,他却都不理人家,也不和人家在一间食堂里吃饭,偶然出入遇见了,轻易也不招呼。邮差来的时候,许多青年欢喜跳跃着去接他们的信,何彬却永远得不着一封信。他除了每天在局里办事,和同事们说几句公事上的话;以及房东程姥姥替他端饭的时候,也说几句照例的应酬话,此外就不开口了。

他不但是和人没有交际,凡带一点生气的东西,他都不爱;屋里连一朵花,一根草,都没有,冷阴阴的如同山洞一般。书架上却堆满了书。他从局里低头独步的

---

[*] 冰心(1900—1999),现代作家。著有散文集《寄小读者》,诗集《繁星》、《春水》等。本文选自《冰心》,上海:上海文汇出版社 2001 年版。

回来,关上门,摘下帽子,便坐在书桌旁边,随手拿起一本书来,无意识的看着,偶然觉得疲倦了,也站起来在屋里走了几转,或是拉开帘幕望了一望,但不多一会儿,便又闭上了。

程姥姥总算是他另眼看待的一个人;她端进饭去,有时便站在一边,絮絮叨叨的和他说话,也问他为何这样孤零。她问上几十句,何彬偶然答应几句说:"世界是虚空的,人生是无意识的。人和人,和宇宙,和万物的聚合,都不过如同演剧一般:上了台是父子母女,亲密的了不得;下了台,摘了假面具,便各自散了。哭一场也是这么一回事,笑一场也是这么一回事,与其互相牵连,不如互相遗弃;而且尼采说得好,爱和怜悯都是恶……"程姥姥听着虽然不很明白,却也懂得一半,便笑道:"要这样,活在世上有什么意思?死了,灭了,岂不更好,何必穿衣吃饭?"他微笑道:"这样,岂不又太把自己和世界都看重了。不如行云流水似的,随他去就完了。"程姥姥还要往下说话,看见何彬面色冷然,低着头只管吃饭,也便不敢言语。

这一夜他忽然醒了。听得对面楼下凄惨的呻吟着,这痛苦的声音,断断续续的,在这沉寂的黑夜里只管颤动。他虽然毫不动心,却也搅得他一夜睡不着。月光如水,从窗纱外泻将进来,他想起了许多幼年的事情,——慈爱的母亲,天上的繁星,院子里的花……他的脑子累极了,极力的想摈绝这些思想,无奈这些事只管奔凑了来,直到天明,才微微的合一合眼。

他听了三夜的呻吟,看了三夜的月,想了三夜的往事——

眠食都失了次序、眼圈儿也黑了,脸色也惨白了。偶然照了照镜子,自己也微微的吃了一惊,他每天还是机械似的做他的事——然而在他空洞洞的脑子里,凭空添了一个深夜的病人。

第七天早起,他忽然问程姥姥对面楼下的病人是谁?程姥姥一面惊讶着,一面说:"那是厨房里跑街的孩子禄儿,那天上街去了,不知道为什么把腿摔坏了,自己买块膏药贴上了,还是不好,每夜呻吟的就是他。这孩子真可怜,今年才十二岁呢,素日他勤勤恳恳极疼人的……"何彬自己只管穿衣戴帽,好像没有听见似的,自己走到门边。程姥姥也住了口,端起碗来,刚要出门,何彬慢慢的从袋里拿出一张钞票来,递给程姥姥说:"给那禄儿罢,叫他请大夫治一治。"说完了,头也不回,径自走了。——程姥姥一看那巨大的数目,不禁愕然,何先生也会动起慈悲念头来,这是破天荒的事情呵!她端着碗,站在门口,只管出神。

呻吟的声音,渐渐的轻了,月儿也渐渐的缺了。何彬还是朦朦胧胧的——慈爱的母亲,天上的繁星,院子里的花……他的脑子累极了,竭力的想摈绝这些思想,无奈这些事只管奔凑了来。

过了几天,呻吟的声音住了,夜色依旧沉寂着,何彬依旧"至人无梦"的睡着。前几夜的思想,不过如同晓月的微光,照在冰山的峰尖上,一会儿就过去了。

程姥姥带着禄儿几次来叩他的门,要跟他道谢;他好像忘记了似的,冷冷的抬起头来看了一看,又摇了摇头,仍去看他的书。禄儿仰着黑胖的脸,在门外张着,几乎要哭了出来。

这一天晚饭的时候,何彬告诉程姥姥说他要调到别的局里去了,后天早晨便要起身,请她将房租饭钱,都清算一下。程姥姥觉得很失意,这样清净的住客,是少有的,然而究竟留他不得,便连忙和他道喜。他略略的点一点头,便回身去收拾他的书籍。

他觉得很疲倦,一会儿便睡下了。——忽然听得自己的门钮动了几下,接着又听见似乎有人用手推的样子。他不言不动,只静静的卧着,一会儿也便渺无声息。

第二天他自己又关着门忙了一天,程姥姥要帮助他,他也不肯,只说有事的时候再烦她。程姥姥下楼之后,他忽然想起一件事来,绳子忘了买了。慢慢的开了门,只见人影儿一闪,再看时,禄儿在对面门后藏着呢。他踌躇着四周看了一看,一个仆人都没有,便唤:"禄儿,你替我买几根绳子来。"禄儿趑趄的走来,欢天喜地的接了钱,如飞走下楼去。

不一会儿,禄儿跑的通红的脸,喘息着走上来,一只手拿着绳子,一只手背在身后,微微露着一两点金黄色的星儿。他递过了绳子,仰着头似乎要说话,那只手也渐渐的回过来。何彬却不理会,拿着绳子自己走进去了。

他忙着都收拾好了,握着手周围看了看,屋子空洞洞的——睡下的时候,他觉得热极了,便又起来,将窗户和门,都开了一缝,凉风来回的吹着。

"依旧热得很。脑筋似乎很杂乱,屋子似乎太空沉。——累了两天了,起居上自然有些反常。但是为何又想起深夜的病人。——慈爱的……，不想了，烦闷得很！"

微微的风，吹扬着他额前的短发，吹干了他头上的汗珠，也渐渐的将他扇进梦里去。

四面的白壁，一天的微光，屋角几堆的黑影。时间一分一分的过去了。

慈爱的母亲，满天的繁星，院子里的花。不想了，——烦闷……闷……

黑影漫上屋顶去，什么都看不见了，时间一分一分的过去了。

风大了，那壁厢放起光明。繁星历乱的飞舞进来。星光中间，缓缓的走进一个白衣的妇女，右手撩着裙子，左手按着额前。走近了，清香随将过来；渐渐的俯下身来看着，静穆不动的看着，——目光里充满了爱。

神经一时都麻木了！起来罢，不能，这是摇篮里，呀！母亲，——慈爱的母亲。

母亲呵！我要起来坐在你的怀里，你抱我起来坐在你的怀里。

母亲呵！我们只是互相牵连，永远不互相遗弃。

渐渐的向后退了，目光仍旧充满了爱。模糊了，星落如雨，横飞着都聚到屋角的黑影上。——

"母亲呵，别走，别走！……"

十几年来隐藏起来的爱的神情，又呈露在何彬的脸上；十几年来不见点滴的泪儿，也珍珠般散落了下来。

清香还在,白衣的人儿还在。微微的睁开眼,四面的白壁,一天的微光,屋角的几堆黑影上,送过清香来。——刚动了一动,忽然觉得有一个小人儿,蹑手蹑脚的走了出去,临到门口,还回过小脸儿来,望了一望。他是深夜的病人——是禄儿。

何彬竭力的坐起来。那边捆好了的书籍上面,放着一篮金黄色的花儿。他穿着单衣走了过去,花篮底下还压着一张纸,上面大字纵横,借着微光看时,上面是:

  我也不知道怎样可以报先生的恩德。我在先生门口看了几次,桌子上都没有摆着花儿。——这里有的是卖花的,不知道先生看见过没有?——这篮子里的花,我也不知道是什么名字,是我自己种的,倒是香得很,我最爱它。我想先生也必是爱它。我早就要送给先生了,但是总没有机会。昨天听见先生要走了,所以赶紧送来。

  我想先生一定是不要的。然而我有一个母亲,她因为爱我的缘故,也很感激先生。先生有母亲么?她一定是爱先生的。这样我的母亲和先生的母亲是好朋友了。所以先生必要收母亲的朋友的儿子的东西。

          禄儿叩上

何彬看完了,捧着花儿,回到床前,什么定力都尽了,不禁呜呜咽咽的痛哭起来。

清香还在,母亲走了!窗内窗外,互相辉映的,只有月光,星光,泪光。

早晨程姥姥进来的时候,只见何彬都穿着好了,帽儿戴得很低,背着脸站在窗前。程姥姥赔笑着问他用不用点心,他摇了摇头。——车也来了,箱子也都搬下去了,何彬泪痕满面,静默无声的谢了谢程姥姥,提着一篮的花儿,遂从此上车走了。

禄儿站在程姥姥的旁边,两个人的脸上,都堆着惊讶的颜色。看着车尘远了,程姥姥才回头对禄儿说:"你去把那间空屋子收拾收拾,再锁上门罢,钥匙在门上呢。"

屋里空洞洞的,床上却放着一张纸,写着:

小朋友禄儿:

我先要深深的向你谢罪,我的恩德,就是我的罪恶。你说你要报答我,我还不知道我应当怎样的报答你呢!

你深夜的呻吟,使我想起了许多的往事。头一件就是我的母亲,她的爱可以使我止水似的感情,重要荡漾起来。我这十几年来,错认了世界是虚空的,人生是无意识的,爱和怜悯都是恶德。我给你那医药费,里面不含着丝毫的爱和怜悯,不过是拒绝你的呻吟,拒绝我的母亲,拒绝了宇宙和人生,拒绝了爱和怜悯。上帝呵!这是什么念头呵!

我再深深的感谢你从天真里指示我的那几句话。小朋友呵!不错的,世界上的母亲和母亲都是好朋友,世界上的儿子和儿子也都是好朋友,都是互相牵连,不是互相遗弃的。

你送给我那一篮花之先,我母亲已经先来了。

她带了你的爱来感动我。我必不忘记你的花和你的爱,也请你不要忘了,你的花和你的爱,是借着你朋友的母亲带了来的!

我是冒罪丛过的,我是空无所有的,更没有东西配送给你。——然而这时伴着我的,却有悔罪的泪光,半弦的月光,灿烂的星光。宇宙间只有它们是纯洁无疵的。我要用一缕柔丝,将泪珠儿穿起,系在弦月的两端,摘下满天的星儿来盛在弦月的圆凹里,不也是一篮金黄色的花儿么?它的香气,就是悔罪的人呼吁的言词,请你收了罢。只有这一篮花配送给你!

天已明了,我要走了。没有别的话说了,我只感谢你,小朋友,再见!再见!世界上的儿子和儿子都是好朋友,我们永远是牵连着呵!

何彬草

我写了这一大段,你未必都认得都懂得;然而你也用不着都懂得,因为你懂得的,比我多得多了! 又及。

"他送给我的那一篮花儿呢?"禄儿仰着黑胖的脸儿,呆呆的望着天上。

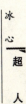

给艾斯美写的故事
——既有爱情又有凄楚

塞林格[*]

不久以前,我接到一张用航空邮件寄来的请柬,邀请我参加四月十八日在英国举行的一场婚礼。这是一个我说什么也非参加不可的婚礼;我刚刚接到请帖的时候,本以为这次出国旅行没有什么问题,打算乘飞机去,花多少路费,我根本不计较。可是,在我同我的妻子把这件事详细讨论之后(我的妻子是一个头脑冷静得出奇的人),还是决定不参加了,一个重要的原因是:我的岳母早就盼望着四月后半个月到我们家来做客,我竟把这件事忘得一干二净。我和格仑彻尔老太太见面的机会实在非常、非常少,她又着实有一把年纪

---

[*] 塞林格(1919—),美国作家。著有《麦田里的守望者》等。本文选自《美国短篇小说选》,王佐良编选,北京:中国青年出版社 1980 年版。

了。格仑彻尔老太太已经五十八岁了(她总愿意首先向你表白这一点)。

虽然如此,不论我在什么地方,为了不使举办婚礼的人扫兴,我决不是那种连手指头都不肯伸的人。所以我还是动手写下了这篇故事,把大约六年以前我认识这位新娘的情况公开出来。如果我写的这点东西使新郎官(我从来没和他见过面)心里有一两分钟不很舒服,那就更是我求之不得的了。我写这篇东西并不想取悦任何人,启迪、训勉更非我的本意。

1944年春天,大约六十名应征入伍的美国兵在英国德文郡一个英国情报部门主办的特别训练班受训,准备反攻,我是这六十名人员之一。现在回想起来,这六十个人倒有一个共同的特点,那就是我们谁都不合群。我们基本上都是那种一有闲工夫就自己埋头写信的人。工作之余,如果彼此说两句话也多半是问问对方有没有多余的墨水。当我们不写信、不上课的时候,就各干各的事。我的习惯是,如果天气好就到附近乡下景色优美的地方散步;逢到阴天下雨,我一般总是坐在一块干爽的地方看书,常常就在乒乓球台旁边。

训练班一共三个星期,结束的一天是个星期六,一个淫雨绵绵的日子。根据计划,这一天晚上七点钟我们全组人将搭火车去伦敦。到伦敦后,谣传我们将分别被安排到总反攻时在敌后降陆的步兵和空运师里去。这一天下午三点钟,我已经把自己的全部行装打在一只背囊里,包括一只盛防毒面具的帆布套满装着我从大西洋彼岸带来的书籍。(防毒面具几个星期以前已经被我从毛里坦尼亚号轮船的舷窗口扔到海里去,因为我非常清楚,如果敌人真的使用毒气,我绝对来不及带上这个劳什子)。我还记得我在我们那座活动营房的一个尽头窗户前边站了很长的时间,凝视着外面的凄风斜雨。我的背后响着一片自来水笔刮擦着胜利信笺的沙沙声。如果说我还有参加战斗的愿望的话,当时我是一点也没有觉察出来的。

突然间,并不是因为想到了什么,我转身离开了窗口。我穿上雨衣、雨鞋,披上羊毛围巾,戴上毛手套和军帽(人们都对我说,我戴军帽的角度与别人不同——把两耳的耳梢都盖上了)。接着,我把我的手表同摆在厕所里的一只钟对了一下,便从山上一条长长的、湿漉漉的鹅卵石路向市区走去。一路上电光闪闪,但是我丝毫也不理会。要是该叫雷电打死,想躲也是躲不开的。

市镇中心可能是全城湿度最大的地方;我站在教堂前面读布告牌,我多半是被写在黑纸上的白色数码吸引住了,但也许是因为我在军队里待了三年,读布告牌读得上瘾了。布告牌上有一张通知说,三点一刻儿童唱诗班将举行排练。我看了看表,又抬头看了一下通知。在一张用图钉钉着的纸上写着应该来参加排练的人名。我站在雨地里把名字从头到尾读了一遍,便迈步走进了教堂。

长椅上坐着十几个成年人,有几个膝头上摆着小号的雨鞋,底朝上。我一直向前走,在前排椅子上找了个座位坐下。讲台上大约有二十来个孩子密密匝匝地坐在三排会议室用的椅子上。其中大多数是女孩子,年龄从七岁到十三岁不等。我进去的时候,合唱团的教练,一个身穿粗呢衣服的肥胖的女人,正在叮嘱他们唱歌时要把嘴张大。有谁听说过,她问孩子们说,小鸟唱好听的歌不首先把小嘴张得大大的呢?显然谁也没听说过。因为一张张小脸全都木然没有表情。接着她又说,她要求所有她的孩子都理会歌词的意思,不要像没有脑子的鹦鹉似的光是模仿声音。

这以后她吹了一声定音笛,于是孩子们都像未成年的举重员似的把沉重的赞美诗集托举起来。

他们唱歌没有乐器伴奏——他们在这种情况下,更正确地说,是没有干扰。他们的声音和谐悦耳,真挚自然,如果换一个比我更虔诚的人听到这歌声,说不定会感动得灵魂扶摇直上吧。两三个年龄最小的孩子拍子稍微有些拖拉,但这只有作曲者的老母亲才可能挑他们的毛病。我从来没有听过他们唱的这首赞美诗,但是我一直希望这首诗是一首包括一打以上诗节的长诗。我一面听一面打量着孩子们一张张小脸,特别是离我最近的、坐在第一排尽头的一个女孩儿。她年龄大概有十三岁,直直的淡色金灰头发齐着耳根,她生着秀美的前额,目光倦怠的眼睛,就像清点剧院观众人数的眼睛一样。她的声音很清晰地与其他孩子分隔开,这绝不只是因为她坐得离我近的缘故。她能唱到很高的音域,嗓子非常柔美,吐音准确,在合唱中自然而然地起着领唱的作用。但是这位年轻姑娘却好像对自己的歌唱本领感到有些厌烦,也许是对整个环境同唱歌这件事感到厌烦,有两次在中间停息的时候我发现她在打呵欠。她像是一位有教养的小姐那样打呵欠,紧闭着嘴唇。但是你还是一眼就看出来她在打呵欠;她的鼻翅泄露了机密。

赞美诗刚刚唱完,合唱团教练便喋喋不休地教训起那些在牧师布道的时候总是两脚乱动、嘴巴不能紧闭的人。我猜想这次排练唱诗的部分大概已告结束,在教练的不和谐的话音没有把孩子们的歌声施展的魅力破坏净尽以前,我站起身来,走出了教堂。

雨下得比刚才更大了。我沿着街走下去,在经过红十字会主办的游艺室的时候,我从窗户外面向里瞟了一下。士兵们三三两两地站在屋子深处喝咖啡的柜台前边,即使隔着窗玻璃也能清晰地听到从隔壁屋子传出来的噼噼啪啪的乒乓球声。我走到街对面,进了一家私人开的茶室。屋子里除了一个中年女侍以外空无一人,而这位侍者好像并不怎样欢迎我,她希望来光顾她的是一位穿着干燥雨衣的顾客。我小心翼翼地把雨衣挂在一个枝形衣架上,挑了一张台子坐下,要了一份茶和一份肉桂吐司。这是在这一整天中我第一次开口讲话。接着我翻寻了一下几个衣袋,包括雨衣的衣袋,终于我找到了几封旧信。我准备再重新读一遍。一封信是我妻子写来的,告诉我第八十八条街施特拉夫餐馆的服务情况大不如昔;一封信是我岳母写的,叫我一有机会离开"营盘"能不能尽快给她寄去一些开司米毛线。

我的第一杯茶还没有喝完,我在唱诗班里仔细打量过、欣赏过她的歌喉的那位年轻小姐就走进茶室里来了。她的头发被雨淋透了,两只耳朵的耳轮都露了出来。同她一起的还有一个小男孩,肯定无疑是她的小弟弟。她用两根手指把他头上的帽子夹起来,仿佛那是实验室的一个什么标本。走在最后的是一位样子精明能干的妇女——多半是他们的家庭教师。唱诗班队员一边走一边往下脱外衣,选定了一张桌子——很好的一张,从我的角度说,正在我的座位前面,离我只有八九英尺远。她同那位家庭教师都坐了下来。只有那个大约四五岁的小男孩屁股坐不稳。他从座位上溜出去,甩掉了外衣,接着,以一个生来就是讨厌鬼的那种涎皮赖脸,开始有条不紊地干起惹人嫌的把戏来,他一次又一次地把椅子拖出来又推进去,一边做一边望着女教师的脸。女教师压低着嗓子说了他两三次,叫他老实坐下,说穿了一句,叫他别再调皮。但是孩子却根本不听,直到姐姐发了话,他才走回来把他的小屁股安置在椅子上。

紧接着他又拿起餐巾来顶在头上。姐姐把餐巾拿了下来,替他打开铺在他的膝头上。

大约在他们叫的茶端上来以后,唱诗班队员发现我正在打量着他们这一桌人了。她用她那对清点观众人数的目光盯了我一眼,接着,突然对我展露了一个很小、很小的笑脸。她笑得那么喜幸,像一抹微笑有时也能显示出来的那样。我也回报给她一个微笑,尽管笑得很不喜幸;笑的时候我使劲耷拉着上嘴唇,遮盖着两个门牙之间一条黑缝,这是给美国大兵治牙的地方给我临时镶的填补物。一分钟以后,这个小姑娘已经摆着一副令人忌羡的身姿站在我那张桌子旁边了。她穿的是一件苏格兰格子呢衣服——一件坎帕倍尔式的格子呢衣服,我想。我觉得在这种阴雨连绵的日子里这件衣服穿在一个年纪非常轻的姑娘身上真是再美不过了。"我本来以为美国人都讨厌唱茶呢。"她说。

她说这话并不是故意卖弄聪明,而是为了弄清事实或者统计数字。我回答说在我们美国人中有些人除了茶什么也不喝。我问她愿不愿意同我坐一会儿。

"谢谢。"她说,"也许我能坐一会儿。"

我站起身来替她拉出一把椅子——我对面的那一把,她只坐在椅子的四分之一的前沿上,脊背挺得很直,姿势既优美又自然。我走回——几乎可以说是跑回——到自己的位子上,迫不及待地准备进行这场谈话。但是当我坐定以后,却想不起要同她谈些什么了。我又笑了笑,极力不使我那条漆黑的牙缝露出来。最后我总算找到了一句:天气坏透了。

"可不是。"我的客人说。她的声音清脆,一点也不含混,一听就知道她不是那种喜欢嘀咕闲话的人。她像是在参加降神术那样把手指平摆在桌面上,但是马上又拳曲起来;我发现她的指甲都是用牙嗑掉的,一直露出了指甲肉来。她戴着一只军用的手表,样子像是驾驶员戴的那种天文手表,表盘在她的细细的手腕上显得太大了一些。"你刚才看唱诗班排练去了,"她一本正经地说,"我看见你了。"

我回答说她说得一点没错,我不但去了,而且在整个合唱里还清清楚楚地听到了她的声音。我告诉她,我觉得她有一副好嗓子。

她点了点头。"我知道。我将来要当个职业歌唱家。"

"真的吗?唱歌剧?"

"天哪,不是歌剧。我要在电台上唱爵士歌曲,我要赚很多钱。以后,等我到了三十岁,我就退休,住在俄亥俄州的一个牧场里。"她用手掌摸了摸湿得滴水的头发,"你对俄亥俄州熟悉吗?"

我说我虽然坐火车经过几次,但是对那地方并不熟悉。我请她吃一块肉桂吐司。

"不,谢谢你。"她说,"我的食量真的非常小。"

我自己咬了一口吐司,告诉她俄亥俄州一带有些地方非常荒凉。

"我知道。我遇到的一个美国人告诉过我。你是我遇到的第十一个美国人。"

她的家庭教师这时正招呼她,叫她马上回到自己的桌子去——家庭教师的意思是不叫她打搅别人。但是我的小客人却不慌不忙地把椅子挪动了一两英寸,使自己的脊背同她原来坐的那张桌子完全脱离了关系。"你是山上那个秘密情报学校的,是不是?"她极其沉着地问。

我同任何人一样,也很懂得保密;我回答说我是因为健康的原因到德文郡来的。

"真的吗?"她说,"你骗不过我的,你知道。"

我说看样子我肯定骗不过她。我啜了几口茶。不知怎么回事,我也注意起自己的姿势来了;我的脊背比刚才更挺直了一些。

"作为一个美国人,你好像是挺有脑子的。"我的客人沉思地说。

我告诉她,仔细琢磨一下,这样说未免有点贬低别人抬高自己,我希望她别说这种不合适的话。

她的脸涨红了——但不知不觉又恢复了逐渐失去的沉着。"是这样的。我见到的大多数美国人举动都很粗野,不是骂人就是你打我一拳我打你一拳,还有——你知道有一个美国人干了什么事了?"

我摇了摇头。

"有一个美国人把一只空威士忌酒瓶扔进我姑母的窗户里来。幸而窗子是开着的。可是你觉得这是有脑子的人干出来的事吗?"

我当然不觉得,可是我没有这样说。我告诉她在世界各处所有的大兵都是离家万里,他们过去很少有人从生活中得到真正好处。我还告诉她,我认为这件事大多数人都想象得出来。

"可能是这样。"我的客人不太信服地说。她举起手来再一次摸了摸湿淋淋的脑袋,而且把几绺湿软的金发揪了揪,想把露出来的耳轮遮起来。"我的头发湿透了。"她说,"我的样子一定难看极了。"她瞟了我一眼。"干了的时候我的头发是打卷的。"

"看得出来。我看得出来你的头发是卷曲的。"

"不是打小卷,而是弯得挺厉害,"她说,"你结过婚了吗?"

我说我结过了。

她点了点头。"你很爱你的妻子吗?也许我不该打听你的私事吧?"

我说如果我认为哪个问题她不该问,我会告诉她的。

她把摆在桌子上的手和手腕又向前伸了伸,我记得当时我对她戴的那只表盘大得出奇的手表很想表示点什么意见——也许想建议她把表系在腰上。

"平常我这个人非常不合群。"她一边说一边望了我一眼,好像想知道我是否懂得"合群"这个字的意思似的。但是我没有作任何表示,既没有表示懂也没有表示不懂。"我坐到你这边来只是因为觉得你的样子太寂寞了。你的脸把心里的事都表现出来了。"

我告诉她,她说得很对,我刚才确实感到寂寞,我非常高兴她能到我桌子这边坐一会。

"我正在训练自己更富于同情心。我姑母总说我这人太冷冰冰了。"她说,又用手摸了摸头,"我同姑母一起住。她的心眼非常好。自从母亲死了以后,她尽一切力量叫查尔斯同我重新安定下来。"

"我很高兴。"

"母亲是个非常、非常聪明的人。感情很丰富,在很多方面都这样。"她又用炯炯逼人的眼光盯视着我,"你觉得我这人是不是冷冰冰的?"

我告诉她我一点也不觉得——恰好相反。我把自己的名字告诉了她,也问了问她的姓名。

她踌躇了一会儿。"我的名字叫艾斯美。我暂时还不想告诉你我的姓。我们这姓的人还有个封号,说不定你会被封号震住的。美国人都是这样,你知道。"

我说我不会这样的,但是在目前这种情况下,暂时不让我知道家族的封号也许是个好主意。

正在这个时候我感到有人在我的脖颈上出气,我把头一转,差点同艾斯美的小弟弟的鼻子撞在一起。他一点也没有理会我,却用刺耳的尖嗓门对他姐姐说:"梅格莉小姐叫你回去把茶喝完!"把这个口信捎完以后,他就退到我右边的一把椅子旁边,这把椅子是摆在我同他姐姐中间的。我非常有兴趣地打量着他。这个小男孩穿着一条棕色的羊毛短裤,一件深蓝色的卫生衫,白衬衫系着带条的领带,样子非常漂亮。他用一双碧绿的眼睛回瞪着我。"为什么电影上人们接吻总是侧着脸?"他问我道。

"侧着脸?"这是一个我小时候也同样被难倒的问题。我告诉他,据我猜测是因为演员的鼻子太大,不能正面接吻的缘故。

"他叫查尔斯。"艾斯美说,"以他的年纪论,非常聪明。"

"他的眼睛真绿。你的眼睛是绿的,对不对,查尔斯?"

查尔斯猜疑地看了我一眼,我既然问了这么一个怪问题,这是咎由自取。接着他就在那张椅子上扭摆着身子,一会儿蹿上来,一会儿又缩下去,直到最后整个身子都钻到了桌子底下,只把头露在外面。他把头仰放在椅子面上反弓着身子。"我的眼睛是橙色的。"他对着天花板说,声音很不自然。他把桌布的一角掀起来,盖住他那漂亮的、毫无表情的小脸。

"有时候他挺有脑子,有时候又一点也没有。"艾斯美说,"查尔斯,好好坐着!"

查尔斯仍然停留在原来的地方。他似乎把全部精神都集中在如何屏住呼吸上。

"他非常想念我们的父亲。他是在北非被杀——害——的。"

我表示听到这件事非常难过。

艾斯美点了点头。"父亲非常爱他。"她沉思地咬起大拇指甲盖来。"他长得很像母亲——我是说查尔斯。我同父亲的长相一模一样。"她继续用牙嗑着指甲。"我的母亲是一个感情丰富的人。她的性格是外向的。父亲的性格是内向的。但是他们两人倒非常相配，也可能只是表面上相配。说老实话，父亲真的需要一个比母亲更有智力的人作伴侣。他是一个非常非常有才能的人。"

我等待着她告诉我更多的情况，但是她并没有再说下去。我把眼皮撂下来看了看查尔斯，他已经改变了姿势，把半边脸靠在椅座上了。当他发现我在看他的时候，就把眼睛闭了起来，假装在睡觉，睡得非常甜美；接着他把舌头伸出来——他的舌头长得出奇——发出一声在我们国家向近视眼的棒球裁判喝倒彩的呼哨，整个茶座都被他的尖叫震动起来。

"别这么叫。"艾斯美说，看样子对她弟弟这个行动一点也没有感到惊奇，"他在一家卖炸鱼和马铃薯片的地方见到一个美国兵这么打呼哨，现在他一感到无聊就学这个。快别叫了，不然我马上就叫你回到梅格莉小姐的桌子上去。"

查尔斯把一双大眼睛睁起来，表明已经听到了姐姐的警告，但是除此以外并没有什么特别的表示。

我发表意见说，也许他该留着这一手——我是指这种又噗噜嘴唇又吐舌头的怪叫——等待他开始冠起衔头时再使用。那就是说，如果他也有封号的话。

艾斯美瞪着眼睛看了我一会儿，似乎在给我作临床诊断。"你很会板着脸说笑话，是不是？"她说——

带着沉思的神情。"父亲说我一点也没有幽默感。他说我步入生活没有自卫能力,因为我不懂得幽默。"

我点了一根纸烟,望着她说,我不认为在生活真正陷入窘境的时候幽默感有什么用场。

"父亲说有用。"

她这样说是出自对她父亲的信仰,而不是有意和我拌嘴,我赶忙换了个话题。我点了点头,解释说,或许她父亲是从长远的观点看问题,而我是从短暂的观点(什么叫短暂的观点,我自己也不清楚)。

"查尔斯非常想念他,"沉默了一会儿,艾斯美又开口说,"他是一个顶顶可爱的人,他的相貌也极其漂亮。我不是说一个人的相貌有多大关系,但是他的确漂亮。他的眼睛能够一直看透你的内心;拿他这样一个心地善良的人说,他的眼神太有些灼灼逼人了。"

我点了点头。我告诉她我猜想她父亲使用的语汇一定非常丰富。

"啊,是的;一点也不错。"艾斯美说,"他爱研究旧档案——当然了,这是他的业余爱好。"

正说到这里,我感到有人惹人嫌地在我的上臂上敲了一下,几乎可以说打了一掌,这敲击来自查尔斯那一方向。我把头向他这边转过来。他现在用正常的姿势坐在椅子上,只不过把一条小腿压在屁股底下。"一堵墙向另一堵墙说什么?"他用刺耳的声音问道,"这是个谜语。"

我对着天花板沉思地转动眼珠,大声把这个问题重复了一遍。过了一会我显出一副被难倒的样子瞧着他,告诉他我自认败北了。

"在拐角的地方碰头!"双关的妙语用最大的音量喊出来。

对这句话最为倾倒的还是查尔斯本人。他简直觉得这个谜语滑稽透顶。结果艾斯美不得不走过来在他背上猛击一掌,就像想止住别人打嗝一样。"好了,别笑了,"她说。她又回到自己的位子上。"他不论遇见谁都要把这个谜语说一遍,每次都像犯了病似的笑个没完没了。通常他一笑起来就出怪相。够了,别再笑了好不好?"

"这倒是我听见过的最有意思的谜语。"我说,一边望着查尔斯,这时他已经逐渐平静下来了。因为我说了这样一句恭维话,他的身体在椅子上又缩短了半截,同时他又开始用桌布的一角把下半边脸蒙住,一直蒙到眼睛底下。他用露在外面的两只眼睛打量着我,那里面流露出兴奋的余晖和骄傲的闪光,因为他很以自己知道几个精彩的谜语感到得意。

"我可以不可以问一下,你在入伍以前作什么工作?"艾斯美问我。

我说我根本没有做过什么工作,我从大学毕业刚刚一年,但是我总喜欢把自己看作是写短篇小说的职业作家。

她很有礼貌地点了点头。"出版了吗?"她问。

这是一个别人经常问、而我却感到最恼火的一个问题,对于这个问题我从来不用具体数字回答。我给她解释,在美国,大多数编辑只不过是一群——

"我父亲文字写得很漂亮,"艾斯美打断了我的话。"我保存了他的一部分书信,将来给后代人看。"

我说这真是个好主意。我的目光恰好又落在她那块表盘硕大无朋、宛如计秒器的手表上。我问她这块表原来是不是她父亲的。

她面色严肃地看了看自己的手腕。"是的,原来是父亲的,"她说,"这是他在我同查尔斯疏散以前不久给我的。"她感到有些不好意思,把手从桌子上拿下来,接着说,"当然了,纯粹是个纪念品。"她把话头转到另外一个方向。"如果你将来能专门给我写一篇小说,那我就太高兴了。我是一个贪婪的读者。"

我告诉她我一定会给她写,如果我写得出来的话。我说我不是个多产的作家。

"并不需要多产才写得出来呀!你只要写一篇别太孩子气、别胡说八道的就行了。"她沉思了一会儿。"我喜欢看凄惨的故事。"

"喜欢什么故事?"我把身子向前倚了倚,问道。

我正要她详细地解释一下。突然觉得查尔斯在我胳臂上重重地掐了一下。我转过头去,因为叫他掐痛了不由得闪了一下身子。查尔斯正站在我旁边。"一堵墙对另外一堵墙说什么?"他问,态度相当亲昵。

"你问过人家了,"艾斯美说,"好了,老老实实待着吧。"

查尔斯却一点也不听姐姐那一套,他踩到我的一只脚上,又把那个关键问题重复了一遍。我发现他的领结已经歪了,就替他扶正,接着,我凝视着他的眼睛,假装在猜测地回答:"在拐角处碰头,对不对?"

话刚出口,我就后悔得了不得。查尔斯的嘴咧开了。我感到是我打了他一巴掌,叫他咧开嘴的。他从我的脚上下来,神色凛然地走回到原来的桌子,连头也没有回。

"他生气了,"艾斯美说,"他的脾气大极了,我母亲总是宠着他,把他宠坏了。我父亲是唯一不娇惯他的人。"

我继续看着查尔斯,这时他已坐在座位上,开始喝起茶来,可是他始终不往我这边看。

艾斯美站起身来。"Il faut que je parte aussi(法语:我也该走了),"她叹了口气说,"你懂得法语吗?"

我从椅子上站起来,感到又有些怅然又有些困惑。艾斯美同我握了握手;像我猜测的那样,她的手是那种神经质的手,手掌湿漉漉的。我用英语对她说,她陪我说了这么多话,我感到多么高兴。

她点了点头。"我想你会高兴的,"她说,"以我的年纪说,我是很健谈的。"她又摸了摸头发,看它干了没有。"我的头发这么湿,真是太对不起了。我的样子一定难看极了。"

"一点也不难看。说实话,我看它已经恢复了不少弯弯了。"

她很快地又摸了摸。"你想最近你还会来这里吗?"她问,"我们每个星期六都来,练完合唱以后。"

我回答说,我非常希望能来,但是很不巧,我肯定不能再到这里来了。

"换言之,你不能泄露军事行动的机密,"艾斯美说,她没有立刻就离开我这张桌子的意思。不仅如此,她还把两只脚交搭起来,垂着眼皮,让足尖摆齐到一条线上。她的这个小动作做得很美;她穿着白色袜子,足踝和脚都生得很好看。她突然又抬起头来看着我。"你愿意不愿意让我给你写信?"她问我说,脸上泛起一层红晕。"我写的信可以说非常通顺,以我的年纪——"

"那太好了。"我拿出纸和笔来,把我的姓名、职称、编号同部队信箱号码写了下来。

"我会先给你写信,"她把纸接过来说,"这样免得叫你感到有什么为难的地方。"她把我的通信地址放在衣服的一只口袋里。"再见。"说完了,她就走回到自己的那张桌子上。

我又叫了一壶茶,坐在那里看着这两个人,直到他们同那位操心的梅格莉小姐一起站起来准备离开。查尔斯带头走在前面,故意装作一瘸一拐的样子,好像一条腿比另一条腿短好几英寸似的。他仍然没有看我。梅格莉走在中间,最后是艾斯美。艾斯美向我挥了一下手,我也向她挥了挥手,从椅子上欠了欠身子。这是一个很使我情绪激动的奇异的时刻。

还不到一分钟,艾斯美又回到了茶室里,拽着查尔斯的袖子。"查尔斯愿意吻你一下向你告别。"她说。

我立刻把茶杯放下,对她说,那简直太好了,但是查尔斯肯定愿意吗?

"愿意,"她口气相当严厉地说。她放开查尔斯的袖子,在他背后使劲推了一把。查尔斯面色铁青地朝我走过来,用湿嘴唇在我右耳朵底下哑的一声亲了一下。做完了这件苦差事以后,他笔直地向大门跑去,准备做点别的不这么缠绵多情的事,但是我一把抓住了他外衣后背上的半根带子,紧紧拉住,问他说:"一堵墙对另一堵墙说什么来着?"

他的脸马上闪起了光亮。"在拐角处碰头!"他尖声喊叫出来,一溜烟似的跑出了屋子,也许又要笑得神经了。

艾斯美站在那里又把脚交搭起来。"你答应给我写的那篇故事准保不会忘吗?"她问我说。"不一定是专门为我写的。你可以——"

我说我绝对不会忘记这件事。我告诉她我过去还没有为哪个人写过小说,但是看来时机已到,我该这样做一下了。

她点了点头。"写一篇非常凄楚、非常感人的。"她建议说。"你了解不了解人世的凄怆?"

我告诉她我不敢说完全了解,但是有很长一段时间我已经逐渐了解到这种形式、那种形式的凄楚了。我还说我将竭尽全力写得合乎她要求的规格。我们握了握手。

"我们没能在使这种凄楚减轻的环境中会面,真是太遗憾了。"

我也承认这很遗憾,的确太遗憾了。

"再见,"艾斯美说,"我希望你作战回来以后,身心都健康如初。"

我向她表示感谢,又说了几句别的话,便看着她走出了茶室。她走得很慢,好像在思索着什么,一边走一边摸她的头发,看看干了没有。

现在我要写的是这篇故事的凄楚的、或者说感人的部分了。场景改变了,人物也改变了。我仍然在故事里,只不过从现在起,为了某种不能公开的原因,我把自己伪装起来。我伪装得非常巧妙,就连最聪明的读者也很难认出我来。

时间是欧洲胜利日①几个星期以后,夜间十点半钟左右,地点在德国巴伐利亚州的高弗尔特城。参谋军士 X 正待在一所老百姓的住宅二楼上他自己的房间里;早在停战以前他就同另外九名美国士兵一同住在这里了。他坐在一张乱得一塌糊涂的小写字台前面一把可以折叠的木椅上,面前摊着一本海外版的纸面小说。他读起来有很大困难,困难来自他自己,而不在小说上。虽然军中服务站每月送来的一批新书通常总被住在一层的人捷足先登,但人们挑剩下的却总是他愿意选择的那类书。然而,他却不再是一个经历了战争而身心始终保持健全的年轻人了,有一个多钟头他把几段书反复读了三遍,现在又开始一个句子一个句子地从头读起来。突然间,他把书一合,连页码也没有做记号。他用一只手遮着眼睛,挡住桌子上一盏没有灯罩的灯泡射出来的刺目亮光。

他从桌上的一包纸烟盒里取出一根纸烟来,点烟的时候手指颤颤抖抖地总是互相磕碰。他在椅子上把身体稍微向后靠了靠,狠命地吸着纸烟,却什么味道也尝不出来。几个星期以来他一根又一根地接连不断地吸烟。只要用舌尖一碰,他的齿龈就往外渗血,但是他却不停地做着这个试验。这是他做的一个小游戏,有

---

① 指 1945 年 5 月 8 日德国投降的一天。

时候会连续做一个小时。他坐了一会儿,一面吸烟一面进行着这个试验。突然,像往常一样事先毫无警告,他又有了那种熟悉的感觉:心脏离开了本来的位置,忽悠忽悠地摇摆起来,就像行李架上没有拴牢的行李似的。他赶忙用双手按住太阳穴;过去几个星期他一直在用这个方法制止自己心悸。他一动不动地待了一会儿。他的头发很脏,而且早就该理了。在梅因河畔法兰克福住了两周医院,这期间他洗过三四次头,但是在乘吉普回高弗尔特的时候,一路上尘土飞扬,他的头发又脏得要命了。到医院去接他的下士 Z 开吉普车仍然像战争期间的老规矩,把挡风玻璃完全摇下来,停战不停战对他完全一样。德国驻有好几万新开来的士兵,只有把挡风玻璃摇下来,像战时那样开车,下士 Z 才有希望叫人知道他是个久经沙场的老兵,他同那些新到欧洲战场上来的雏儿绝不是一码事!

当 X 把头从手里松开以后,他开始打量起自己的写字台来。那上面堆着至少有两打寄给他的信,都没有启封,还至少有六个寄给他的大小邮件,也都没有拆包;这张书桌乱得像一只垃圾箱。他把手伸到一堆乱七八糟的东西后面,拿起靠墙立着的一本书。这是戈培尔的一本大作,书名是 Zeit Ohne Beispiel(德语:史无先例的时间)。这是一位三十八岁的老小姐的财产,直到几个星期以前,这位老小姐还住在这所房子里。她是纳粹党的一个下级官员,但根据军法条例,属于可以立即拘捕的那类犯人。逮捕令就是 X 执行的。自从他出院回来那天起,这已是他第三次翻开老小姐的这本书了。他又读了一遍扉页上的一句简短的德文题词。这几个字是用墨水写的,字体很小,写得极其精心:"亲爱的上帝,生活简直是地狱。"没头没脑,既无上文,也无下文。这几个字孤零零地写在这页书上,在这间死一般沉寂的屋子里似乎具有无可辩驳的、几乎可以说是典型控诉书的意味。X盯着这张扉页看了几分钟,怀着一种侥幸心理,希望不要上这几个字的当。这以后,怀着远比几个星期以来做任何事更大的热情,拿起一枝铅笔,在那句提词下面用英语写下下面的话:"神父们,教师们,我在考虑'什么是地狱',我认为因失掉爱的能力而受折磨就是地狱。"他开始在这句后面写陀斯妥耶夫斯基的名字,但却发现自己写的字几乎无法辨认;他被这一发现吓得心惊肉跳,连忙把书合上。

他很快地又从桌子上拿起另外一件东西来——住在阿尔巴尼的他的一个哥哥写来的信。早在他住院以前这封信已经摆在他桌上了。他把信封拆开,尽管信心不大还是决定把信从头到尾看一遍。但是他只读了第一页信纸的上半部,在读完下面一个句子以后就停住了。"现在这场可恶的战争已经过去,你在那边可能时间很富余,好不好送给孩子们两把刺刀、几枚纳粹卐字章……"他把信扯碎,凝视着扔在废纸篓中的碎片。他发现自己没有注意到信封里还附有一张照片,可以看出来某人的两只脚站在某处草坪上面。

他把两只胳臂放在桌子上,把头枕在臂上。他觉得从头到脚,浑身都在疼痛,而且所有的痛区都息息相连。他倒很像一株圣诞树上串起来的节日灯泡,只要一只出了毛病,其余别的也都要熄灭了。

门连敲也没敲便砰的一声从外面推开了。X 抬起头,转过去,看到下士 Z 正站在门口。从欧洲反攻日开始连续进行了五次战役,Z 一直和他同开一辆吉普,是他的一个形影不离的伙伴。Z 就住在楼下,每逢听到什么谣言或者有什么牢骚想找人倾诉一下,他总是上来找 X。他今年二十四岁,身躯魁伟,非常上相。战争期间,一家全国性的杂志曾经在须尔特根森林给他拍过一张照,他摆着姿势,一手提着一只感恩节火鸡。"你在写信吗?"他问 X 道。"哎呀,你这里真是阴森森的。"他总喜欢开着顶灯的屋子。

X 把身体从椅子上转过来,请他进来,但是嘱咐他小心一点别踩着狗。

"别踩着什么?"

"别踩着阿尔文。它就在你脚底下呢,克雷。你把那该死的灯开开好不好?"

克雷找到头顶上挂灯的开关,把它打开,走过这间好像佣人住房的小屋子,坐在床沿上,面对着房间主人。他刚刚梳理过的砖红色头发还滴答着水;为了不使头发蓬乱,他总是用水把它弄湿。像往常一样,从他的草绿色衬衫右边口袋里露出半截梳子,用别自来水笔的卡子别住。左边口袋上面佩戴着步兵战斗部队徽章(严格说,他并没有资格戴这种徽章),欧洲战场勋表(勋表上嵌着代表五次战役的五颗铜星,等于一颗长形银星),以及珍珠港事变前即已服役的勋表。他重重地叹了口气说:"耶稣基督。"他的这一惊叹什么意义也没有;这是军队常用语。他从衬衫口袋里取出一包纸烟,弹出一支,把这包纸烟放在一边,重新系好口袋上的兜盖。他一边吸烟,一边心不在焉地把屋子扫视了一遍。最后,他的目光落在一台收音机上。"咳,"他说,"再过几分钟他们就开始广播那个精彩节目了。包勃·霍普[①]和所有的大明星。"

X打开另一包纸烟,告诉他自己刚刚把收音机关掉。

克雷并没有因为他说这句话而情绪低落,他正在一心观望X如何把纸烟点着。"耶稣基督,"他像个热情观众似的喊道,"你应该看看你那两只该死的手。哆嗦得好厉害啊,老兄,你自己知道不知道?"

X最后把烟点着了,他点了点头,称赞克雷什么细小的事也逃不过他的眼睛。

"我一点也不骗你,在医院见到你的时候我他妈的差点晕过去。你的样子简直像一具该死的僵尸。体重减轻了多少?多少磅?你知道吗?"

"我不知道,我不在的时候你接到的信多不多?罗莉塔给你写信了吗?"

罗莉塔是克雷的女朋友。他们打算只要条件一许可便马上结婚。她给他的来信相当勤,信里面尽是表示兴奋的三重惊叹号和意义不甚精确的语句。整个战争期间,罗莉塔的来信克雷都大声读给X听,不论词句多么亲昵——事实上是,越表示亲昵就越有意思。克雷已经养成一种习惯,每次读完信后就求X帮他谋划或者拼凑一封回信,要不然就求X在他的信里加上一些有意唬人的法文字和德文字。

---

① 美国当代电影明星,专演滑稽角色。

"写了,昨天我还接到她一封信。在楼下我的房间里呢。以后我给你看,"克雷无精打采地说。这时他笔直地坐在床沿上,屏住呼吸打了一个大响嗝。他似乎对这个成就还觉得满意,又把身体放松起来。"她那位该死的哥哥因为腰的毛病快要从海军退伍了,"他说,"这个杂种,就仗着他的腰了。"他又把身躯挺直,打算再打个响嗝,可是成绩很不理想。突然,他脸上显出一丝警觉的神色。"咳,我差点忘了。咱们明天早上五点钟就得起床,开车到汉堡还是什么地方,给全队的人去拉艾森豪威尔式军服。"

X怀着敌对情绪瞅着他,表示自己并不想要什么艾森豪威尔式军衣。

克雷露出惊讶的、甚至可以说受到伤害的神色。"啊,这种军服很不错呀!式样很不错。你怎么不想要?"

"没有什么理由。为什么咱们要五点钟就起床呢?谢天谢地,仗不是已经打完了吗?"

"我不知道——咱们得在午饭以前赶回来。他们又拿到一些新的表格要在午饭以前填好……我问过布令为什么不能今天晚上填——那些该死的表格就在他的桌子上摆着呢。他不愿意现在拆包,这个狗崽子。"

两人相对无言地坐了一会儿,都在生布令的闷气。

克雷突然带着一种新的——更大的——兴趣打量起X来。"咳,"他说,"你知道你那半边该死的脸已经抽搐得不成样子了吗?"

X说他什么都知道,说着就用手把跳动的肌肉捂起来。

克雷凝视了他半晌儿,开口说:"我已经写信告诉罗莉塔,说你精神崩溃了。"他说这句话的时候绘声绘色,倒好像在传递一件大好消息似的。

"噢?"

"不错。她对于这件事非常感觉兴趣。她是专门学心理学的。"克雷直挺挺地躺在他的床上,连鞋也没有脱。"你猜她说什么?她说谁也不会只因为战争这些事就精神崩溃。她说你可能生来就是那类不稳定的性格,你这倒霉的一生永远这样。"

X弯起手掌遮住了眼睛——床上面的灯光好像快要把他刺瞎了——,回答说,罗莉塔能够把事情分析得这么透彻,真是难得。

克雷瞟了他一眼。"听我说,你这个杂种。"他说,"她对于心理学可他妈的比你内行多了。"

"你能不能把你那双臭脚从我床上拿下来啊?"X说。

克雷继续让两只脚在原来的地方待了一会儿(这表示他的脚爱在哪放着别人无权过问),这才放到地板上,他也随即坐起来。"我反正也得到楼下去了。他们在渥克尔屋子里开着收音机呢,"但是他并没有站起来。"咳。我刚才正同楼下的伯恩斯坦那个新兵崽子说一件事。你还记得那次咱们开车到瓦隆去吗?咱们挨了他妈的两个钟头炮弹,在那个鬼地方躲着的时候,有一只该死的猫跳到吉普的引擎盖上,我怎样一枪把它打死的?还记得吗?"

"记得——别再唠叨那只猫的事了,克雷,真是该死。我不想听这件事。"

"我不是要说这个。我要告诉你的是,我把这件事写给罗莉塔了。她和上心理学的全班学生进行了讨论。课上和课下都讨论了,连他妈的教授都参加了。"

"不错。可是我不想听这件事,克雷。"

"我知道。你猜我为什么打了那一枪?根据罗莉塔的分析,她认为我那一刻钟精神失常了。我一点不瞒你。是由于炮轰什么的引起的。"

X用手指梳理了一些肮脏的头发,再一次用手遮住刺目的灯光。"你没有发疯,你不过是在履行职责。在那种情况下,任何一个人也会像你那样英勇地把那只猫咪杀死的。"

克雷用猜疑的目光望着他。"你他妈的说些什么?"

"那只猫是个间谍。你不得不在近距离一枪把它打死。那是个披着一件廉价皮袄的德国小矮人。因此你干这件事一点也谈不上残忍、或者凶狠、或者卑鄙、或者甚至——"

"你这该死的!"克雷绷紧了嘴唇说,"你就不能说点正经话吗?"

X忽然觉得一阵恶心,他在椅子上连忙把身体转过来,拿起废纸篓——刚刚来得及。

当他又挺起腰来把脸转向他的客人时,他发现Z正非常困窘地站在床铺同房门中间。X本来想说两句道歉的话,但是中途改变了主意,转而去拿纸烟。

"到楼下去听听包勃·霍普的广播节目吧,"克雷说,他虽然不想凑到X跟前,语气却很亲切。"对你身体有好处的。听我的话没错。"

"你先去,克雷……我要看看我搜集的邮票。"

"是吗?你搜集邮票了?我不知道你——"

"我是说着玩的。"

克雷慢腾腾地向屋门走了几步。"也许过一会儿我要开车到艾城去,"他说。"他们那里有一个舞会,可能一直跳到两点钟左右。你去吗?"

"不,谢谢……我可以在屋子里练习练习舞步。"

"好吧。晚安!好好歇着吧,看在上帝面上!"门啪的一声关上了,但是马上又重新打开。"咳。我一会儿把写给罗莉塔的一封信塞在你门下边怎么样?我写了几个德文字,你给我改改成不成?"

"可以。现在你让我清静一会儿吧,该死。"

"当然了,"克雷说。"你知道我妈妈来信说什么?她说打仗的时候咱们俩始终都在一起她非常高兴。共同开一辆吉普车什么的。她说自从我同你在一起,我的信写得通顺多了。"

X抬起头来,向他望过去,非常吃力地说:"谢谢,替我谢谢她。"

"一定。晚安!"门砰的一声关上了,这回真的关上了。

X坐在那里,很久很久望着房门。以后他把椅子转向书桌,从地板上拿起手提打字机来。他在乱得一塌糊涂的桌面上清理出一块地方来,把一堆没有打开的信件同包裹哗啦一下推倒一边。他想,如果给他的一个住在纽约的老友写一封信,对他也许是个快速的、即使成效不会非常显著的疗法。但是他却无论如何也不能把信纸平整地插在打字机的滚筒上,他的手抖动得太厉害了。他把手在身边放了一会儿,又作了一次努力,最后却把信纸完全揉皱在手里。

他知道该及早把废纸篓拿到屋外去,但是却没有这样做;相反的,他把两只胳臂放在打字机上,头伏在上面,闭上了眼睛。

头上的血管砰砰地跳动了几分钟以后,他又睁开眼睛。他发现自己正斜瞟着一个没有启封的、用绿纸包着的小包。这个小包可能是在他给打字机腾地方的时候从信堆里滚落出来的。他看见这个小包已经转寄了好几次,只在半边就至少写着三个他过去的军邮信箱号码。他动手拆开这个包裹,但是丝毫不感兴趣,甚至连寄件人的地址也没有看一眼。他首先划着一根火柴把系包裹的细绳点着。他更感觉兴趣的是看着绳子燃烧,而不是把纸包拆开。虽然最后他还是把包裹拆开了。

盒子里有一张墨水写的短笺,放在用薄绵纸包着的一件什么东西上面。他把这张短笺拿出来,读了一遍。

亲爱的 X 中士:

请原谅我一直过了三十八天才动手给你写信,但是我实在忙得不知所以,因为姑母害了一场喉炎几乎卧床不起,一件又一件事务自然都落到我的肩上。但是我一直常常想到你,特别是我们一起度过的那个愉快的下午——1944 年 4 月 30 日下午 3:45 到 4:45,如果你已经忘记的话。

总反攻使我们所有的人都感到非常兴奋,也感到肃然起敬。我们只希望反攻能够迅速结束这场战争,也赶快结束这种起码应该说是荒谬的生存方式。查尔斯和我都非常惦记你,希望你没有参加第一批进攻扣敦廷半岛的部队。你参加了吗?请你尽快复信,并代向你的夫人热烈问候。

你的忠诚的 艾斯美
德文郡——路 17 号
1944 年 6 月 7 日

我非常冒昧地随信寄去我的那块手表,在这场战争还未结束的时候就归你使用。在我们那次短暂会晤中,我没有注意你是否有表,但是我的这块表不仅防水防震,而且还有其他一些优点,譬如说,可以用来测量行路的速度。在目前这种艰辛的岁月,这块表对你肯定比对我更有用,我希望你接受它作为护身符,保佑你永远幸福。

我现在正在教查尔斯读写,我发现他是一个极端聪明的小学生。他也要在信后写几个字。请你一有时间和心绪就马上写回信,又及。

你好　你好　你好　你好　你好
你好　你好　你好　你好　你好

祝你平安　　　　　　　　　　　　查尔斯

过了很长时间 X 才把这封信撂下,又过了很长时间才伸到盒子里去取艾斯美父亲留下的那块表。最后,当他把表取出来以后,发现表蒙子在递送过程中已经震碎了。他不知道这块表别的地方是否还受到什么损坏,但是却没有勇气上紧发条检查一下。他只是把它拿在手里,很久很久坐着不动。这以后,他突然发现自己有了睡意,几乎无法抑止心头的喜悦。

　　只要一个人有了睡意,艾斯美,他就总有希望再成为一个健全的人,身心都健全的人。

(傅惟慈　译)

天上的市街

郭沫若[*]

远远的街灯明了,
好像闪着无数的明星。
天上的明星现了,
好像点着无数的街灯。

我想那缥缈的空中,
定然有美丽的街市。
街市上陈列的一些物品,
定然是世上没有的珍奇。

你看,那浅浅的天河,
定然是不甚宽广。

---

[*] 郭沫若(1892—1978),现当代著名诗人、剧作家。代表作有诗集《女神》、《星空》、《瓶》,历史剧《屈原》等。本文选自《郭沫若》,中国现代文学馆编,北京:华夏出版社 1997 年版。

那隔河的牛郎织女,
定能够骑着牛儿来往。

我想他们此刻,
定然在天街闲游。
不信,请看那朵流星,
那怕是他们提着灯笼在走。

1921 年 10 月 24 日

说 梦

朱自清[*]

伪《列子》里有一段梦话,说得甚好:

> 周之尹氏大治产,其下趣役者,侵晨昏而不息。有老役夫筋力竭矣,而使之弥勤。昼则呻呼而即事,夜则昏惫而熟寐。精神荒散,昔昔梦为国君:居人民之上,总一国之事;游燕宫观,恣意所欲,其乐无比。觉则复役人。……尹氏心营世事,虑钟家业,心形俱疲,夜亦昏惫而寐。昔昔梦为人仆:趋走作役,无不为也;数骂杖挞,无不至也。眠中啅吃呻呼,彻旦息焉。……

此文原意是要说出"苦逸之复,数之常也;若欲觉梦

---

[*] 朱自清(1898—1948),现代散文家、诗人。著有《背影》、《欧游杂记》、《踪迹》等。本文选自《朱自清散文全集》,长春:时代文艺出版社 2002 年版。

兼之,岂可得邪?"这其间大有玄味,我是领略不着的;我只是断章取义地赏识这件故事的自身,所以才老远地引了来。我只觉得梦不是一件坏东西。即真如这件故事所说,也还是很有意思的。因为人生有限,我们若能夜夜有这样清楚的梦,则过了一日,足抵两日,过了五十岁,足抵一百岁;如此便宜的事,真是落得的。至于梦中的"苦乐",则照我素人的见解,毕竟是"梦中的"苦乐,不必斤斤计较的。若必欲斤斤计较,我要大胆地说一句:他和那些在墙上贴红纸条儿,写着"夜梦不祥,书破大吉"的,同样的不懂得梦!

但庄子说道,"至人无梦。"伪《列子》里也说道,"古之真人,其觉自忘,其寝不梦。"——张湛注曰,"真人无往不忘,乃当不眠,何梦之有?"可知我们这几位先哲不甚以做梦为然,至少也总以为梦是不大高明的东西。但孔子就与他们不同,他深以"不复梦见周公"为憾;他自然是爱做梦的,至少也是不反对做梦的。——殆所谓时乎做梦则做梦者欤?我觉得"至人"、"真人",毕竟没有我们的份儿,我们大可不必妄想;只看"乃当不眠"一个条件,你我能做到吗?唉,你若主张或实行"八小时睡眠",就别想做"至人"、"真人"了!但是,也不用担心,还有为我们捎木梢的:我们知道,愚人也无梦!他们是一枕黑甜,哼呵到晓,一些儿梦的影子也找不着的!我们侥幸还会做几个梦,虽因此失了"至人"、"真人"的资格,却也因此而得免于愚人,未尝不是运气。至于"至人"、"真人"之无梦和愚人之无梦,究竟有何分别?却是一个难题。我想偷懒,还是撷拾上文说过的话来答吧:"真人……乃当不眠,……"而愚人是"一枕黑甜,哼呵到晓"的!再加一句,此即孔子所谓"上智与下愚不移"也。说到孔子,孔子不反对做梦,难道也做不了"至人"、"真人"?我说,"唯唯,否否!"孔子是"圣人",自有他的特殊的地位,用不着再来争"至人"、"真人"的名号了。但得知道,做梦而能梦周公,才能成其所以为圣人;我们也还是够不上格儿的。

我们终于只能做第二流人物。但这中间也还有个高低。高的如我的朋友 P 君:他梦见花,梦见诗,梦见绮丽的衣裳……真可算得有梦皆甜了。低的如我:我在江南时,本忝在愚人之列,照例是漆黑一团地睡到天光;不过得声明,哼呵是没有的。北来以后,不知怎样,陡然聪明起来,夜夜有梦,而且不一其梦。但我究竟是新升格的,梦尽管做,却做不着一个清清楚楚的梦!成夜地乱梦颠倒,醒来不知所云,恍然若失。最难堪的是每早将醒未醒之际,残梦依人,腻腻不去;忽然双眼一睁,如坠深谷,万象寂然——只有一角日光在墙上痴痴地等着!我此时决不起来,必凝神细想,欲追回梦中滋味于万一;但照例是想不出,只惘惘然茫茫然似乎怀念着些什么而已。虽然如此,有一点是知道的:梦中的天地是自由的,任你徜徉,任你翱翔;一睁眼却就给密密的麻绳绑上了,就大大的不同了!我现在确乎有些精神恍惚,这里所写的就够教你知道。但我不因此诅咒梦;我只怪我做梦的艺术不佳,做不着清楚的梦。若做着清楚的梦,若夜夜做着清楚的梦,我想精神恍惚也无妨的。照现在这样一大串儿糊里糊涂的梦,直是要将这个"我"化成漆黑一团,却有些儿不便。是的,我得学些本事,今夜做他几个好好的梦。我是彻头彻尾赞美梦的,因为我是素人,而且将永远是素人。

1925 年 10 月

祈 求

蔡其矫[*]

我祈求炎夏有风,冬日少雨;
我祈求花开有红有紫;
我祈求爱情不受讥笑,
跌倒有人扶持;
我祈求同情心——
当人悲伤
至少给予安慰
而不是冷眼竖眉;
我祈求知识有如泉源,
每一天都涌流不息,
而不是这也禁止,那也禁止;

---

[*] 蔡其矫(1918—),当代诗人。著有诗集《迎风集》、《双虹集》和《福建集》等。本文选自《中国当代文学作品精选(1949—1989)》,谢冕、洪子诚主编,北京:北京大学出版社2002年版。

我祈求歌声发自各人胸中
没有谁要制造模式
为所有的音调规定高低；
我祈求
总有一天,再没有人
像我作这样的祈求!

1975 年

生之赞歌

朗费罗*

不要用感伤的调子对我诉苦,
说人生只是一个梦幻!
因为酣睡的灵魂已犹如死去,
事物也并非像它们所呈现的那般。

生命实在而又真诚!
它的目标可不是要安睡在墓中;
你是泥土造又将复归于土中,
这话指的可不是灵魂。

吃喝玩乐,悲戚忧伤,
这可与我们人的禀赋相违;
唯有行动自强,天天向上,

---

* 朗费罗(1807—1882),美国诗人。著有《夜吟》、《伊凡吉林》等。本文选自《朗费罗诗歌精选》,王晋华译,太原:北岳文艺出版社 2000 年版。

才是我们该有的作为。

艺术长存,光阴如梭,
我们跳动的心府,虽然勇敢强劲,
可仍如声音递减的鼓锣,
在奏着葬歌向坟墓迈进。

在世界这个广阔的战场上,
在人生的这一大舞台中,
我们不能像任人驱赶的牛羊!
我们要当奋力拼搏的英雄。
不能指靠未来,不管它多么令你迷恋!
让死了的过去埋掉它的尸体!
行动——行动在活生生的目前!
同时聆听心灵和上帝的旨意!

伟人们的生命向我们昭示
我们能使自己变得伟岸,
到我们离开人世之际,
于时间的沙滩上留下脚印一串。

在生命之神圣海洋的航程中,
也许会有别的兄弟搁浅、绝望,
待他看到我们的脚印,
他又会重新斗志昂扬。

让我们鼓起劲儿精神抖擞,
无畏地面对任何命运;
不断去获得,不断地追求,
学会勤勉而又力戒躁进。

西 风 颂

雪 莱[*]

一

哦,狂暴的西风,秋之生命的呼吸!
　你无形,但枯死的落叶被你横扫,
有如鬼魅碰到了巫师,纷纷逃避:
黄的,黑的,灰的,红得像患肺痨,
　呵,重染疫疠的一群:西风呵,是你
以车驾把有翼的种子催送到
黑暗的冬床上,它们就躺在那里,
　像是墓中的死穴,冰冷,深藏,低贱,
直等到春天,你碧空的姊妹吹起

---

* 雪莱(1792—1822),英国浪漫主义诗人。著有《解放了的普罗米修斯》、《致云雀》等。本文选自《雪莱诗选》,北京:人民文学出版社1996年版。

她的喇叭,在沉睡的大地上响遍,
  (唤出嫩芽,像羊群一样,觅食空中)
将色和香充满了山峰和平原。
不羁的精灵呵,你无处不远行;
破坏者兼保护者:听吧,你且聆听!

二

没入你的急流,当高空一片混乱,
  流云像大地的枯叶一样被撕扯
脱离天空和海洋的纠缠的枝干。
成为雨和电的使者:它们飘落
  在你的磅礴之气的蔚蓝的波面,
有如狂女的飘扬的头发在闪烁,
从天穹的最遥远而模糊的边沿
  直抵九霄的中天,到处都在摇曳
欲来雷雨的卷发,对濒死的一年
你唱出了葬歌,而这密集的黑夜
  将成为它广大墓陵的一座圆顶,
里面正有你的万钧之力的凝结;
那是你的浑然之气,从它会迸涌
黑色的雨,冰雹和火焰:哦,你听!

三

是你,你将蓝色的地中海唤醒,
  而它曾经昏睡了一整个夏天,

被澄澈水流的回旋催眠入梦,
就在巴亚海湾的一个浮石岛边,
  它梦见了古老的宫殿和楼阁
在水天辉映的波影里抖颤,
而且都生满青苔、开满花朵,
  那芬芳真迷人欲醉!呵,为了给你
让一条路,大西洋的汹涌的浪波
把自己向两边劈开,而深在渊底
  那海洋中的花草和泥污的森林
虽然枝叶扶疏,却没有精力;
听到你的声音,它们已吓得发青:
一边战栗,一边自动萎缩:哦,你听!

四

哎,假如我是一片枯叶被你浮起,
  假如我是能和你飞跑的云雾,
是一个波浪,和你的威力同喘息,
假如我分有你的脉搏,仅仅不如
  你那么自由,哦,无法约束的生命!
  假如我能像在少年时,凌风而舞
  便成了你的伴侣,悠游天空
    (因为呵,那时候,要想追你上云霄,
似乎并非梦幻),我就不致像如今
这样焦躁地要和你争相祈祷。

  哦,举起我吧,当我是水波、树叶、浮云!
我跌在生活的荆棘上,我流血了!

这被岁月的重轭所制服的生命
原是和你一样:骄傲、轻捷而不驯。

五

把我当作你的竖琴吧,有如树林:
　　尽管我的叶落了,那有什么关系!
你巨大的合奏所振起的音乐
将染有树林和我的深邃的秋意:
　　虽忧伤而甜蜜。呵,但愿你给予我
狂暴的精神!奋勇者呵,让我们合一!

请把我枯死的思想向世界吹落,
　　让它像枯叶一样促成新的生命!
哦,请听从这一篇符咒似的诗歌,
就把我的话语,像是灰烬和火星
从还未熄灭的炉火向人间播散!
让预言的喇叭通过我的嘴唇
把昏睡的大地唤醒吧!要是冬天
已经来了,西风呵,春日怎能遥远?

1819 年

(查良铮 译)

行路难

李 白[*]

金樽清酒斗十千①,玉盘珍羞直万钱②;停杯投筯不能食③,拔剑击柱心茫然④。欲渡黄河冰塞川,将登太行雪满山⑤。闲来垂钓碧溪上,忽复乘舟梦日边⑥。

---

* 李白(701—762),字太白,号青莲居士,唐代诗人。本文选自《中国历代文学作品选》(中编·第一册),朱东润主编,上海:上海古籍出版社1980年版。

① 清酒斗十千:言酒美价贵。
② 珍羞:珍贵的菜肴。羞:同"馐"。直:同"值"。
③ 筯:同"箸",筷子。
④ 茫然:渺茫而无着落貌。
⑤ 欲渡黄河二句:比喻人生途中的事与愿违。
⑥ 闲来垂钓二句:承上文说,有些人功名事业的成就,是出于偶然的。古代传说:姜尚未遇周文王时,曾在磻溪(今陕西省宝鸡市东南)钓鱼;伊尹见汤以前,梦乘舟过日月之边。这里把两个典故合用,表示人生遭遇,变幻莫测。

行路难,行路难!多岐路①,今安在?长风破浪会有时②,直挂云帆济沧海③。

---

① 岐路:岔路。岐:通"歧"。
② 长风破浪:比喻宏大的抱负得以舒展。刘宋宗悫少时,叔父宗炳问其志。答曰:"愿乘长风破万里浪。"(见《南史·宗悫传》)会:当。
③ 云帆:指航行在大海里的船只。因天水相连,船帆好像出没在云雾之中。

组织部新来的青年人

王 蒙[*]

一

三月,天空中纷洒着似雨似雪的东西。三轮车在区委会门口停住,一个年轻人跳下来。车夫看了看门口挂着的大牌子,客气地对乘客说:"您到这儿来,我不收钱。"传达室的工人、复员荣军老吕微跛着脚走出,问明了那年轻人的来历后,连忙帮他搬下微湿的行李,又去把组织部的秘书赵慧文叫出来。赵慧文紧握着林震的两只手,说:"我们等你好久了。"林震在小学教师支部的时候,就与赵慧文认识。她的苍白而美丽的脸上,两只大眼睛闪着友善亲切的光亮,只是下眼皮

---

[*] 王蒙(1934—),当代作家。著有《活动变人形》、《杂色》等。本文选自《重放的鲜花》,王蒙等著,北京:解放军文艺出版社 2000 年版。

上有着因疲倦而现出来的青色。她带林震到男宿舍,把行李放好,解开,把湿了的毡子晾上,再铺被褥。在她料理这些事情的时候,常常撩一撩自己的头发,正像那些能干而漂亮的女同志们一样。

她说:"我们等了你好久!半年前就要调你来,区人民委员会文教科死也不同意,后来区委书记直接找区长要人,又和教育局人事室吵了一回,这才把你调了来。"

"可我前天才知道,"林震说,"听说调我到区委会,真不知怎么好。咱们区委会净干什么呀?"

"什么都干。"

"组织部呢?"

"组织部就做组织工作。"

"工作忙不忙?"

"有时候忙,有时候不忙。"

赵慧文端详着林震的床铺,摇摇头,大姐姐似的不以为然地说:"小伙子,真不讲卫生!瞧那枕头布,已经由白变黑;被头呢,吸饱了你脖子上的油;还有床单,那么多褶子,简直成了泡泡纱……"

林震觉得,他一走进区委会的门,他的新的生活刚一开始,就碰到了一个很亲切的人。

他带着一种节日的兴奋心情跑着到组织部第一副部长的办公室去报到。副部长有一个古怪的名字:刘世吾。在林震心跳着敲门的时候,他正仰着脸衔着烟考虑组织部的工作规划。他热情而得体地接待林震,让林震坐在沙发上,自己坐在办公桌边,推一推玻璃板上叠得高高的文件,从容地问:

"怎么样?"他的左眼微皱,右手弹着烟灰。

"支部书记通知我后天搬来,我在学校已经没事,今天就来了。叫我到组织部工作,我怕干不了,我是个新党员,过去做小学教师,小学教师的工作与党的组织工作有些不同……"

林震说着他早已准备好的话,说得很不自然,正像小学生第一次见老师一样。于是他感到这间屋子很热。三月中旬,冬天就要过去,屋里还生着火,玻璃上的霜花溶解成一条条的污道子。他的额头沁出了汗珠,他想掏出手绢擦擦,在衣袋里摸索了半天没有找到。

刘世吾机械地点着头,看也不看地从那一大叠文件中抽出一个牛皮纸袋,打开纸袋,拿出林震的党员登记表,锐利的眼光迅速掠过,宽阔的前额上出现了密密的皱纹,闭了一下眼,手扶着椅子背站起来,披着的棉袄从肩头滑落了,然后用熟练的毫不费力的声调说:

"好,对,好极了,组织部正缺干部,你来得好。不,我们的工作并不难做,学习学习就会做的,就那么回事。而且你原来在下边工作的……相当不错嘛,是不是不错?"

林震觉得这种称赞似乎有某种嘲笑意味,他惶恐地摇头:"我工作做得并不好……"

刘世吾的不太整洁的脸上现出隐约的笑容,他的眼光聪敏地闪动着,继续说:"当然也可能有困难,可能。这是个了不起的工作。中央的一位同志说过,组织工作是给党管家的,如果家管不好,党就没有力量。"然后他不等问就加以解释,"管什么家呢?发展党和巩固党,壮大党的组织和增强党组织的战斗力,把党的生活建立在集体领导、批评和自我批评、与密切联系群众的基础上。这样做好了,党组织就是坚强的,活泼的、有战斗力的,就足以团结和指引群众,完成和更好地完成社会主义建设与社会主义改造的各项任务……"

他每说一句话,都干咳一下,但说到那些惯用语的时候,快得像说一个字。譬如他说:"把党的生活建立在……上",听起来就像:"把生活建在登登登上",他纯熟地驾驭那些林震觉得是相当深奥的概念,像拨弄算盘子一样的灵活。林震集中最大的注意力,仍然不能把他讲的话全部把握住。

接着,刘世吾给他分配了工作。

当林震推门要走的时候,刘世吾又叫住他,用另一种全然不同的随意神情问:

"怎么样,小林,有对象了没有?"

"没……"林震的脸刷地红了。

"大小伙子还红脸?"刘世吾大笑了,"才二十二岁,不忙。"他又问,"口袋里装着什么书?"

林震拿出书,说出书名:《拖拉机站站长和总农艺师》。

刘世吾拿过书去,从中间打开看了几行,问:"这是他们团中央推荐给你们青年看的吧?"

林震点头。

"借我看看。"

"您有时间看小说吗?"林震看着副部长桌上的大叠材料,惊异了。

刘世吾用手托了托书,试了试分量,微皱着左眼说:"怎么样?这么一薄本有半个夜车就开完啦。四本《静静的顿河》我只看了一个星期,就那么回事。"

当林震走向组织部大办公室的时候,天已经放晴,残留的几片云现出了亮晶晶的边缘。太阳照亮了区委会的大院子。人们都在忙碌:一个穿军服的同志夹着皮包匆匆走过,传达室的老吕提着两个大铁壶给会议室送茶水,可以听见一个女同志顽强地对着电话机子说:"不行,最迟明天早上!不行……"还可以听见忽快忽慢的"哐哧、哐哧"声——是一只生疏的手使用着打字机,"她也和我一样,是新调来的吧?"林震不知凭什么理由,猜打字员一定是个女的。他在走廊上站了一站,望着耀眼的区委会的院子,高兴自己新生活的开始。

二

组织部的干部算上林震一共二十四个人,其中三个人临时调到肃反办公室去了,一个人半日工作准备考大学,一个人请产假。能按时工作的只剩下十九个人。四个人做干部工作,十五个人按工厂、机关、学校分工管理建党工作,林震被分配与工厂支部联系组织发展党的工作。

组织部部长由区委副书记李宗秦兼任,他并不常过问组织部的事,实际工作是由第一副部长刘世吾掌握。另一个副部长负责干部工作。具体指导林震工作的是工厂建党组组长韩常新。

韩常新的风度与刘世吾迥然不同。他二十七岁，穿蓝色海军呢制服，干净得抖都抖不下土。他有高大的身材，配着英武的只因为粉刺太多而略有瑕疵的脸。他拍着林震的肩膀，用嘹亮的嗓音讲解工作，不时发出豪放的笑声，使林震想："他比领导干部还像领导干部。"特别是第二天韩常新与一个支部的组织委员的谈话，加强了他给林震的这种印象。

"为什么你们只谈了半小时？我在电话里告诉你，至少要用两小时讨论'发展计划'！"

那个组织委员说："这个月生产任务太忙……"

韩常新打断了他的话，富有教训意味地说："生产任务忙就不认真研究发展工作了？这是把中心工作与经常工作对立起来，也是党不管党的一种表现……"

林震弄不明白什么叫"中心工作与经常工作对立起来"和"党不管党"，他熟悉的是另外一类名词："课堂五环节"与"直观教具"。他很钦佩韩常新的这种气魄与能力——迅速地提高到原则上分析问题和指示别人。

他转过头，看见正伏在桌上复写材料的赵慧文，她皱着眉怀疑地看一看韩常新，然后扶正头上的假琥珀发卡，用微带忧郁的目光看向窗外。

晚上，有的干部去参加街道上基层组织生活，有的休息了，赵慧文仍然赶着复写"税务分局培养、提拔干部的经验"，累了一天，手腕酸痛，不时在写的中间撂下笔，摇摇手，往手上吹口气。林震自告奋勇来帮忙，她拒绝了，说："你抄，我不放心。"于是林震帮她把抄过的美浓纸叠整齐，站在她身旁，起一点精神支援作用。她一边抄,一边时时抬头看林震,林震问:"干吗老看我?"赵慧文咬了一下复写笔,调皮地笑了笑。

三

林震是1953年秋天由师范学校毕业的,当时是候补党员,被分配到这个区的中心小学当教员。做了教师的他,仍然保持中学生的生活习惯:清晨练哑铃,夜晚记日记,每个大节日——五一、七一……以前到处征求人们对他的意见。曾经有人预言,过不了三个月他就会被那些生活不规律的成年人"同化"。但,不久以后,许多教师夸奖他也羡慕他了,说:"这孩子无忧无虑,无牵无挂,除了工作,就是工作……"

他也没有辜负这种羡慕,1954年寒假,由于教学上的成绩,他受到了教育局的奖励。

人们也许以为,这位年轻的教师就会这样平稳地、满足而快乐地度过自己的青年时代。但是不,孩子般单纯的林震,也有自己的心事。

一年以后,他更经常焦灼地鞭策自己。是因为社会主义高潮的推动,全国青年社会主义积极分子会议的召开,还是因为年龄的增长?

他已经二十二岁了,记得在初中一年级时写作过一篇作文,题目是《当我××岁的时候》,他写成《当我二十二岁的时候,我要……》。现在二十二岁,他的生命史上好像还是白纸,没有功勋,没有创造,没有冒险,也没有爱情——连给某个姑娘写一封信的事都没有做过。他努力工作,但是他做得少、慢,和青年积极分子们比较,和生活的飞奔比较,难道能安慰自己吗?他订规划,学这学那,做这做那,他要一日千里!

这时,接到调动工作的通知,"当我二十二岁的时候,我成了党工作者……"也许真正的生活在这里开始了?他抑制住对于小学教育工作和孩子们的依恋,燃烧起对新的工作的渴望。支部书记和他谈话的那个晚上,他想了一夜。

就这样,林震口袋里装着《拖拉机站站长与总农艺师》,兴高采烈地登上区委会的石阶,对于党工作者(他是根据电影里全能的党委书记的形象来猜测他们的)的生活,充满了神圣的憧憬。但是,等他接触到那些忙碌而自信的领导同志,看到来往的文件和同时举行的会议,听到那些尖锐争吵与高深的分析,他眨眨那有些特别的淡褐色眼珠的眼睛,心里有点怯……

到区委会的第四天,林震去通华麻袋厂了解第一季度发展党员工作的情况,去以前,他看了有关的文件和名叫《怎样进行调查研究》的小册子,再三地请教了韩常新,他密密麻麻地写了一篇提纲,然后飞快地骑着新领到的自行车,向麻袋厂驶去。

工厂门口的警卫同志听说他是委员会的干部,没要他签名,信任地请他进去了。穿过一个大空场,走过一片放麻的露天仓库与机器隆隆响的厂房,他心神不安地去敲厂长兼支部书记王清泉办公室的门,得到了里面"进来"的回答后,他慢慢地走进去,怕走快了显得没有经验,他看见一个阔脸、粗脖子、身材矮小的男人正与一个头发上抹了许多油的驼背的男人下棋。小个子的同志抬起头,右手玩着棋子,问清了林震找谁以后,不耐烦地挥一挥手:"你去西跨院党支部办公室找魏鹤鸣,他是组织委员。"然后低下头继续下棋。

林震找着了红脸的魏鹤鸣,开始按提纲发问了:"1956年第一季度,你们发展了几个人?"

"一个半。"魏鹤鸣粗声粗气地说。

"什么叫'半'?"

"有一个通过了,区委拖了两个多月还没有批下来。"

林震掏出笔记本记了下来。又问:

"发展工作是怎么样进行的,有什么经验?"

"进行过程和向来一样——和党章的规定一样。"

林震看了看对方,为什么他说出的话像搁了一个星期的窝窝头一样干巴?魏鹤鸣托着腮,眼睛看着别处,心里也像在想别的事。

林震又问:"发展工作的成绩怎么样?"

魏鹤鸣答:"刚才说过了,就是那些。"他好像应付似的希望快点谈完。

林震不知道应该再问什么了,预备了一下午的提纲,和人家只谈上五分钟就用完了。他很窘。

这时门被一只有力的手推开了。那个小个子的同志进来,匆匆忙忙地问魏鹤鸣:"来信的事你知道吗?"

魏鹤鸣无精打采地点了点头。

小个子的同志来回踱着步子,然后劈开腿站在房中央:"你们要想办法!质量问题去年就提出来了,为什么还等着合同单位给纺织工业部写信?在社会主义高潮当中我们的生产迟迟不能提高,这是耻辱!"

魏鹤鸣冷冷地看着小个子的脸,用颤抖的声音问:

"您说谁?"

"我说你们大家!"小个子手一挥,把林震也包括在里面了。

魏鹤鸣因为抑制着的愤怒的爆发而显得可怕,他的红脸更红了,他站起来问:"那么您呢?您不负责任?"

"我当然负责。"小个子的同志却平静了,"对于上级,我负责,他们怎么处分我,我也接受。对于我,你得负责,谁让你做生产科长呢。你得小心……"说完,他威胁地看了魏鹤鸣一眼,走了。

魏鹤鸣坐下,把棉袄的扣子全解开了,喘着气。林震问:"他是谁?"魏鹤鸣讽刺地说:"你不认识?他就是厂长王清泉。"

于是魏鹤鸣向林震详细地谈起了王清泉的情况。王清泉原来在中央某部工作,因为在男女关系上犯错误受了处分,1951年调到这个厂子做副厂长,1953年厂长他调,他就被提拔做厂长。他一向是吃饱了转一转,躲在办公室批批文件、下下棋,然后每月在工会大会、党支部大会、团总支大会上讲话批评工人群众竞赛没搞好,对质量不关心,有经济主义思想……魏鹤鸣没说完,王清泉又推门进来了。他看着左腕上的表,下令说:"今天中午十二点十分,你通知党、团、工会和行政各科室的负责人到厂长室开会。"然后把门"砰"地一带,走了。

魏鹤鸣嘟哝着:"你看他怎么样?"

林震说:"你别光发牢骚,你批评他,也可以向上级反映,上级决不允许有这样的厂长。"

魏鹤鸣笑了,问林震:"老林同志,你是新来的吧?"

"老林"同志脸红了。

魏鹤鸣说:"批评不动!他根本不参加党的会议,你上哪儿批评去?偶尔参加一次,你提意见,他说,'提意见是好的,不过应该掌握分寸,也应该看时间,场合。现在,我们不应该因为个人意见侵占党支部讨论国家任务的宝贵时间,'好,不占用宝贵时间,我找他个别提,于是我们俩吵成了现在这个样子。"

"向上级反映呢?"

"1954年我给纺织工业部和区委写了信,部里一位张同志与你们那儿的老韩同志下来检查了一回。检查结果是:'官僚主义较严重,但主要是作风问题,任务基本上完成了,只是完成任务的方法有缺点。'然后找王清泉'批评'了一下,又找我鼓励了一下开展自下而上的批评的精神,就完事了。此后,王厂长有一个来月对工作比较认真,不久他得了肾病,病好以后他说自己是'因劳致疾',就又成了这个样子。"

"你再反映呀!"

"哼,后来与韩常新也不知说过多少次,老韩也不管理,反倒向我进行教育说,应该尊重领导,加强团结。也许我不该这样想,但我觉得也许要等到王厂长贪污了人民币或者强奸了妇女,上级才会重视起来!"

林震出了厂子再骑上自行车的时候,车轮旋转的速度就慢多了。他深深地把眉头皱起来。他发现他工作的第一步就有重重的困难,但他也受到一种刺激甚至是激励——这正是发挥战斗精神的时候啊!他想着想着,直到因为车子溜进了急行线而受到交通民警的申斥。

四

吃完午饭,林震迫不及待地找韩常新汇报情况。韩常新有些疲倦地靠着沙发背,高大的身体显得笨重,从身上掏出火柴匣,拿起一根火柴剔牙。

林震杂乱地叙述他去麻袋厂的见闻,韩常新脚尖打着地不住地说:"是的,我知道。"然后他拍一拍林震的肩膀,愉快地说,"情况没了解上来不要紧,第一次下去嘛。下次就好了。"

林震说:"可是我了解了关于王清泉的情况。"他把笔记本打开。

韩常新把他的笔记本合上,告诉他:"对,这个情况我早知道。前年区委让我处理过这个事情,我严厉地批评过他,指出他的缺点和危险性,我们谈了至少有三四个钟头……"

"可是并没有效果呀,魏鹤鸣说他只好了一个月……"林震插嘴说。

"一个月也是效果,而且决不止一个月。魏鹤鸣那个人思想上有问题,见人就告厂长的状……"

"他告的状是不是真的?"

"很难说不真,也很难说全真。当然这个问题是应该解决的,我和区委副书记李宗秦同志谈过。"

"副书记的意见是什么?"

"副书记同意我的意见,王清泉的问题是应该解决也是可能解决的……不过,你不要一下子陷到这里边去。"

"我?"

"是的。你第一次去一个工厂,全面情况也不了解,你的任务又不是去解决王清泉的问题,而且,直爽地说,解决他的问题也需要更有经验的干部;何况我们并不是没有管过这件事……你要是一下子陷到这个里头,三个月也出不来,第一季度的建党总结还了解不了解? 上级正催我们交汇报呢!"

林震说不出话。

韩常新又拍拍林震的肩膀:"不要急躁嘛,咱们区三千个党员,百十几个支部,你一来就什么问题都摸还行?"他打了个哈欠,有倦意的脸上的粉刺涨红了,"啊——哈,该睡午觉了。"

"那,发展工作怎么再去了解?"林震没有办法地问。

韩常新又去拍林震的肩膀,林震不由得躲开了。韩常新有把握地说:"明天咱们俩一齐去,我帮你去了解,好不好?"然后他拉着林震一同到宿舍去。

第二天,林震很有兴趣观察韩常新如何了解情况。三年前,林震在北京师范上学的时候,出去做过见习教师,老教师在前面讲,林震和学生一起听,学了不少东西。这次,他也抱着见习的态度,打开笔记本,准备把韩常新的工作过程详细记录下来。

韩常新问魏鹤鸣:"发展了几个党员?"

"一个半。"

"不是一个半,是两个,我是检查你们的发展情况,不是检查区委批没批。"韩常新纠正他,又问,"这两个人本季度生产计划完成的怎么样?"

"很好,他们一个超额百分之七,一个超额百分之四,厂里黑板报还表扬……"

谈起生产情况,魏鹤鸣似乎起劲了些,但是韩常新打断了他的话:"他们有些什么缺点?"

魏鹤鸣想了半天,空空洞洞地说了些缺点。

韩常新叫他给所举的缺点提一些例子。

提完例子,韩常新再问他党的积极分子完成本季度生产任务的情况,他特别感兴趣的是一些数字和具体事例,至于这些先进的工人克服困难、钻研创造的过程,他听都不要听。

回来以后,韩常新用流利的行书示范地写了一个"麻袋厂发展工作简况",内容是这样的:

"……本季度(1956年1月—3月)麻袋厂支部基本上贯彻了积极慎重发展新党员的方针,在建党工作上取得了一定的成绩,新通过的党员朱××与范××受到了共产党员的光荣称号的鼓舞,增强了主人翁的观念,在第一季度繁重的生产任务中各超额百分之七、百分之四。广大积极分子,围绕在支部周围,受到了朱××与范××模范事例的教育,并为争取入党的决心所推动,发挥了劳动的积极性与创造性,良好地完成或者超额完成了第一季度的生产任务……(下面是一系列数字与具体事例)这说明:一,建党工作不仅与生产工作不会发生矛盾,而且大大推动了生产,任何借口生产忙而忽视建党工作的做法是错误的。二,……但同时必须指出,麻袋厂支部的建党工作,也仍然存在着一定的缺点……例如……"

林震把写着"简况"的片艳纸捧在手里看了又看,他有一刹那甚至于怀疑自己去没去过麻袋厂,还是上次与韩常新同去时自己睡着了,为什么许多情况他根本不记得呢?他迷惑地问韩常新:

"这,这是根据什么写的?"

"根据那天魏鹤鸣的汇报呀。"

"他们在生产上取得的成绩是因为建党工作吗?"林震口吃起来。

韩常新抖一抖裤角,说:"当然。"

"不吧?上次魏鹤鸣并没有这样讲。他们的生产提高了,也可能是由于开展竞赛,也许由于青年团建立了监督岗,未必是建党工作的成绩……"

"当然,我不否认。各种因素是统一起来的,不能形而上学地割裂地分析这是甲项工作的成绩,那是乙项工作的成绩。"

"那,譬如我们写第一季度的捕鼠工作总结,是不是也可以用这些数字和事例呢?"

韩常新沉着地笑了,他笑林震不懂"行",他说:"那可以灵活掌握……"

林震又抓住几个小问题问:

"你怎么知道他们的生产任务是繁重的呢?"

"难道现在会有一个工厂任务很轻闲吗?"

林震目瞪口呆了。

五

区委会的工作是紧张而严肃的,在区委书记办公室,连日开会到深夜。从汉语拼音到预防大脑炎,从劳动保护到政治经济学讲座,无一不经过区委会的讨论。林震有一次去收发室取报纸,看见一份厚厚的材料,第一页上写着"区人民委员会党组关于调整公私合营工商业的分布、管理、经营方法及贯彻市委关于公私合营工商业工人工资问题的报告的请示"。他怀着敬畏的心情看着这份厚得像一本书的材料和它的长题目。有时,又觉得区委干部们的精神状态是随意而松懈的,他们在办公时间聊天,看报纸,大胆地拿林震认为最严肃的题目开玩笑,例如,青年监督岗开展工作,韩常新半嘲笑地说:"嗜,小青年们脑门子热起来啦……"林震参加的组织部一次部务会议也很有意思,讨论市委布置的一个临时任务,大家抽着烟,说着笑话,打着岔,开了两个钟头,拖拖沓沓,没有什么结果。这时,皱着眉思索了好久的刘世吾提出了一个方案,马上热烈地展开了讨论,很多人发表了使林震惊佩的精彩意见。林震觉得,这最后的三十多分钟的讨论要比以前的两个钟头有效十倍。某些时候,譬如说夜里,各屋亮着灯:第一会议室,出席座谈会的胖胖的工商业者愉快地与统战部长交换意见;第二会议室,各单位的学习辅导员们为"价值"与"价格"的关系争得面红耳赤;组织部坐着等待入党谈话的激动的年轻人,而市委的某个严厉的书记出其不意地出现在书记办公室,找区委正副书记汇报贯彻工资改革的情况……这时,人声嘈杂,人影交错,电话铃声断断续续,林震仿佛从中听到了本区生活的脉搏的跳动,而区委会这座不新的、平凡的院落,也变得辉煌壮观起来。

在一切印象中,最突出和新鲜的印象是关于刘世吾的:刘世吾工作极多,常常同一个时间好几个电话催他去开会,但他还是一会儿就看完了《拖拉机站站长与总农艺师》,把书转借给了韩常新;而且,他已经把前一个月公布的拼音文字草案学会了,开始在开会时用拼音文字做记录了。某些传阅文件刘世吾拿过来看看题目和结尾就签上名送走,也有的不到三千字的指示他看上一下午,密密麻麻地画上各种符号。刘世吾有时一面听韩常新汇报情况,一面漫不经心地查阅其他的材料,听着听着却突然指出:"上次你汇报的情况不是这样!"韩常新不自然地笑着,刘世吾的眼睛捉摸不定地闪着光;但刘世吾并不深入追究,仍然查他的材料,于是韩常新恢复了常态,有声有色地汇报下去。

赵慧文与韩常新的关系也被林震看出了一些疑窦:韩常新对一切人都是拍着肩膀,称呼着"老王""小李",亲热而随便。独独对赵慧文,却是一种礼貌的"公事公办"的态度。这样说话:"赵慧文同志,党刊第一百〇四期放在哪里?"而赵慧文也用警戒的神情对待他。

奇怪得很,林震说不清他的这个新环境是好是坏。他还是像在小学时一样,每天照样很早就起来玩哑铃,还是照常地给人以"单纯"的甚至"天真"的印象。但是,他的内心活动却比在小学的时候多得多。他必须学会判断一切事情和一切人。

……四月,东风悄悄地刮起,不再被人喜爱的火炉蜷缩在阴暗的贮藏室,只有各房间熏黑了的屋顶还存留着严冬的痕迹。往年,这个时候,林震就会带着活泼的孩子们去卧佛寺或者西山八大处踏青,在早开的桃李与混浊的溪水中寻找春天的消息……区委会的生活却丝毫不受季节的影响,继续以那种紧张的节奏和复杂的色彩流转着。当林震从院里的垂柳上摘下一颗多汁的嫩芽时,他稍微有点怅惘,因为春天来得那么快,而他,却没做出什么有意义的事情来迎接这个美妙的季节……

晚上九点钟,林震走进了刘世吾办公室的门。赵慧文正在这里,她穿着紫黑色的毛衣,脸儿在灯光下显得越发苍白。听到有人进来,她迅速地转过头来,林震仍然看见了她略略突出的颧骨上的泪迹。他回身要走,低着头吸烟的刘世吾做手势止住他:"坐在这儿吧,我们就谈完了。"

林震坐在一角,远远地隔着灯光看报,刘世吾用烟卷在空中画着圆圈,诚恳地说:

"相信我的话吧,没错。年轻人都这样,最初互相美化,慢慢发现了缺点,就觉得都很平凡。不要做不切实际的要求,没有遗弃,没有虐待,没有发现他政治上、品质上的问题,怎么能说生活不下去呢?才四年嘛。你的许多想法是从苏联电影里学来的,实际上,就那么回事……"

赵慧文没说话,她撩一撩头发,临走的时候,对林震粲然地一笑。

刘世吾走到林震旁边,问:"怎么样?"他丢下烟蒂,又掏出一支来点上火,紧接着贪婪地吸了几口,缓缓地吐着白烟,告诉林震:"赵慧文跟她爱人又闹翻了……"接着,他开开窗户,一阵风吹掉了办公桌上的几张纸,传来了前院里散会以后人们的笑声,招呼声和自行车铃响。

刘世吾把只抽了几口的烟扔出去,伸了个懒腰,扶着窗户,低声说:"真的是春天了呢!"

"我想谈谈来区委工作的情况,我有一些问题不知道怎么解决。"林震用一种坚决的神气说,同时把落在地上的纸页拾起来。

"对,很好。"刘世吾仍然靠着窗户框子。

林震从去麻袋厂说起:"……我走到厂长室,正看见王清泉同志……"

"下棋呢还是打扑克?"刘世吾微笑着问。

"您怎么知道?"林震惊骇了。

"他老兄什么时候干什么我都算得出来,"刘世吾慢慢地说,"这个老兄棋瘾很大,有一次在咱这儿开了半截会,他出去上厕所,半天不回来,我出去一找,原来他看见老吕和区委书记的儿子下棋,他在旁边'支'上'招儿'了。"

林震不顾对方老是不在意地打断他的话,坚持着把自己所知道的情况说了一遍。

刘世吾关上窗户,拉一把椅子坐下,用两个手扶着膝头支持着身体,轻轻地摆动着头:

"魏鹤鸣是个直性子,他一来就和王清泉吵得面红耳赤……你知道,王清泉也是个特殊人物,不太简单。抗日胜利以后,王清泉被派到国民党军队里工作,他做过国民党军的副团长,是个呱呱叫的情报人员。1947年以后他与我们的联系中断,直到解放以后才接上线。他是去瓦解敌人的,但是他自己也染上国民党军官的一些习气,改不过来,其实是个英勇的老同志。"

"这样……"

"是啊。"刘世吾严肃地点点头,接着说,"当然,这不能为他辩护,党是派他去战胜敌人而不是与敌人同流合污,所以他的错误是不可原谅的。"

"怎么去解决呢?魏鹤鸣说,这个问题已经拖了好久。他到处写过信……"

"是啊。"刘世吾又干咳了一会,做着手势说,"现在下边支部里各类问题很多,你如果一一地用手工业的方法去解决,那是事倍功半的。而且,上级布置的任务追着屁股,完成这些任务已经感到很吃力。作为领导,必须掌握一种把个别问题与一般问题结合起来,把上级分配的任务与基层存在的问题结合起来的艺术。再者,王清泉工作不努力是事实,但还没有发展到消极怠工的地步;作风有些生硬,也不是什么违法乱纪;显然,这不是组织处理问题而是经常教育的问题。从各方面看,解决这个问题的时机目前还不成熟。"

林震沉默着,他判断不清究竟哪样对。是娜斯嘉的"对坏事决不容忍"对呢,还是刘世吾的"条件成熟论"对?他一想起王清泉那样的厂长就觉得难受,但是,他驳不倒刘世吾的"领导艺术"。刘世吾又告诉他:"其实,有类似毛病的干部也不止一个……"这更加使得林震睁大了眼睛,觉得这跟他在小学时所听的党课的内容不是一个味儿。

后来,林震又把看到的韩常新如何了解情况与写简报的事说了说,他说,他觉得这样整理简报不太真实。

刘世吾大笑起来,说:"老韩……这家伙……真高明……"笑完了,又长出一口气,告诉林震,"对,我把你的意见告诉他。"

林震犹豫着,刘世吾问:"还有别的意见么?"

于是林震勇敢地提出:"我不知道为什么,来了区委会以后发现了许多许多缺点,过去我想象的党的领导机关不是这样……"

刘世吾把茶杯一放:"当然,想象总是好的,实际呢,就那么回事。问题不在有没有缺点,而在什么是主导的。我们区委的工作,包括组织部的工作,成绩是基本的呢还是缺点是基本的?显然成绩是基本的,缺点是前进中的缺点。我们伟大的事业,正是由这些有缺点的组织和党员完成着的。"

走出办公室以后,林震有一种奇怪的感觉:和刘世吾谈话似乎可以消食化气,而他自己的那些肯定的判断,明确的意见,却变得模糊不清了。他更加惶惑了。

六

不久,在党小组会上,林震受到了一次严厉的批评。

事情是这样:有一次,林震去麻袋厂,魏鹤鸣说,由于季度生产质量指标没有达到,王厂长狠狠地训了一回工人,工人意见很大,魏鹤鸣打算找些人开个座谈会,搜集意见,准备向上反映。林震很同意这种做法,以为这样也许能促进"条件的成熟"。过了三天,王清泉气急败坏地到区委会找副书记李宗秦,说魏鹤鸣在林震支持下搞小集团进行反领导的活动,还说参加魏鹤鸣主持的座谈会的工人都有历史问题……最后说自己请求辞职。李宗秦批评了他的一些缺点,同意制止魏鹤鸣再开座谈会,"至于林震,"他对王清泉说,"我们会给以应有的教育的。"

批评会上,韩常新分析道:"林震同志没有和领导上商量,擅自同意魏鹤鸣召集座谈会,这首先是一种无组织无纪律行为……"

林震不服气,他说:"没有请示领导,是我的错。但是我不明白为什么我们不但不去主动了解群众的意见,反而制止基层这样做!"

"谁说我们不了解?"韩常新跷起一条腿,"我们对麻袋厂的情况统统掌握……"

"掌握了而不去解决,这正是最痛心的!党章上规定着,我们党员应该向一切违反党的利益的现象作斗争……"林震的脸变青了。

富有经验的刘世吾开始发言了,他向来就专门能在一定的关头起扭转局面的作用。

"林震同志的工作热情不错,但是他刚来一个月就给组织部的干部讲党章,未免仓促了些。林震以为自己是支持自下而上的批评,是做一件漂亮事,他的动机当然是好的喽;不过,自下而上的批评必须有领导地去开展,譬如这回事,请林震同志想一想:第一,魏鹤鸣是不是对王清泉有个人成见呢?很难说没有。那么魏鹤鸣那样积极地去召集座谈会,可不可能有什么个人目的呢?我看不一定完全不可能。第二,参加会的人是不是有一些历史复杂别有用心的分子呢?这也应该考虑到。第三,开这样一个会,会不会在群众里造成一种王清泉快要挨整了的印象因而天下大乱了呢?等等。至于林震同志的思想情况,我愿意直爽地提出一个推测:年轻人容易把生活理想化,他以为生活应该怎样,便要求生活怎样,作一个党工作者,要多考虑的却是客观现实,是生活可能怎样。年轻人也容易过高估计自己,抱负甚多,一到新的工作岗位就想对缺点斗争一番,充当个娜斯嘉式的英雄。这是一种可贵的,可爱的想法,也是一种虚妄……"

林震像被打中了一拳似的颤了一下,他紧咬住下嘴唇忍住了心里的气愤和痛苦。

他鼓起勇气再问:"那么王清泉……"刘世吾把头一扬:"我明天找他谈话,有原则性的并不仅是你一个人。"

七

星期六晚上,韩常新举行婚礼。林震走进礼堂,他不喜欢那迷漫的呛人的烟气,还有地上杂乱的糖果皮与空中杂乱的哄笑;没等婚礼开始他就退了出来。

组织部的办公室黑着,他拉开灯,看见自己桌上的信,是小学的同事们写来的,其中还夹着孩子们用小手签了名的信:

"林老师:您身体好吗?我们特别特别想您,女同学都哭了,后来就不哭了,后来我们做算术,题目特别特别难,我们费了半天劲,中于算出来了……"

看着信,林震不禁独自笑起来了,他拿起笔把"中于"改成"终于",准备在回信时告诉他们下次要避免别字。他仿佛看见了系蝴蝶结的李琳琳、爱画水彩画的刘小毛和常常把铅笔头含在嘴里的孟飞……他猛把头从信纸上抬起来,所看见的却是电话、吸墨纸和玻璃板。他所熟悉的孩子的世界已经离他而去了,现在是到了一个有些陌生的环境里来了……他想起前天党小组会上人们对他的批评。难道自己真的错了?真的是莽撞和幼稚,再加几分年轻人的廉价的勇气?也许真的应该切实估量一下自己,把分内的事做好,过两年,等到自己"成熟"了以后再干预一切吧。

礼堂里传来爆发的掌声和笑声。

一只柔软的手落在肩上,他吃惊地回过头来,灯光显得刺眼,赵慧文没有声响地站在他的身边,女同志走路都有这种不声不响的本事。

赵慧文问:"怎么不去玩?"

"我懒得去。你呢?"

"我该回家了,"赵慧文说,"到我家坐坐好吗?省得一个人在这儿想心事。"

"我没有心事。"林震分辩着,但他接受了赵慧文的好意。

赵慧文住在离区委会不远的一个小院落里。

孩子睡在浅蓝色的小床里,幸福地含着指头。赵慧文吻了儿子,拉林震到自己房间里来。

"他父亲不回来吗?"林震小心地问。

赵慧文摇摇头。

这间卧室好像是布置得很仓促,墙壁因为空无一物而显得过分洁白,盆架孤单地缩在一角,窗台上的花瓶傻气地张着口;只有床头小桌上的收音机,好像还能扰乱这卧室的安静。

林震坐在藤椅上,赵慧文靠墙站着。林震指着花瓶说:"应该插枝花,"又指着墙壁说,"为什么不买几张画挂上?"

赵慧文说:"人经常也不在,就没有管它。"然后她指着收音机问,"听不听?星期六晚上,总有好的音乐。"

收音机亮了,一种梦幻的柔美的旋律从远处飘来,慢慢变得热情激荡。提琴奏出的诗一样的主题立即揪住了林震的心。他托着腮,屏住了气。他的青春,他的追求,他的碰壁,似乎都能与这乐曲相通。

赵慧文背着手靠在墙上,不顾衣服蹭上了石灰粉,等这段乐曲过去,她用和音乐一样的声音说:"这是柴可夫斯基的意大利随想曲,让人想到南国,想到海,……我在文工团的时候常听它,慢慢觉得,这调子不是别人演奏出的,而是从我心里钻出来的……"

"在文工团?"

"参加军事干部学校以后被分配去的,在朝鲜,我用我的蹩脚的嗓子给战士唱过歌,我是个哑嗓子的歌手。"

林震像第一次见面似的又重新打量赵慧文。

"怎么?不像了吧?"这时电台改放"剧场实况"了,赵慧文把收音机关了。

"你是文工团的,为什么很少唱歌?"林震问。

她不回答,走到床边,坐下。她说:"我们谈谈吧,小林,告诉我,你对咱们区委的印象怎么样?"

"不知道,我是说,还不明确。"

"你对韩常新和刘世吾有点意见吧,是不?"

"也许。"

"当初我也这样,从部队转业到这里,和部队的严格准确比较,许多东西我看不惯。我给他们提了好多意见,和韩常新激动地吵过一回,但是他们笑我幼稚,笑我工作没做好意见倒一大堆,慢慢地我发现,和区委的这些缺点作斗争是我力不胜任的……"

"为什么力不胜任?"林震像刺痛了似的跳起来,他的眉毛拧在一起了。

"这是我的错,"赵慧文抓起一个枕头,放在腿上,"那时我觉得自己水平太低,自己也很不完美,却想纠正那些水平比自己高得多的同志,实在不量力。而且,刘世吾、韩常新还有别人,他们确实把有些工作做得很好。他们的缺点散布在咱们工作的成绩里边,就像灰尘散布在美好的空气中,你嗅得出来,但抓不住,这正是难办的地方。"

"对!"林震把右拳头打在左手掌上。

赵慧文也有些激动了,她把枕头抛开,话说得更慢,她说:"我做的是事务工作,领导同志也不大过问,加上个人生活上的许多牵扯,我沉默了,于是,上班抄抄写写,下班给孩子洗尿布,买奶粉。我觉得我老得很快,参加军干校时候那种热情和幻想,不知道哪里去了。"她沉默着,一个一个地捏着自己那白白的好看的手指,接着说,"两个月以前,北京市进入社会主义高潮,工人、店员,还有资本家,放着鞭炮,打着锣鼓到区委会报喜,工人、店员把入党申请书直接送到组织部,大街上一天一变,整个区委会彻夜通明,吃饭的时候,宣传部、财经部的同志滔滔不绝地讲着社会主义高潮中的各种气象;可我们组织部呢?工作改进很少!打电话催催发展数字,按前年的格式添几条新例子写写总结……最近,大家检查保守思想,组织部也检查,拖拖沓沓开了三次会,然后写个材料完事。……哎,我说乱了,社会主义高潮中,每一声鞭炮都刺着我,当我复写批准新党员通知的时候,我的手激动得发抖,可是我们的工作就这样依然故我地下去吗?"她喘了一口气,来回踱着,然后接着说,"我在党小组会上谈自己的想法,韩常新满足地问,'难道我们发展数字的完成比例不是各区最高的?难道市委组织部没要我们写过经验?'然后他进行分析,说我情绪不够乐观,是因为不安心事务工作……"

"开始的时候,韩常新给人一个了不起的印象,但是实际一接触……"林震又说起那次写汇报的事。

赵慧文同意地点头:"这一两年,虽然我没提什么意见,但我无时无刻不在观察。生活里的一切,有表面也有内容,做到金玉其外,并不是难事。譬如韩常新,充领导他会拉长了声音训人;写汇报他会强拉硬扯生动的例子;分析问题,他会用几个无所不包的概念;于是,俨然成了个少壮有为的干部,他漂浮在生活上边,悠然得意。"

"那么刘世吾呢?"林震问,"他决不像韩常新那样浅薄,但是他的那些独到的见解,精辟的分析,好像包含着一种可怕的冷漠。看到他容忍王清泉这样的厂长,我无法理解,而当我想向他表示什么意见的时候,他的议论却使人越绕越糊涂,除了跟着他走,似乎没有别的路……"

"刘世吾有一句口头语:就那么回事。他看透了一切,以为一切就那么回事。按他自己的说法,他知道什么是'是',什么是'非',还知道'是'一定战胜'非',又知道'是'不是一下子战胜'非',他什么都知道,什么都见过——党的工作给人的经验本来很多;于是他不再操心,不再爱也不再恨。他取笑缺陷,仅仅是取笑;欣赏成绩,仅仅是欣赏。他满有把握地应付一切,再也不需要虔诚地学习什么,除了拼音文字之类的具体知识。一旦他认为条件成熟需要干一气,他一把把事情抓在手里,教育这个,处理那个,俨然是一切人的上司。凭他的经验和智慧,他当然可以做好一些事,于是他更加自信。"赵慧文毫不容情地说着。这些话曾经在多少个不眠的夜晚萦绕在她的心头……

"我们的区委副书记兼部长呢?他不管吗?"

赵慧文更加兴奋了,她说:"李宗秦身体不好,他想去做理论研究工作,嫌区的工作过于具体。他做组织部长只是挂名,把一切事情推给刘世吾。这也是一种相当普遍的不正常的现象,有一批老党员,因为病,因为文化水平低,或者因为是首长爱人,他们挂着厂长、校长和书记的名,却由副厂长、教导主任、秘书或者某个干事做实际工作。"

"我们的正书记——周润祥同志呢?"

"周润祥同志工作太多,他忙着肃反,私营企业的改造……各种带有突击性的任务,我们组织部的工作呢,一般说永远成不了带突击性的中心任务,所以他管的也不多。"

"那……怎么办呢?"林震直到现在,才开始明白了事情的复杂性,一个缺点,仿佛粘在从上到下的一系列的缘故上。

"是啊。"赵慧文沉思地用手指弹着自己的腿,好像在弹一架钢琴,然后她向着远处笑了,她说,"谢谢你……"

"谢我?"林震以为自己听错了。

"是的,见到你,我好像又年轻了。你常常把眼睛盯在一个地方不动,老是在想,像个爱幻想的孩子。你又挺容易兴奋起来,动不动就红脸。可是,你又天不怕地不怕,敢于和一切坏现象作斗争,于是我有一种婆婆妈妈的预感:你……一场风波要起来了。"

林震又真的脸红了。他根本没想到这些,他正为自己的无能而十分羞耻。他嘟哝着说:"但愿是真正的风波而不是瞎胡闹。"然后他问,"你想了这么多,分析得这么清楚,为什么只是憋在心里呢?"

"我老觉得没有把握,"赵慧文把手放在自己的胸前,"我看了想,想了又看,我有时候想得一夜都睡不好,我问自己:'你的工作是事务性的,你能理解这些吗?'"

"你怎么会这样想?我觉得你刚才说的对极了!你应该把你刚才说的对区委书记谈,或者写成材料给《人民日报》……"

"瞧,你又来了。"赵慧文露出润湿的牙齿笑了。

"怎么叫又来了?"林震不高兴地站起来,使劲搔着头皮,"我也想过多少次,我觉得,人要在斗争中使自己变正确,而不能等到正确了才去作斗争!"

赵慧文突然推门出去了,把林震一个人留在这空旷的屋子里。他嗅见了肥皂的香气。马上,赵慧文回来了,端着一个长柄的小锅,她跳着进来,像一个梳着三只辫子的小姑娘。她打开锅盖,戏剧性地向林震说:

"来,我们吃荸荠,煮熟了的荸荠,我没有找到别的好吃的。"

"我从小就喜欢吃熟荸荠,"林震愉快地把锅接过来,他挑了一个大的没剥皮就咬了一口,然后他皱着眉吐了出来,"这是个坏的,又酸又臭。"赵慧文大笑了。林震气愤地把捏烂了的酸荸荠扔到地下。

临走的时候,夜已经深了,纯净的天空上布满了畏怯的小星星。有一个老头儿吆喝:"炸丸子开锅!"推车走过。林震站在门外,赵慧文站在门里,她的眼睛在黑暗中闪光,她说:"下次来的时候,墙上就有画了。"

林震会心地笑着:"而且希望你把丢下的歌儿唱起来!"他摇了一下她的手。

林震用力地呼吸着春夜的清香之气,一股温暖的泉水在心头涌了上来。

八

韩常新最近被任命为组织部副部长。新婚和被提拔,使他愈益精神焕发和朝气勃勃。他每天刮一次脸,在参观了服装展览会以后又做了一套凡尔丁料子的衣服。不过,最近他亲自出马下去检查工作少了,主要是在办公室听汇报,改文件和找人谈话。刘世吾仍然那么忙……

一天,晚饭以后,韩常新把《拖拉机站站长与总农艺师》还给林震,他用手弹一弹那本书,点点头说:"很有意思,也很荒唐。当个作家倒不坏,编得天花乱坠。赶明儿我得了风湿性关节炎或者犯错误受了处分,就也写小说去。"

林震接过书,赶快拉开抽屉,把它压在最底下。

刘世吾坐在另一边的沙发上正出神地研究一盘象棋残局,听了韩常新的话,刻薄地说:"老韩将来得关节炎或者受处分倒不见得不可能,至于小说,我们可以放心,至少在这个行星上不会看到您的大作。"他说的时候一点不像开玩笑,以至韩常新尴尬地转过头,装没听见。

这时刘世吾又把林震叫过去,坐在他旁边,问:"最近看什么书了?有没有好的借我看看?"

林震说没有。

刘世吾挪动着身体,斜躺在沙发上,两手托在脑后,半闭着眼,缓慢地说:"最近在《译文》上看了《被开垦的处女地》第二部的片段,人家写得真好,活得很……"

"您常看小说?"林震真不大相信。

"我愿意荣幸地表示,我和你一样地爱读书:小说、诗歌,包括童话。解放以前,我最喜欢屠格涅夫,小学五年级,我已经读《贵族之家》,我为伦蒙那个德国老头儿流泪,我也喜欢叶琳娜;英沙罗夫写得却并不好……可他的书有一种清新的、委婉多情的调子。"他忽地站起来,走近林震,扶着沙发背,弯着腰继续说,"现在也爱看,看的时候很入迷,看完了又觉得没什么,你知道,"他紧挨林震坐下,又半闭起眼睛,"当我读一本好小说的时候,我梦想一种单纯的、美妙的、透明的生活。我想去做水手,或者穿上白衣服研究红血球,或者做一个花匠,专门培植十样锦……"他笑了,从来没这样笑过,不是用机智,而是用心。"可还是得做什么组织部长。"他摊开了手。

"为什么您把现在的工作看得和小说那么不一样呢?党的工作不单纯,不美妙,也不透明么?"林震友好而关切地问。

刘世吾接连摇头,咳嗽了一会,又站起来,靠到远一点的地方,嘲笑地说:"党工作者不适合看小说……譬如,"他用手在空中一画,"拿发展党员来说,小说可以写:'在壮丽的事业里,多少名新战士参加了无产阶级的先锋行列,万岁!'而我们呢,组织部呢,却正在发愁:第一,某支部组织委员工作马大哈,谈不清新党员的历史情况。第二,组织部压了百十几个等着批准的新党员,没时间审查。第三,新党员须经常委会批准,常委委员一听开会批准党员就请假。第四,公安局长参加常委会批准党员的时候老是打瞌睡……"

"您不对!"林震大声说,他像本人受了侮辱一样地难以忍耐,"真奇怪!……"他说不下去了。

刘世吾笑了笑,叫韩常新:"来,看看报上登的这个象棋残局,该先挪车呢还是先跳马?"

九

魏鹤鸣告诉林震,他要求回到车间做工人,他说:"这个支部委员和生产科长我干不了。"林震费尽口舌,劝他把那次座谈会搜集的意见写给党报,并且质问他,"你退缩了,你不信任党和国家了,是吗?"后来魏鹤鸣和几个意见较多的工人写了一封长信,偷偷地寄给报纸,连魏鹤鸣本人都对自己有些怀疑:"也许这又是'小集团活动'? 那就处罚我吧!"他是带着有罪的心情把大信封扔进邮箱的。

五月中旬,《北京日报》以显明的标题登出揭发王清泉官僚主义作风的群众来信。署名"麻袋厂一群工人"的信,愤怒地要求领导上处理这一问题。《北京日报》编者也在按语中指出:"……有关领导部门应迅速作认真的检查……"

赵慧文首先发现了,她叫林震来看。林震兴奋得手发抖,看了半天连不成句子,他想:"好! 终于揭出来了! 时机总算成熟了吧?"

他把报纸拿给刘世吾看,刘世吾仔细地看了几遍,然后抖一抖报纸,客观地说:"好,开刀了!"

这时,区委书记周润祥走进来,他问:"王清泉的情况你们了解不?"

刘世吾不慌不忙地说:"麻袋厂支部的一些不健康的情况那是确实存在的。过去,我们就了解过,最近我亲自找王清泉谈过话,同时小林同志也去了解过。"他转身向林震,"小林,你谈谈王清泉的情况吧。"

有人敲门。魏鹤鸣紧张地撞进来,他的脸由红色变成了青色,他说,王厂长在看到《北京日报》以后非常生气,现在正追查写信的人。

……经过党报的揭发与区委书记的过问,刘世吾以出乎林震意料之外的雷厉风行的精神处理了麻袋厂的问题。刘世吾一下决心,就可以把工作做得很出色。他把其他工作交代给别人,连日与林震一起下到麻袋厂去。他深入车间,详细调查了王清泉工作的一切情况,征询工人群众的一切意见。然后,与各有关部门进行了联系,只用了一个多星期的时间,就对王清泉作了处理,——党内和行政都予以撤职处分。

处理王清泉的大会一直开到深夜,开完会,外面下起雨,雨忽大忽小,久久地不停息。风吹到人脸上有些凉。刘世吾与林震到附近的一个小铺子去吃馄饨。

这是新近公私合营的小铺子,整理得干净而且舒适。由于下雨,顾客不多。他们避开热气腾腾的馄饨锅,在墙角的小桌旁坐下来。

他们要了馄饨,刘世吾还要了白酒,他呷了一口酒,掐着手指,有些感触地说:"我这是第六次参加处理犯错误的负责干部的问题了,头几次,我的心很沉重。"由于在大会上激昂地讲过话,他的嗓音有些嘶哑,"党工作者是医生,他要给人治病,他自己却是并不轻松的。"他用无名指轻轻敲着桌子。

林震同意地点头。

刘世吾忽然问:"今天是几号?"

"五月二十。"林震告诉他。

"五月二十,对了。九年前的今天,青年军二〇八师打坏了我的腿。"

"打坏了腿?"林震对刘世吾的过去历史还不了解。

刘世吾不说话,雨一阵大起来,他听着那哗啦哗啦的单调的响声,嗅着潮湿的土气。一个被雨淋透的小孩子跑进来避雨,小孩的头发在往下滴水。

刘世吾招呼店员:"切一盘肘子。"然后告诉林震,"1947年,我在北大做自治会主席。参加五二〇游行的时候,二〇八师的流氓打坏了我的腿。"他挽起裤子,可以看到一道弧形的疤痕,然后他站起来,"看,我的左腿是不是比右腿短一点?"

林震第一次以深深的尊敬和爱戴的眼光看着他。

喝了几口酒,刘世吾的脸微微发红,他坐下,把肉片夹给林震,然后斜着头说:"那时候……我是多么热情,多么年轻啊!我真恨不得……"

"现在就不年轻,不热情了吗?"林震试探着问。他想了解一下这个人,想逗得他多说几句。

"当然不,"刘世吾玩着空酒杯,"可是我真忙啊!忙得什么都习惯了,疲倦了。解放以来从来没睡够过八小时觉。我处理这个人和那个人,却没有时间处理处理自己。"他托起腮,用最质朴的人对人的态度看着林震,"是啊,一个布尔什维克,经验要丰富,但是心要单纯。……再来一两!"刘世吾举起酒杯,向店员招手。

这时林震已经开始被他深刻而真诚的抒发所感动了。刘世吾接着闷闷地说:"据说,炊事员的职业病是缺少良好食欲,饭菜是他们做的,他们整天和饭菜打交道。我们,党工作者,我们创造了新生活,结果,生活反倒不能激动我们。……"

林震的嘴动了动,刘世吾摆摆手,表示希望不要现在就和他辩论。他不说话,独自托着腮发愣。

"雨小多了,这场雨对麦子不错,"过了半天,刘世吾叹了口气,忽然又说,"你这个干部好,比韩常新强。"

林震在慌乱中赶紧喝汤。

刘世吾盯着他,亲切地笑着,问他:"赵慧文最近怎么样?"

"她情绪挺好。"林震随口说。他拿起筷子去夹熟肉,看见了他熟悉的刘世吾的闪烁的目光。

刘世吾把椅子拉近他,缓缓地说:"原谅我的直爽,但是我有责任告诉你……"

"什么?"林震停止了夹肉。

"据我看,赵慧文对你的感情有些不……"

林震颤抖着手放下了筷子。

离开馄饨铺,雨已经停了,星光从黑云下面迅速地露出来,风更凉了,积水潺潺地从马路两边的泄水池流下去。林震迷惘地跑回宿舍,好像喝了酒的不是刘世吾,倒是他。同宿舍的同志都睡得很甜,粗短的和细长的鼾声此起彼伏。林震坐在床上,摸着湿了的裤角,难过,难过,说不清为什么要难过。眼前浮现了赵慧文的苍白而美丽的脸。……他还是个毛小伙子,他什么也没经历过,什么都不懂。难过,难过,……他走近窗子,把脸紧贴在外面沾满了水珠的冰冷的玻璃上。

十

区委常委开会讨论麻袋厂的问题。

林震列席参加。他坐在一角,心跳,紧张,手心里出了汗。他的衣袋里装着好几千字的发言提纲,准备在常委会上从麻袋厂事件扯出组织部工作中的问题。他觉得麻袋厂问题的揭发和解决,造成了最好的机会,可以促请领导从根本上考虑一下组织部的工作。时候到了!

刘世吾正在条理分明地汇报情况。书记周润祥显出沉思的神色,用左拳托着士兵式的粗壮而宽大的脸,右腕子压着一张纸,时而在上面写几个字。李宗秦用食指在空中写画着。韩常新也参加了会,他专心地把自己的鞋带解开又系上。

林霞几次想说话,但是心跳得使他喘不上气。第一次参加常委会,就作这种大胆的发言,未免过于莽撞吧?不怕,不怕!他鼓励自己。他想起八岁那年在青岛学跳水,他也一边听着心跳,一边生气地对自己说:"不怕,不怕!"

区委常委批准了刘世吾对于麻袋厂问题提出的处理意见,马上就要进行下面一项议程了,林震霍地举起了手。

"有意见吗?不举手就可以发言的。"周书记笑着说。

林震站起来,碰响了椅子,掏出笔记本看着提纲,他不敢看大家。

他说:"王清泉个人是作了处理了,但是如何保证不再有第二、第三个王清泉出现呢?我们应该检查一下区委组织工作中的缺点:第一,我们只抓了建党,对于巩固党没给以应有的注意,使基层的党内斗争处于自流状态。第二,我们明知有问题却拖延着不去解决,王清泉来厂子整整五年,问题一直存在而且愈发展愈严重。……具体地说,我认为韩常新同志与刘世吾同志有责任……"

会场起了轻微的骚动,有人咳嗽,有人放下了烟卷,有人打开笔记本,有人挪了一下椅子。

韩常新耸了一下肩,用舌头舐了一下扭动着的牙床,讽刺地说:"往往听到一种事后诸葛亮的意见,'为什么不早一点处理呢?'当然是愈早愈好喽……高饶事件发生了,有人问为什么不早一点,贝利亚,也有人问为什么不早一点。再者,组织部并不能保证第二、第三个王清泉不会出现,林震同志也未尝能保证这一点。……"

林震抬起头,用激怒的目光看韩常新。韩常新却只是冷冷地笑。林震压抑着自己,他说:"老韩同志知道缺点的存在是规律,但他不知道克服缺点前进更是规律。老韩同志和刘部长,就是抱住了头一个规律,因而对各种严重的缺点采取了容忍乃至于麻木的态度!"说完,他用手抹了抹头上的汗,他也不知道自己怎么敢说得这样尖锐,但是终究说出来了,他有一种如释重负的感觉。

李宗秦在空中画着的食指停住了。周润祥转头看看林震又看看大家,他的沉重的身躯使木椅发出了吱吱声。他向刘世吾示意:"你的意见?"

刘世吾点点头:"小林同志的意见是对的,他的精神也给了我一些启发……"然后他悠闲地遛到桌子边去倒茶水,用手抚摸着茶碗沉思地说,"不过具体到麻袋厂事件,倒难说了。组织部门巩固党的工作抓得不够,是的,我们干部太少,建党还抓不过来。麻袋厂王清泉的处理,应该说还是及时而有效的。在宣布处理的工人大会上,工人的情绪空前高涨,有些落后的工人也表示更认识到了党的大公无私,有一个老工人在台上一边讲话一边落泪,他们口口声声说着感谢党,感谢区委……"

林震小声说:"是的,正因为这样,我才觉得我们工作中的麻木、拖延、不负责任,是对群众犯罪。"他提高了声音,"党是人民的、阶级的心脏,我们不允许心脏上有灰尘,就不允许党的机关有缺点!"

李宗秦把两手交插起来放在膝头,他缓缓地说,像是一边说一边思索着如何造句:"我认为林震、韩常新、刘世吾同志的主要争论有两个症结,一个是规律性与能动性的问题,……一个是……"

林震以不知从哪儿来的勇气对李宗秦说:"我希望不要只作冷静而全面的分析……"他没有说下去,他怕自己掉下眼泪来。

"为什么?"周润祥问林震,他严厉地说:"冷静而全面的分析比急躁而片面的冲动好得多。同志,你太容易激动了,背诵着抒情诗去做组织工作是不相宜的!"然后他对大家说,"讨论下一项议程吧。"

散会后,林震气恼得没有吃下饭,区委书记的态度他没想到。他不满甚至有点失望。韩常新与刘世吾找他一齐出去散步,就像根本没理会他对他们的不满意,这使林震更意识到自己和他们力量的悬殊。他苦笑着想:"你还以为常委会上发一席言就可以起好大的作用呢!"他打开抽屉,拿起那本被韩常新嘲笑过的苏联小说,翻开第一篇,上面写着:"按娜斯嘉的方式生活!"他自言自语:"真难啊!"

十一

第二天下班以后,赵慧文告诉林震:"到我家吃饭去吧,我自己包饺子。"他想推辞,赵慧文已经走了。

林震犹豫了好久,终于在食堂吃了饭再到赵慧文家去。赵慧文的饺子刚刚煮熟。她第一次穿上暗红色的旗袍,系着围裙,手上沾满面粉,像一个殷勤的主妇似的对林震说:"新下来的豆角做的馅子……"

林震嗫嚅地说:"我吃过了。"

赵慧文不信,跑出去给他拿来了筷子,林震再三表示确实吃过,赵慧文不满意地一个人吃起来。林震不安地坐在一旁,一会儿看看这,一会儿看看那,一会儿搓搓手,一会儿晃一晃身体。那种说不出来的温暖和难过的感觉又一齐涌上了他的心头。他的心在痛,好像失掉了什么。他简直不敢看赵慧文那张被红衣裳映红了的美丽的脸儿。

"小林,有什么事吗?"赵慧文停止了吃饺子。

"没……有。"

"告诉我吧。"赵慧文目不转睛地看着他。

"昨天在常委会上我把意见都提了,区委书记睬都不睬……"

赵慧文咬着筷子端想了想,她坚决地说:"不会的,周润祥同志也许只是不轻易发表意见……"

"也许。"林震半信半疑地说,他低下头,不敢正面接触赵慧文关切的目光。

赵慧文吃了几个饺子,又问:"还有呢?"

林震的心跳起来了。他抬起头,看见了赵慧文那同情他和鼓励他的眼睛,他轻轻地叫:"赵慧文同志……"

赵慧文放下筷子,靠在椅子背上,有些吃惊了。

"我很想知道,你是否幸福。"林震用一种粗重的完全像大人一样的声音说,"我看见过你的眼泪,在刘世吾的办公室,那时候春天刚来……后来忘记了。我自己马马虎虎地过日子,也不会关心人。你幸福吗?"

赵慧文略略疑惑地看着他,摇头,"有时候我也忘记……"然后点头,"会的,会幸福的。你为什问它呢?"她安详地笑着。

林震把刘世吾对他讲的告诉了她:"……请原谅我,把刘世吾同志随便讲的一些话告诉了你,那完全是瞎说……我很愿意和你一起说话或者听交响乐,你好极了,那是自然而然的,……也许这里边有什么不好的、不合适的东西,马马虎虎的我忽然多虑了,我恐怕我扰乱谁。"林震抱歉地结束了。

赵慧文安详地笑着,接着皱起了眉尖儿,又抬起了细瘦的胳膊,用力擦了一下前额,然后她甩了一下头,好像甩掉什么不愉快地心事似的转过身去了。

她慢慢地走到墙壁上新挂的油画前边,默默地看画。那幅画的题目是《春》,太阳在春天初次出现,母亲和孩子到街头去……

一会,她又转过身来,迅速地坐在床上,一只手扶着床栏杆,异常平静地说:"你说了些什么呀?真是!我不会做那些不经过考虑的事。我有丈夫,有孩子,我还没和你谈过我的丈夫,"她不用常说的"爱人",而强调地说着"丈夫","我们在1952年结的婚,我才19,真不该结婚那么早。他从部队里转业,在中央一个部里做科长,他慢慢地染上了一种'油条'劲儿,争地位,争待遇,和别人不团结。我们之间呢,好像也只剩下了星期六晚上回来和星期一走。我的理论是:或者是崇高的爱情,或者什么都没有。我们争吵了……但我仍然等待着……他最近出差去上海,等回来,我要和他好好谈一谈。可你说了些什么呢?"她又一次问,"小林,你是我所尊敬的顶好的朋友,但你还是个孩子——这个称呼也许不对,对不起。我们都希望过一种真正的生活,我们希望组织部成为真正的党的工作机构,我觉着你像是我的弟弟,你盼望我振作起来,是吧?生活是应该有互相支援和友谊的温暖,我从来就害怕冷淡。就是这些了,还有什么呢?还能有什么呢?"

林震惶恐地说:"我不该受刘世吾话的影响……"

"不,"赵慧文摇头,"刘世吾同志是聪明人,他的警告也许并不是完全没有必要,然后……"她深深地吐一口气,"那就好了。"

她收拾起碗筷,出去了。

林震茫然地站起,来回踱着步子,他想着,想着,好像有许多话要说,慢慢地,又没有了。他要说什么呢?本来什么都没有发生。生活有时候带来某种情绪的波流,使人激动也使人困扰,然后波流流过去,没有一点痕迹……真的没有痕迹吗?它留下对于相逢者的纯洁和美好的记忆,虽然淡淡,却难忘……

赵慧文又进来了,她领着两岁的儿子,还提着一个书包。小孩已经与林震见过几次面,亲热地叫林震"夫夫"——他说不清"叔叔"。

林震用强健的手臂把他举了起来。空旷的屋子里顿时充满了孩子的笑闹声。

赵慧文打开书包,拿出一叠纸,翻着,说:"今天晚上,我要让你看几样东西。我已经把三年来看到的组织部工作中的一些问题和自己的意见写了一个草稿。这个……"她不好意思地摸了一下一张橡皮纸,"大概这是可笑的,我给自己规定了一个竞赛的办法。让今天的自己和昨天的自己竞赛。我画了表,如果我的工作有了失误——写入党批准通知的时候抄错了名字或者统计错了新党员人数,我就在表上画一个黑叉子,如果一天没有错,就画一个小红旗。连续一个月都是红旗,我就买一条漂亮的头巾或者别的什么奖励自己……也许,这像幼儿园的做法吧?你笑吗?"

林震入神地听着,他严肃地说:"决不,我尊敬你对你自己的……"

临走的时候,夜已经深了,林震站在门外,赵慧文站在门里,她的眼睛在黑暗中闪着光,她说:"今天的夜色非常好,你同意吗?你嗅见槐花的香气了没有?平凡的小白花,它比牡丹清雅,比桃李浓馥,你嗅不见?

真是！再见。明天一早就见面了，我们各自投身在伟大而麻烦的工作里边。然后晚上来找我吧，我们听美丽的意大利随想曲。听完歌，我给你煮荸荠，然后我们把荸荠皮扔得满地都是……"

……林震靠着组织部门前的大柱子好久好久地呆立着，望着夜的天空。初夏的南风吹拂着他——他来时是残冬，现在已经是初夏了。他在区委会度过了第一个春天。

一阵莫名其妙的情绪涌上了他的心头，仿佛是失掉了什么宝贵的东西，仿佛是由于想起了自己几个月来工作得太少而进步也太慢……不，他仿佛是第一次尝到了爱情的痛苦的滋味。

在这以前，他并没有想到自己会对赵慧文发生什么特别的感情，他不过是把她当做一位朋友，一位大姐；不过是，偶然想起她对他的友谊时，心里有一股温暖的、然而又有些难过的和惭愧的味儿。他一直并没有好好地去想一想为什么会有这样的心情。但正因为有这样的心情，再加上刘世吾的点破，他才更加不安，好像是担心会有什么不幸的事情要发生，因此他才有了刚才那样一段坦率的表白。却没有想到，当赵慧文也作了同样坦率的表白以后，当她仍然把他当做亲密的朋友，当她说出人与人之间需要热情，当她宣布了自己今后力求进步的计划以后，她的一举一动，她的心灵，反而显得更加可爱了，一股真正的爱情的滋味反而从他的内心深处涌出来了！……不，她是有丈夫的人，不会爱他，他也不应该爱她。……人，是多么复杂啊！一切一切事情，决不会像刘世吾所说的："就那么回事。"不,决不是就那么回事。正因为不是就那么回事,所以人应该用正直的感情严肃认真地去对待一切。正因为这样,所以看见了不合理的事情,不能容忍的事情,就不要容忍,就要一次两次三次地斗争到底,一直到事情改变了为止。所以决不要灰心丧气……至于爱情呢,既是……那就咬咬牙,把这热情悄悄地压在自己心里吧!

"我要更积极,更热情,但是一定要更坚强……"最后,林震低声对自己说了这么两句,挺起胸脯来深深地吸了一口夜的凉气。

隔着窗子,他看见绿色的台灯和夜间办公的区委书记的高大侧影,他坚决地、迫不及待地敲响领导同志办公室的门。

你别无选择(节选)

刘索拉[*]

一

李鸣已经不止一次想过退学这件事了。

有才能,有气质,富于乐感。这是一位老师对他的评语。可他就是想退学。

上午来上课的讲师精神饱满,滔滔不绝,黑板上画满了音符。所有的人都神情紧张,生怕听漏掉一句。这位女讲师还有一手厉害的招数就是突然提问。如果你走神了,她准会突然说:"李鸣,你回答一下。"

李鸣站起来。

"请你说一下,这道题的十七度三重对位怎么

---

* 刘索拉(1955—),当代作家、音乐家。著有《你别无选择》、《蓝天绿海》、《女贞汤》等。本文选自《你别无选择》,刘索拉等著,北京:台海出版社2001年版。

做？"

"……"

"……"

"你没听讲,好,马力你说吧。"

于是李鸣站着,等马力结巴着回答完了,在一片莫名其妙的肃静中,李鸣带着满脸的歉意坐下了。他仔细注意过女讲师的眼睛,她边讲课边不停地注意每个人的表情。一旦出现了走神的人,她无一漏网地会叫你站起来而坐不下去。

有时李鸣真想走走神,可有点儿怕她。所有的讲师教授中,他最怕她。他只有在听她的课和做她布置的习题时才认真点儿。因为他在做习题时时常会想起她那对眼睛。结果,他这门功课学得最扎实。马力也是。他旷所有人的课,可唯独这门课他不敢不来。

自从李鸣打定主意退学后,他索性常躲在宿舍里画画,或者拿上速写本在课堂上画几位先生的面孔。画面孔这事很有趣,每位先生的面孔都有好多"事情"。画了这位的一二三四,再凭想象填上五六七八。不到几天,每位先生都画遍了,唯独没画上女讲师。然后,他开始画同学。同学的脸远没先生的生动,全那么年轻,光光的,连五六七八都想象不出来。最后他想出办法,只用单线画一张脸两个鼻孔,就贴在教室学术讨论专栏上,让大家互相猜吧。

马力干的事更没意思,他总是爱把所有买的书籍都登上书号,还认真地画上个马力私人藏书的印章,像学校图书馆一样还附着借书卡。为了这件事,他每天得花上两个钟头,他不停地购买书籍,还打了个书柜,一个写字台,把琴房布置得像过家家。可每次上课他都睡觉,他有这样的本事,拿着讲义好像在读,头一动不动,竟然一会儿就能鼾声大作。

宿舍里夜晚十二点以前是没有人回来的。全在琴房里用功。等十二点过后,大家陆陆续续回到宿舍,就开始了一天最轻松的时间。可马力一到这时早已进入梦乡。他不喜欢熬夜,即使屋里人喊破天,他还是照睡不误。李鸣老觉得他会突然睡死掉,所以在十二点钟以后老把他推醒。

"马力!马力!"

马力"腾"地一下坐起,眼睛还没睁开。李鸣松了口气,扔下他和别人聊天去了。

"今天的题你做完了吗?"

"没有。太多了。"

"见鬼了,留那么多作业要了咱们老命了。"

"又要期中考试了。"

"十三门。"

"我已经得了腱鞘炎。"同屋的小个子把手一伸,垂下手背,手背上鼓出一个大包。

马力对什么都无动于衷,他从不开口,除了他的本科——作曲得八十分,别的科目都是"中"。

李鸣跑到王教授那儿请教关于退学问题的头天晚上,突然发生了地震。全宿舍楼的人都跑出来站在操场上。有人穿着裤衩,有人披着毛巾被。女生们躲在一个黑角落里叽叽喳喳,生怕被男生看见,可又生怕人家不知道她们在这里。据说声乐系有两个女生到现在还在宿舍里找合适的衣服,说是死也要个体面。站在

刘索拉 你别无选择(节选)

操场上的人都等再震一下,可站了半天,什么事也没发生。后来才知道,根本没地震,不知是谁看见窗外红光一闪,就高喊了一声地震,于是大家都跑了出来。

第二天,李鸣就到王教授那儿向他请教是否可以退学。王教授是全院公认的"神经病",他精通几国语言,搞了几百项发明,涉及十几门学问,一口气兼了无数个部门的职称。他给五线谱多加了一根线,把钢琴键重新排了一次队,把每个音都用开平方证实了。这种发明把所有人都能气疯。李鸣最崇拜的就算王教授了。尽管听不懂他说的话,也还是爱听。

"嗯。"

"我不学了。我得承认我不是这份材料。"

"嗯。"

"就这样,我得退学。"

"嗯。"

"别人以为自己是什么就是什么,我以为我不行。"

"嗯。"

"也许我干别的更合适。"

"嗯。"

"我去打报告。"

"嗯。"

李鸣站起来,王教授也站起来:

"你老老实实学习去吧,傻瓜。你别无选择,只有作曲。"

二

现在唯一的事情就只好是做题。无数道习题,不做也得做。李鸣只做上两分钟,就想去上厕所或者喝水。更多的时候是找旁边235琴房管弦系的女孩站在236琴房门口聊天。边聊天那女孩边让弓子和琴弦发出种种噪音,气得263琴房的石白猛砸钢琴。

和石白,李鸣永远也处不好。一道和声题要做六遍,得出六种结果。他已经把一本《和声学》学了七年,可他的和声用在作曲上听起来像大便干燥。但在课上老师要是讲错了半个字,他都能引经据典地反驳一气。

"不对,老师。在275页上是这样说的……"他站起来说。

这时同班的女生就会咳嗽,打喷嚏。

"我不愿和你们这些人在一起。"石白对所有的人说。他不参加任何活动,碰上人家在那儿"撞拐",他就站在一旁拉小提琴。他学了十五年琴,可还走调。

"你得像个作曲家!"他对小个子说,"作曲家要有风度,比方说吧……"

连个儿都没长全的小个子只能缩缩肩膀从他的眼皮下溜走。要是玩起"撞拐"来,小个子还老占大家上风。

石白对"撞拐"这事气得嘴唇直哆嗦。他在一首自作的钢琴曲谱旁边注上"这首乐曲表达了人生的最高理想境界。"这结果就是使一个作曲系的女生写了同样长短的一首钢琴曲来描写石白,一连串不均等节奏和不谐和音。这曲子在全系演奏,所有人都听得出来它说的是什么。

李鸣住的宿舍是一间房子四个人。屋子里有发的存衣柜、写字台和钢琴,还有马力自己打的家具,弄得宿舍里不能同时站四个人。原来石白和他们一个宿舍,后来石白申请到理论系睡觉去了,因为理论系的人到了夜里两点谈话的内容仍是引经据典。这使他觉得脱了俗。于是指挥系的聂风搬进李鸣宿舍,他以一种与作曲系迥然不同的风度出现在这间屋里,头发烫成蓬松的花卷,衬衣雪白,胸脯笔挺。随着他的到来,女孩子就来了。本来四个人已站不下的屋子,现在要装八个人不止。一到晚上,全宿舍的人自动撤出,供聂风指挥女孩子们的重奏小组用。从此,晚上十二点以后回到宿舍,大家都能闻见女孩子们留下的满屋香气。

隔壁的四个全是作曲系的。戴齐钢琴弹得出众,人长得修长苍白,作品中流露出肖邦的气质,可女孩们爱管他叫"妹妹"。留了大鸟窝式长发的森森,头发永远不肯趴在头上,就像他这个人一样。他不洗衣裳不洗澡,有次钢琴课上把钢琴老师熏得憋气五分钟。那是个和蔼的教授老太太,终于她命令森森脱下衣服,光着膀子离开琴房。一个星期后,管邮件的女生收到一个给森森的包裹,当众让他打开一看,是那件脱给老太太的衬衣,已经洗得干干净净,连扣子也钉上了。有个女生当场说,为这事,如果全世界只剩下森森一个男人,她也不会理他。森森当场反驳说,如果全世界只剩下他和她,他就干脆自杀。

三

李鸣一人躲在宿舍里,不打算再去琴房了,他宁可睡在被窝里看小说,也不愿到琴房去听满楼道的轰鸣。琴房发出的噪音有时比机器噪音还可怕。即使你躲在宿舍里,它们照样还能传过来,搅得你六神无主。刚入学的时候,也不知是哪位用功的大师每天早晨四点起来在操场上吹小号,像起床号似的,害得所有人神经错乱。李鸣甚至有几个星期夜晚即使在梦中仍听见小号声。先是女生打开窗户破口大骂,然后是管弦乐的男生把窗户打开,拿着自己的乐器一齐向楼下操场示威,让全体乐器发出巨大的声响,盖住了那小号。第二天,小号手就不再起床了。可又出现了一个勤奋的钢琴手,他每天早晨五点开始练琴,弹奏和弦连接时从来不解决,老是让旋律在"7"音上停止,搞得人更别扭。终于有位教授(那时教授还没搬进新居,也住在大楼道里)忍不住了,在弹琴人又停止在"7"音上时,他探出脑袋冲着那琴房大吼了一声"1——",把"7"解决了。所有人的感觉才算一块石头落了地。

李鸣把不去琴房看成神仙过的日子,他躺在被子里拿着一本小说。

"喂,哥们儿,借琴练练。"森森推开门,大摇大摆走到钢琴那儿,打开琴盖就弹。

"你没琴房?"

"没空。我要改主科。"

"少出声。"

"知道。"

可是森森不仅没少出声,而且他的作品里几乎就没有一个和弦是谐和的,一大群不协调和弦发出巨大的音响和强烈的不规律节奏,震得李鸣把头埋在被子里,屁股撅起来冲天,趴了足有半小时,最后终于把头从被子里伸出来:

"行行好吧。"

"最后四小节,最后四小节。"

"我已经神经错乱了。"

"因为我在所有的九和弦上又叠了一个七和弦。"

"为什么?"

"妈的力度。"森森得意扬扬。他说完就用力地砸他的和弦,一会儿在最高音区,一会儿在最低音区,一会儿在中音区,不停地砸键盘,似乎无止无休了。李鸣看着他的背影,想拿个什么东西照他脑后来一下,他就不会这么吵人了。

"妈的力度。"森森砸出一个和弦,"还不够。我发现有调性的旋律远远不如无调性的张力大。"

"你的张力就够大了,我已经变成乌龟了。"

森森看着被子里的李鸣大笑:"你干吗要睡觉?"

"我讨厌你们。"

"你小子老不谈正业。"

"你把十二个音同时按下去非说那是个和弦,那算什么务正?"

"我讨厌三和弦。"

"可你总不能让所有的人听了你的作品都神经分裂吧?"

"我不想,可他们要分裂我也没办法。但我的作品一定得有力度。不是先生说的那种力度,是我自己的力度,我自己的风格。"说完他又砸出一串和弦。

李鸣了解森森,他想干什么谁也阻挡不了。不像孟野。孟野的才气不在森森之下,可一天到晚让女朋友缠住不放。经常莫名其妙地失踪好几天。有几次都是面临考试时失踪的。孟野也长得太出众了点儿,浓密的黑发和卷曲的胡子,脉脉含情的眼睛老给人一种错觉,由此惹得女生们合影时总爱拉上他,被他女朋友发觉免不了要闹个翻天覆地。有一次那姑娘追到学校把孟野大骂了一顿,然后哭着跑到街上,半夜不归,害得作曲系女生全体出动去叫她。她坐在电线杆子底下,扭动着肩膀,死活不肯回去。最后还是李鸣叫马力戴上保卫组的红袖章,走过去问:"同志,你是哪儿的?"她才一下子从地上站起,跟着大家回去了。

"你这讨厌鬼。"李鸣对森森骂道。森森砸完最后一节和弦,晃着肩膀走了。他一开门,从外面传来一声震天的巨响,那是管弦系在排练孟野作品中的一个高潮。

每次作曲系的汇报演出,都能在院里引起不小的骚动。教十个作曲系的主科教授只有两位,一位是大谈风纪问题的贾教授,一位是才思敏捷的金教授。贾教授平时不苟言笑,假如他冲你笑一下,准会把你吓一跳。他的生活似乎只有一件事情就是讲学。他从不作曲,就像他从不穿新衣服,偶尔作出来的曲调也平庸无奇,就像他即使穿上件新衣服也还是深蓝涤卡中山装一样。但所有人都得承认他的教学能力,循序渐进,严谨有条,无一人可比。但在有些作曲系学生眼里,贾教授除了严谨的教学和埋头研究古典音乐之外,剩下的时间就是全力以赴攻击金教授。金教授太不注意"风纪",一把年纪的人总爱穿灯芯绒猎装,劳动布的工裤,有时甚至还散发出一股法国香水的味道。以前他在上大课时总爱放一把花生米在讲台上,说几句就往嘴里扔一颗,自从他无意中扔进一颗粉笔头之后。就再也没看见他吃过花生米了。

金教授在讲课时,几乎不会慷慨陈词,老是懒洋洋地弹着钢琴。如果你体会不到他手下的暗示,你就永远也不明白他讲的是什么,随便几个音符的动机他都能随意弹成各种风格的作品,但他懒得讲,有时自己一弹起来,就谁也不理了。马力是贾教授的学生,有次破天荒跑到金教授班上听课,结果什么也没听懂,打了个长长的呵欠。金教授"腾"地从琴凳上站起来,冲马力鞠了个躬,笑着说:"祝您健康。"然后又坐下去弹起琴来。从此马力就不爱在贾教授班上听课了。

每次作曲系学生汇报会,实际也是这二位教授的成就较量。自从金教授的学生在一次汇报会上演出了几首无调性的小品后,贾教授大动肝火,随即要给全体作曲系学生讲一次关于文艺要走什么方向的问题。开会的事情是让李鸣去通知的,李鸣本来连学也要退的,更不愿开什么会,于是,在黑板上写了一个通知,即某日某时团支部与学生会组织游园,请届时参加等等。于是害得贾教授在教室里等了学生一下午,又无法与团支部学生抗争。

为了弥补这次会议,贾教授呼吁全体作曲系教员要开展对学生从生活到学习的一切正统教育,不仅作品分析课绝不能沾二十世纪作品的边儿,连文学作品讲座也取消了卡夫卡。同时,体育课的剑术多加了一套,可能是为了逻辑思维,长跑距离又加了三圈,为了消耗过剩的精力。搞得男生们脸色蜡黄,女生们唉声叹气,系里有名的"懵懂"——因为她能连着睡三天不起床,中间只起来两次吃饭,两次上厕所——自从贾教授的体育运动开展后,躺在床上大叫"我宁可去劳改!"

李鸣先撕了一本作业,然后去找王教授。

"没劲,没劲。"他边说边在纸上画小人。

"你为什么不学学孟野?你听过亨德米特的《宇宙的谐和》吗?"

李鸣走回去把作业本又拼起来了。

孟野这疯子,门门功课都是五分,可就是不照规章办事。他的作品里充满了疯狂的想法,一种永远渴望超越自身的永不满足的追求。音程的不协和状态连本系的同学都难接受。可金教授还是喜欢他。

"孟野的结构感好,分寸把握好。"金教授对"懵懂"说,"所以他可以这么写,你不行。"

"懵懂"正想模仿孟野,也写个现代化作品。

孟野一说起自己的作品来就滔滔不绝,得意非常。长手指挥上挥下,好像他正在指挥一个乐队。有时他的作品让弦乐的音响笔直地穿过人们的思维,然后让铜管像炸弹似的炸开,打击乐像浓烟一样剧烈地滚动。这可以使乐队和听众都手舞足蹈。而李鸣却不考虑乐队和听众对自己作品的看法,他只想着写完了就算解放了。

"这地方和声是不是这样?"圆号手问。

"什么和声?"李鸣在自己谱子上根本找不到圆号手吹的是哪儿,他早走神了,"随你便吧,管它呢。"

于是圆号手和长号手吹的不在一个和弦里,演奏完了,竟有人说李鸣也搞现代派。

"你们把握不住就不要这样写,"金教授说,"孟野的基本功好。"

孟野用手指钩住大提琴的弦,猛然拨出几个单音,然后把弦推进去、拉出来。又用手掌猛拍几下琴板,突然从喉咙里发出一种非人的喊叫。森森大叫:"妈的力度!"然后把两只手全按在钢琴键上,李鸣捂着耳朵钻进被窝。

楼道里充满了孟野像狼一样的嚎叫。

宇宙的谐和。疯了。李鸣想。

四

李鸣觉得董客这人,踏实得叫人难受。可因为孟野和森森太疯,他只好去找董客聊天,但在董客眼里,李鸣也是不正常,他竟然放着现成的大学不愿上。

"请坐,please。"董客彬彬有礼地让李鸣。好像他身后有一张沙发。

李鸣坐在床上。董客端上一小杯咖啡。他这人很讲究,尽管脚臭味经常在教室里散发。咖啡杯是深棕色的,谁也弄不清它到底有多卫生,李鸣闭着眼把咖啡吞下去。

"西方现代化哲学的思维是非客观与主观形式的相交。"董客老爱说这种驴头不对马嘴的话,他一张嘴就让人后悔来找他,"和声变体功能对位的转换法则应用于……"

李鸣想站起来,他觉得自己走进一个大骗局里了。

"人生的世故在于自己的演变,不要学那些愚昧的狂人,你必须为自己准备一块海绵,恐怕你老婆也愿意你是个硕士。"

李鸣站起来就走。董客为他打开门:"please。"

关于创作方向问题的会议到底还是开了。贾教授特地请来团支部书记和学生会主席。这个专题讨论会要每星期开一次。这使学生每星期失去一个晚上做习题,所以大多数人都拿着作业来讨论。照例是先让贾教授讲两小时的话,讲的是什么谁也不知道。下面的笔在刷刷响,教室的秩序极好。可紧接着团支书作了一个提议,建议开始自由发言,并请贾教授回去休息由他来主持会议。贾教授只好摆摆手,坐到后面墙角处去了。团支书是管弦系的乐队队长,他说的第一个问题是关于在排练时作曲系男生冲乐队女生挤眼睛的问题。

"这样就会分散她们的注意力,不去看指挥。"

作曲系的男生大来情绪。

"谁呀?"

"让我去当指挥不就解决问题了?"

"什么?"

"你们管弦系女生压根就不想好好给我们排练。"

"我的竖琴手说反正是不协和和弦,怎么弹都是对的。她就从来不照谱子弹。"

"管弦系的小姐呀,难伺候。"

"还要我们怎么样?"

"娶过来?"

"你?"

贾教授已经坐不住了。

董客突然说了一句:

"人生像沉沦的音符永远不知道它的底细与音值。"

大家一齐回头冲他看,但谁也不知道他要说什么。

"假如,"董客接着说下去,"三和弦的共振是消失在时空里只引起一个微妙的和弦幻想,假如你松开踏板你就找不到中断的思维与音程延续像生命断裂,假如开平方你得出一系列错误的音程平方根并以主观的形象使平方根无止境地演化试想序列音乐中的逻辑是否可以把你的生命延续到理性机械化阶段与你日常思维产生抗衡与缓解并产生新的并非高度的高度并且你永远忘却了死亡与生存的逻辑还保持了幻想把思维牢牢困在一个无限与有限的机合中你永远也要追求并弄清你并且弄不清与追不到的还是要追求与弄清……"

贾教授大喊一声:"好了!"他的长手臂向前伸出来,有点儿哆嗦,"你们的讨论就到这儿。"他走到讲台前,眼神变得游移不定。他提出一道思考题,试想20世纪以来搞现代派作曲的人物有哪个是革命的?

大家谁也没说话。等散了会,森森大声在楼道里唱了一声:"勋——伯——格!"贾教授回头看了一眼。

他又喊了一声"勋伯格"①!然后手舞足蹈地大叫:"I cannot remember everything! I must have been unconscious of the time……"②

"全疯了。"马力嘟哝着。

"干吗他们要缠住创作方式问题争执不休?"

"这事还是挺有意思。"

"真的?"

"全部意义就是拖延时间。"

"最好是不想。"

"你说到底有什么意思?"

"你真想抽烟?"

"想戒戒不掉。"

"愁什么?写不出教书。"

"唉……"

"他们干吗要缠住创作方式问题争执不休?"

"还不明白?不干这个还干什么?"

五

戴齐的钢琴确实弹得太好了。他可以不像别人那样,每天必练两小时琴,一学期参加两次钢琴考试。可他并不能因此轻松,即使不练琴,各门功课的作业堆在桌上,好像永远也做不完。他把作业放在左边,做完的

---

① 勋伯格(1874—1951):20世纪上半叶一位极严肃严谨的奥地利作曲家,他建立了源于而又否定西欧传流技法的十二音序列技法,被作为"现代派""形式主义""无调性"音乐的重要代名词。

② 选自勋伯格《华沙的幸存者》中的歌词,意为:"我不可能记住全部经过!我一定是长时间失去了知觉……"

放在右边,还没等左边的都到右边去,右边的已经又变成了左边的。为此他经常看聂风带着管弦系女孩子排四重奏,更喜欢把自己写的协奏曲拿去和小提琴手姑娘们协奏一番。他喜欢凑到姑娘堆里,因为在男生那儿他老占不了上风。

"你不灵,小个子,像个小爬虫似的。"他在食堂里和小个子开玩笑。食堂是最开心的地方,男女生凑在一桌上吃饭,是该出风头的时候。小个子一下急了:"有能耐出去!操场上见!"戴齐一下子不作声,低头吃起饭来。

他的气质不适合和男生交往。他苍白、清秀,修长的手指可以和女性的手指媲美,鼻梁挺直,端正的嘴唇说起话来快得像个女人。只要一下课,他必得走到钢琴前弹奏一段什么,假如是弹他自己的作品,肯定会使人赞叹不已,而假如他弹个什么名作,则就会蹦出个女生和他较量。这也是作曲系的女生,外号叫"猫"。因为只要她不愿做习题就像猫一样喵喵叫。"猫"和戴齐的较量是古典音乐和爵士音乐的较量。"猫"把戴齐从琴凳上挤下来,把他刚弹过的曲子改成爵士,一开始弹,"懵懂"就从座位上蹦起来,边跳边笑。只有在听爵士的时候她不想睡觉。

这个班上有三个女生,已经把全班搅得不亦乐乎。为此,后面几届的作曲班就再也没招进女生。主要是贾教授大为头疼。风纪、风化,都被这三个女生搅了。"猫"是个娇滴滴的女孩,动不动就能当着所有人咧开嘴大哭,哭起来像个幼儿园的孩子一样肆无忌惮。这使老师也拿她没办法。遇到她做不好的习题,她把肩膀一扭,冲老师傻呵呵地咧嘴一笑老师就放她过关了。"懵懂"一天到晚只想睡觉。她能很快弄懂老师讲的,又能很快把它们忘掉,她当天听,就得当天做题,还得当天给老师改,否则过了几天,她就会否认这道题是自己做的。你再告诉她对错都是白搭,她早忘了准则。

一次,"懵懂"去上金教授的个别课。整整两小时,金教授在改她的作品,她一句话没听进去。下了课她走出课堂,冲着等在外面的"猫"说"今天金教授洒了那么多香水",就回去睡觉了。"猫"夹着谱子走进教室,金教授又埋头修改她的作品,"猫"把头凑过去闻了闻金教授身上的香水,正好教授一抬头,吓得"猫"冲着教授"喵"的一声。"你这里写得好,音响丰满。"金教授一本正经地说。"当然,那是森森帮我写的。"过后"猫"对李鸣说。

第三个女生是女生中的楷模,由此得了个"时间"的封号。她精确非常,每天早晨六点铃声一响,腾地就从床上坐起来,中午和晚上无论那两个人说什么她都能马上入睡。"这家伙简直是机器!""猫"对"懵懂"说。"嘘!她能听见。""她早睡着了。""你们在骂我。""时间"嘟哝了一声。

她认真做所有课程的笔记,连开一次班会也要掏出本来。没有一本功课她不认真。作曲系的学生通常是同时开十门课,她则是连运动会也要拿个名次。本来这样的女生是不会使贾教授后悔的,但当同时有两个男生追求"时间",并且"时间"全不拒绝时,贾教授的气真是不打一处来。

入学一年后,天下大乱。晚上八点钟,李鸣找"时间"谈话,九点钟董客就挤进来把"时间"叫走了。十点钟"时间"回到琴房开始用功。十一点钟,查夜的保卫组来了,勒令所有人都回宿舍睡觉,只见"猫"蹭地一下从琴房窜出来,咔嗒一声,把琴房锁了。等保卫组走后,又打开锁溜了进去,那里面坐着森森。

至于孟野因为和"懵懂"跳了一场舞,被人拍了照拿回家去,招惹出的麻烦已经使人啼笑皆非。

贾教授几乎对这个班的学生感到绝望。但他不能表示出无能,他得管,可又一点儿办法没有。他既说不出办法,又觉得绝望,这使他的脸变得乌黑。他的衣服穿得更破,到后来两个裤腿已经不一样长了。可还是一点儿办法也没想出来。

六

石白对这些人与贾教授无形的对抗又气又恼。他凭直觉认为贾教授是无所不知的圣人。并且他学了七年的和声学,假如在作品中去打破它,不是成心和自己过不去?巴哈的赋格他从来没背下来过,即使考核时他也总不得已地照谱子弹,为此被减了很多分。但那是圣经中的圣经,是不可企及的,既然不可企及,就不要多想。人家已经干过了不可企及的事,你就不要想再去干什么新的了,你再干也是白费,也超不过巴哈。超不过巴哈你就成不了大师,成不了大师你就超不过巴哈。超不过巴哈你就只有惭愧,你只有惭愧但不能超过巴哈。石白觉得自己对这些问题理解得比森森孟野透彻得多。争执是无聊的,所谓"创新"也毫无意义。你认为的创新不过是西方玩儿剩下的东西,玩儿剩下的再玩儿就未免太可笑,玩儿没玩儿过的又玩儿不出来,不如去背巴哈,反正模仿巴哈不会受到方向性抨击。

石白是个心跳本不剧烈但每天去追求剧烈心跳的天才。谁都说他呆,但他对音乐的任何一本理论书都狂热地崇拜。他对音乐的狂热似乎全球无一人可比,他从不迈出琴房去做无意义的聊天,但他每门成绩都勉强得"良+"或"良-"。他既不参加班会也不参加任何活动,更不去无目的地游山玩水,即便看完一场电影,坐在食堂里,他也要神情严肃地和你讨论电影的主题展开、时代背景、作家生辰、演员技巧。他在这方面的知识少得可怜,但说起来又字字铿锵有力。那股认真劲只能使人毛骨悚然。

他除了音乐书,别的什么书也不看,但每部作品前又都要加上文学语言注释。李鸣每次看到他那么苍白消瘦地追求狂热,都禁不住要可怜他。

那次钢琴考试他又得了四分,大概又是因为背不下巴哈。他大为恼火,问李鸣为什么他得了四分而李鸣不常练琴却能得五分?这问题让"懵懂"帮着解答了。在下一次钢琴考试前,她带着他去逛了四个美术馆,看了十个当代最新画展。第二天他满怀激情与信心走进钢琴考场,结果又得了个四分。为这事,他发誓再不与"懵懂"打交道。

小个子对他的行为大为诧异:"你怎么能这样?"他们那时是在去"采风"的路上,搜集民歌并游览名胜。

"别管我。"石白只是看着自己的游览图,把上面的名胜用笔圈起来,每走到一个地方,不管刮风下雨,掏出照相机就照,甚至连光圈距离都不调。

"难道不是名胜,再好看的风景也不照了?"小个子怒气冲冲,他没带相机,指望着和石白一起照相。

"别废话,你懂个屁。"石白嚓地一声按动快门,然后用笔在游览图的某一个圈上又打了一个对勾。

"你简直是胡闹。"小个子嘟嘟哝哝,"这个人真怪,天下第一白痴。"

"你才是白痴,只知道浪费胶卷。"

小个子气得直跺脚。当游艇在一个著名的河上开时,石白根本无兴致和大家说笑。河两边的名胜与讲解员的滔滔不绝,使他无暇顾及天空和脚下,只是抬眼看看岸边,又低头写下讲解员的话,然后匆匆看一眼游览图上的圈,打个对勾。

为此,有个叫莉莉的小提琴手爱上了他。说他从身上能闻到一股神圣的气味。并且据说石白长得有点儿像聂耳,不过可能比聂耳要高十几公分。

莉莉长得像个运动员,肩宽腰细,两腿细长笔直。整天穿着一双回力鞋,没有什么事她不敢干。她常常夜里十二点钟从学院的高围墙上翻下来,偷偷溜回宿舍,或者晚上在阳台上只穿着胸罩短裤练习体操。那个阳台设在女生宿舍与琴房之间,因此总有男生要路过。每当男生走来,她就用浴巾围住身体,只露出个瘦瘦的肩膀和长长的细腿,站在那儿一动不动。到了夏天,她的裙子短得不能再短,有时在琴房就索性只穿胸罩和短裤练琴。

她和石白的相识也是从这儿开始的。那是个炎热的夏天中午,莉莉正穿着她的"三点式"练琴,没锁门,门突然被石白推开了。石白和莉莉是一个琴房的,他是来取谱子,结果被吓了一大跳,连忙退了出去。莉莉想他反正不会再回来,就接着拉琴,没想到石白又把门推开,恭敬地说了声"对不起",然后飞快地缩回脑袋把门关上。气得莉莉冲着门连踢了两脚,大骂"傻瓜蛋!"。

事后只要一提此事,石白就推推眼镜,连连给她鞠躬。

自从他们成了朋友,莉莉总是说:"陪我出去玩儿玩儿吧。"

"我没时间,真的。"石白央求她,"我快考试了。"

石白不愿去陪莉莉,但愿意让莉莉陪着他,可又不许莉莉出声。搞得莉莉觉得很窝囊。有一次,他让莉莉给他试奏他的小提琴曲,莉莉为了让他在视觉上也满意,特意穿着演出服,一身黑色的长裙和高跟鞋来为他试奏。搞得石白只顾看她站在那儿边拉琴边摇头晃脑地自我表现,根本没听清楚自己的作品。石白一肚子气恼,把眼睛捂住。

"为什么不看着我?"莉莉问。

"你为什么要穿这么一身衣服试奏?为什么要穿这么高的鞋子?"石白喊起来。

"这又碍你什么事?"

"碍了!碍了!我听不见我的作品!"

莉莉把高跟鞋一甩,就甩到石白眼前的钢琴键上。然后光着脚哭着跑到操场去了。

"跟他吹了!""懵懂"愤愤不平地看着莉莉,她穿着拖地长裙光着脚站在风里,眼睛都哭肿了。

此后莉莉就把琴房里的所有家当都搬到戴齐的琴房里去了。

七

又要考试了。贾教授当众公布了考试时间、科目,又是十门。一下课,马力就嘟哝了一句"×",从此身上老带着一盒清凉油。

所有人桌上的谱子又高出了一尺。每个人的体重都在下降。脸色由白变成青。早晨的出操成了下地狱,连孟野也停止了洗冷水浴。早晨六点钟,"时间"腾地从床上蹦起,跳到地上,飞快地跑到琴房,然后到天黑也没见出来。"猫"一睁眼,先伸手在钢琴上按了一个"A"音,以校正自己的耳朵,然后大声唱视唱练耳的习题。"懵懂"为了让自己醒过来,闭着眼就把录音机打开了,跟着迪斯科的节奏穿好衣服、洗好脸,可却无论如何不能使习题也跟着节奏走。

全校的学生都在准备考试,琴房里一片嘈杂声,气得作曲系的学生骂声乐系是叫驴,是一群只长臊不长脑子的家伙,而声乐系骂作曲系是发育不全的影子。作曲系学生为了躲开噪声,就找了个僻静的大课堂,作为复习基地,一到晚上大家就躲在这儿。可是不知是谁,在这课堂的黑板上贴了个大大的功能圈。T-S-D。这个功能圈大得足以使全体同学恐惧。李鸣想把它撕了,可小个子拦住不让。小个子跳上讲台,告诉大家,牢记功能圈,你就能创作出世界上最最伟大的作品,世界上最最伟大的作品就离不开这个功能圈。结果谁也不敢把它撕下来,只好天天对着它准备考试。

"当然,你们不要把考试看得过分严重,成绩好坏是小事,重要的是你们掌握了没有。你们在复习上要有所偏重,你的体育再好,也进不了体育学院。"贾教授说。

"可是,体育不达标准,要补考,什么时候及格了,才能通过。你永远不及格,就永远要补考。"体育教员说。

"不懂得文艺理论你算什么艺术家?从第一章背到第二十三章。"

"四十位哲学家的生平及主要观点与十位自然科学哲学家的主要科学成就及基本哲学思想,这就是我们的考试内容。"

"背下所有不规则动词。"

"连鼟字都不认识,你们还算什么大学生?○字当什么讲?"

……

晚上,阳台上又多了几个穿"三点式"的姑娘,都在练剑术和拳术。

"背剑术比背谱子还难。"

"难多了。"

"我刚发现我是进了体育学院。"

"不,是北大文科。"

"经济学院。"

"气——贯——丹——田。"

阳台下传来嗒嗒的脚步声和呼哧呼哧的喘息。

"八千米的长跑,跑死他们。""猫"探头看着下面围着楼绕圈子的男生。

"喂,O字是什么意思?"一个男生抬起头冲她喊。

"喵"!"猫"尖叫一声把身子缩回去。

"他们太累了。"金教授温和地说。

"可我们作曲系历来就是很累的,否则还叫什么作曲系?英国皇家音乐学院今年根本没有作曲系本科生,就是因为太累。"贾教授骄傲地说。

"那一定要考了?"金教授无可奈何地问。

"一定要考。而且还要严格。"贾教授从眼镜后面盯着金教授。

金教授召集了他的全体学生上大课:"要看你们的真本事了。不要用钢琴,当场写出一首三部结构的作品,关于动机的展开,你们要去多分析诸如肖邦舒曼之类的作品,不要走远了,不要照你们平时的方式写,尤其是你们!"他指指孟野和森森,"至于和声——"

"功能圈。""懵懂"接了一句。

"功能圈?"金教授问。

"功能圈。""猫"说。

"噢,对,功能圈吧。"

二十二

新年到了,"猫"提前几天就买了各种五光十色的糖果,"懵懂"把教室从这头到那头都装上彩灯。"时间"带着几个男生去街上跑来跑去采购食品和礼品。

这个冬天来得很早,十一月份就开始下雪了,因此到了年底冷风刺骨,窗户被风刮的砰砰响。所有宿舍都糊上了窗户缝。只有教室的玻璃没有封上,一夜就落上一层风沙。功能圈的镜框不再那么亮了。不知是怎么搞的,镜框向一边倾斜下来。所有人都装没看见,觉得总会有小个子去把它扶正。可小个子没来扶,所有人就只好装没看见。镜框就这么在冷风中倾斜地摇曳。

乘新年之机,大家都想高兴一下,吃过晚饭,作曲系管弦系就要一起在教室开联欢会。教室被布置得灯红酒绿。为了扮成圣诞老人,一个管弦系小伙子闯进李鸣宿舍,非要把马力的红被面拆下来作外衣,被李鸣一拳打了个趔趄。李鸣堵住门,不让任何人到他的宿舍来捣乱,连聂风也不让进门。他把钢琴推到门后,又把书桌顶上。他把马力的被窝铺好,用棉花纸擦了擦地板,然后自己钻进被窝。

在教室,联欢会开得热闹非常。莉莉和"猫"、"懵懂"和"时间"四人表演了"双簧"。演的是一个小伙子向姑娘表白爱情遭到了拒绝,绝望之余自杀了。全场被这个古老的故事逗得哈哈大笑。藏在"时间"后面的"懵懂"在扯"时间"的假头发时把她脸上的胡子也扯掉了。吹圆号的胖子和吹黑管的瘦子表演莫索尔斯基的《两个犹太人》时,胖子边吹圆号边在脚下跳着天鹅湖,瘦子则哆哆嗦嗦地满地找烟头,然后吃掉了一张结婚证书。乐队首席让啤酒像喷泉一样从他嘴里冒出来,谁也不知道他是真喝多了还是在变戏法,酒流了一地,他一跟头又摔在上面。这时,圣诞老人拿着无数礼品出场了,所有的人都乱成一团去抢礼品。

"噢!"

"我要那个!"

"别挤。"

"扔过来!"

"你这个笨蛋!这儿!"

"别挤!别挤!"

"懵懂"被推了一个跟头,随后腿又被人踩了一脚。戴齐一下绊倒了,摔在她身上,紧跟着后面几个人都摔倒了。压在最下面的"懵懂""噢"地一声哭起来。

"呜——""猫"一看见她哭,也跟着哭。

"呜——"森森也起哄。

"呜——"

"呜——"

全教室里的人都"呜呜"起来,好像变成了一种很大的乐趣。管弦系的女孩用琴拉出"呜呜"的声音,圆号和长号也"呜呜"起来,"呜呜"声越来越大,震耳欲聋,致使好几个人真的哭起来。"懵懂"已经哭得伤心至极,好像她的腿断了一样。最后还是圣诞老人用小号尖叫了一声,把这"呜"声骤然中止了。

"我要吃蛋糕。""猫"说。

"我也要吃蛋糕。"莉莉说。

聂风端来了一个他去订做的大蛋糕,奶油上用巧克力挤出几个字:T、S、D。

"懵懂"一看见这个蛋糕就尖叫起来。大家不约而同地往黑板上方看。那个镜框在冷风中摇啊摇,"懵懂"跑过去就想把它摘下来。

"别动。"森森止住她。

"全是它,全是它干的。"

"别动!"森森抓住她的胳膊。

"全是它,全是它干的。""懵懂"扭着胳膊。

"别去动它!"

"你别管!全是它,全是它干的,全是它干的!""懵懂"挣开森森的手,咬牙切齿地冲"镜框"跑去,爬上讲台桌,伸手去揪那个"镜框"。

森森在下面一下把讲台桌撤了。"懵懂"从讲台桌上滚下来。她躺在地上,泪流满面。森森扶着她肩膀一个劲儿说:"对不起对不起。为了小个子你别摘它。对不起对不起。""懵懂"捂住眼睛,让眼泪从指缝里流出来。

二十三

又是一个夏季,作曲系这班学生的毕业典礼快开始了。森森在国际作曲比赛中获奖的事恰在毕业典礼前公布。当那张布告一贴上墙,作曲系全体师生无论在干什么,都跳起来了。连李鸣也从被窝里钻出来,跑到森森琴房打了森森一顿。森森简直不相信这是发生在自己身上的事,他想揪住李鸣问个明白,可李鸣打完他就大笑着溜走了。森森的手心出了一层冷汗,他狠狠揪了揪自己的前额头发,对着在镜子里龇牙咧嘴的脸使劲打了一拳。然后捂着发疼的脸跑出来看布告。等他发现这是事实时,他就跑进琴房,把门锁上了。

李鸣为了森森的作品获奖之事从被窝里钻出来

后,就再不打算钻进去了。他把马力的铺盖重新捆好,整整齐齐地和马力的书箱摆在一起。明天就会有人来取它们,这次是真的。但李鸣仍不放心,还是写了个条子在上面:"请你爱护它们。"李鸣坐在马力床上,想起马力最后一次在宿舍的情景。那是假期的前一天,晚上不到九点,马力就钻进被窝。李鸣想叫他起来打扑克,他死活不肯出来。"你放了假有的是时间睡觉。"李鸣隔着被子打他,他还是死活不肯出来。床下放着的全是他要带走的书,从西洋音乐史一直到梅兰芳京剧曲谱。李鸣怀疑他带这么多书回去是否看得完。"你想在这儿把觉睡够,回家去看书?"马力没理他,鼾声大作,李鸣站起来,走到钢琴旁,想用琴声吵醒马力,可脚下又被绊了一下。他低头一看,是马力的另一个书包,那里面又是书,全是精装的总谱和音乐辞典。李鸣把那书包拎起来,一下放在马力身上,然后把所有马力的书包都堆在他身上。现在想起来,李鸣真后悔。那天晚上,李鸣拿书活埋了马力。要是他不把书放在马力身上多好。要是他把马力从被窝里叫出来多好。马力,马力。他干吗老睡觉?死亡可不管你醒过多长时间,它叫你接着睡,你就得接着睡。它叫你消失你就得消失,它叫你腐烂你就得腐烂。马力,马力,你干吗老睡觉呢?毕业典礼就要开始了,毕业典礼一结束,大家就各奔东西。李鸣急于想去的就是教室。他想在典礼前去摘下那个功能圈。这是他唯一想带走的东西。他走到教室,新年拉的红纸条还留在那儿。功能圈的镜框还是歪斜着。他蹬上讲台桌,伸手去取那镜框,突然小个子的话在他耳边响起来:"不,我带不走。"李鸣的手缩回来。他想了想,随后把镜框摆正,掏出手绢擦了擦,跳下讲台桌。

毕业典礼开始时,森森还在琴房里。楼道里空无一人。这个充满噪音的楼道突然静下来,使空气加了分量。森森戴着耳机,好像已经被自己的音响包围了半个世纪了。他越听思路越混乱,越听心情越沉重。一股凉气从他脚下慢慢向上蔓延。他想起孟野;想起"懵懂"冲着功能圈为孟野大哭;想起小个子到处给人暗示;想起李鸣从来不出被窝……所有的人在他眼前掠过,像他的重奏那种粗犷的音响一样搅扰他。他把抽屉打开,用手无目的地翻来翻去。还有一支香烟,可火柴已经没了。有半张总谱纸躺在里面,还够起草一道复调题,他把整个抽屉都抽出来,发现最里面有一盘五年都不曾听过的磁带,封面上写着:《莫扎特朱庇特C大调交响乐》。他下意识地关上了自己的音乐,把这盘磁带放进录音机。登时,一种清新而健全,充满了阳光的音响深深地笼罩了他。他感到从未有过的解脱。仿佛置身于一个纯净的圣地,空气中所有浑浊不堪的杂物都荡然无存。他欣喜若狂,打开窗户看看清净如玉的天空,伸手去感觉大自然的气流。突然,他哭了。

等待戈多(节选)

萨缪尔·贝克特*

第 二 幕

〔次日。同一时间。同一地点。

〔爱斯特拉冈的靴子在舞台前方的中央,靴跟靠在一起,靴尖斜着分开,幸运儿的帽子在同一地方。

〔那棵树上有了四五片树叶。

〔弗拉季米尔激动地上。他停住脚步,盯着树瞧了好一会儿,跟着突然开始发疯似的在台上走动起来,从这头走到那头,来回走着。他在靴子前停住脚步,拿起一只,仔细看了看,闻了闻,露出厌恶的样子,小心翼翼地放回原处。来回走动。在极右边煞住脚步,朝远

---

* 萨缪尔·贝克特(1906—1989),爱尔兰作家,1969年获诺贝尔文学奖。著有《结局》、《啊,美好的日子》等。本文选自其《等待戈多》,施咸荣译,北京:人民文学出版社2002年版。

处眺望,用一只手遮在眼睛上面。来回走动。在极左边煞住脚步,如前。来回走动。突然煞住脚步,开始大声唱起歌来。

弗拉季米尔 一只狗来到——

〔他起的音太高,所以停住不唱,清了清喉咙,又重新唱起来。

一只狗来到厨房

偷走一小块面包。

厨子举起勺子

把那只狗打死了。

于是所有的狗都跑来了

给那只狗掘了一个坟墓——

〔他停住不唱,沉思着,又重新唱起来。

于是所有的狗都跑来了

给那只狗掘了一个坟墓——

还在墓碑上刻了墓志铭

让未来的狗可以看到:

一只狗来到厨房

偷走一小块面包。

厨子举起勺子

把那只狗打死了。

于是所有的狗都跑来了

给那只狗掘了一个坟墓——

〔他停住不唱。如前。

于是所有的狗都跑来了

给那只狗掘了一个坟墓——

〔他停住不唱。如前。轻轻地。

给那只狗掘了一个坟墓——

〔有一会儿工夫他一声不响,一动不动,跟着开始发疯似的在台上走动。他在树前停住脚步,来回走动,在靴子前面停住脚步,来回走动,在极右边煞住脚步,向远处眺望,在极左边煞住脚步,向远处眺望。

〔爱斯特拉冈从右边上,赤着脚,低着头。他慢慢地穿过舞台。弗拉季米尔转身看见了他。

弗拉季米尔 你又来啦!(爱斯特拉冈停住脚步,但未抬头。弗拉季米尔向他走去)过来,让我拥抱你一下。

爱斯特拉冈 别碰我!

〔弗拉季米尔缩回手,显出痛苦的样子。

弗拉季米尔 你是不是要我走开?(略停)戈戈。(略停。弗拉季米尔仔细打量他)他们揍你了吗?(略停)戈戈!(爱斯特拉冈依旧不做声,低着头)你是在哪儿过夜的?

爱斯特拉冈 别碰我!别问我!别跟我说话!跟我待在一起!

弗拉季米尔 我几时离开过你?

爱斯特拉冈 是你让我走的。

弗拉季米尔 瞧我。(爱斯特拉冈并未抬头。恶狠狠地)你到底瞧不瞧我!

〔爱斯特拉冈抬起头来。他们四目相视好一会儿,退缩,前进,头歪向一边,像在欣赏一件艺术品似的,两人颤巍巍地越走越近,跟着突然拥抱,各人抱住对方的背。拥抱完毕。爱斯特拉冈在对方松手后,差点儿摔倒在地。

爱斯特拉冈 多好的天气!

弗拉季米尔 谁揍了你?告诉我。

爱斯特拉冈 又一天过去啦。

弗拉季米尔 还没过去哩。

爱斯特拉冈 对我来说这一天是完啦,过去啦,不管发生什么事。(沉默)我听见你在唱歌。

弗拉季米尔 不错,我记起来啦。

爱斯特拉冈 这叫我伤心透了。我跟我自己说:他一个人待着,他以为我一去再也不回来了,所以他唱起歌来。

弗拉季米尔 一个人的心情是自己也做不了主的。整整一天我的精神一直很好。(略停)我晚上都没起来过,一次也没有。

爱斯特拉冈 (悲哀地)你瞧,我不在你身边你反倒更好。

弗拉季米尔 我想念你……可是同时又觉得很快乐。这不是怪事吗?

爱斯特拉冈 (大惊)快乐?

弗拉季米尔 也许这个字眼用得不对。

爱斯特拉冈 这会儿呢?

弗拉季米尔 这会儿?……(高兴)你又回来啦……(冷漠地)我们又在一起啦……(忧郁地)我又在这儿啦。

爱斯特拉冈 你瞧,有我在你身边,你的心情就差多啦。我也觉得一个人待着更好些。

弗拉季米尔 (怄气)那么你干吗还要爬回来?

爱斯特拉冈 我不知道。

弗拉季米尔 不知道,可是我倒知道。那是因为你不知道怎样照顾你自己。要是我在,决不会让他们揍你的。

爱斯特拉冈 就是你在,也决拦不住他们。

弗拉季米尔 为什么?

爱斯特拉冈 他们一共有十个人。

弗拉季米尔 不,我是说在他们动手揍你之前。我不会让你去做像你现在做的那种傻事儿。

爱斯特拉冈 我啥也没干。

弗拉季米尔 那么他们干吗揍你?

爱斯特拉冈 我不知道。

弗拉季米尔 啊,不是这么说,戈戈,事实是,有些事情你不懂,可我懂。你自己也一定感觉到这一点。

爱斯特拉冈 我跟你说我啥也没干。

弗拉季米尔 也许你啥也没干。可是重要的是做一件事的方式方法,要讲方式方法,要是你想要活下去的话。

爱斯特拉冈 我啥也没干。

弗拉季米尔 你心里也一定很快活,要是你能意识到的话。

爱斯特拉冈 为什么事快活?

弗拉季米尔 又回来跟我在一起了。

爱斯特拉冈 能这么说吗?

弗拉季米尔 就这么说吧,即便你心里并不这么想。

爱斯特拉冈 我怎么说好呢?

弗拉季米尔 说,我很快活。

爱斯特拉冈 我很快活。

弗拉季米尔 我也一样。

爱斯特拉冈 我也一样。

弗拉季米尔 咱们很快活。

爱斯特拉冈 咱们很快活。(沉默)咱们既然很快活,那么咱们干什么好呢?

弗拉季米尔 等待戈多。(爱斯特拉冈呼唤一声。沉默)从昨天开始,情况有了改变。

爱斯特拉冈 他要是不来,那怎么办呢?

弗拉季米尔 (有一刹那工夫并不理解他的意思)咱们到时候再说吧。(略停)我刚才在说,从昨天开始,这儿的情况有了改变啦。

爱斯特拉冈 一切东西都在徐徐流动。

弗拉季米尔 瞧那棵树。

爱斯特拉冈 从这一秒钟到下一秒钟,流出来的决不是同样的脓。

弗拉季米尔 那棵树,瞧那棵树。

〔爱斯特拉冈瞧那棵树。

爱斯特拉冈 昨天它难道不在那儿?

弗拉季米尔 它当然在那儿。你不记得了?咱们差点儿在那儿上吊啦。可是你不答应。你不记得了?

爱斯特拉冈 是你做的梦。

弗拉季米尔 难道你已经忘了?

爱斯特拉冈 我就是这样的人。要么马上忘掉,要么永远不忘。

弗拉季米尔 还有波卓和幸运儿,你也把他们忘了吗?

爱斯特拉冈　波卓和幸运儿?

弗拉季米尔　他把什么都忘了!

爱斯特拉冈　我记得有个疯子踢了我一脚,差点儿把我的小腿骨踢断了。跟着他扮演了小丑的角色。

弗拉季米尔　那是幸运儿。

爱斯特拉冈　那个我记得。可是那是什么时候的事?

弗拉季米尔　还有他的主人,你还记得他吗?

爱斯特拉冈　他给了我一根骨头。

弗拉季米尔　那是波卓。

爱斯特拉冈　而这一切都发生在昨天,你说?

弗拉季米尔　是的,当然是在昨天。

爱斯特拉冈　那么我们这会儿是在什么地方呢?

弗拉季米尔　你以为我们可能在什么别的地方?你难道认不出这地方?

爱斯特拉冈　(突然暴怒)认不出!有什么可认的?我他妈的这一辈子到处在泥地里爬!你却跟我谈起景色来了!(发疯似的往四面张望)瞧这个垃圾堆!我这辈子从来没离开过它!

弗拉季米尔　镇静一点,镇静一点。

爱斯特拉冈　你和你的景色!跟我谈那些虫豸!

弗拉季米尔　不管怎样,你总不能跟我说,这儿(做手势)跟……(他犹豫)……跟麦康地区没什么不同。譬如说,你总不能否认它们之间有很大的区别。

爱斯特拉冈　麦康地区!谁跟你谈麦康地区来着?

弗拉季米尔　可是你自己到过那儿,麦康地区。

爱斯特拉冈 不,我从来没到过麦康地区。我是在这儿虚度过我的一生的,我跟你说!这儿!在凯康地区!

弗拉季米尔 可是我们一起到过那儿,我可以对天发誓!采摘葡萄,替一个名叫……(他把指头捻得啪的一声响)……想不起那个人叫什么名字了,在一个叫做……(把指头捻得啪的一声响)……想不起那个地方叫什么名字了,你也不记得了?

爱斯特拉冈 (平静一些)这是可能的。我这人一向对什么都不注意。

弗拉季米尔 可是在那儿一切东西都是红色的!

爱斯特拉冈 (生气)我这人对什么都不注意,我跟你说!

〔沉默。弗拉季米尔深深叹了一口气。

弗拉季米尔 你这个人真难相处,戈戈。

爱斯特拉冈 咱俩要是分手,也许会更好一些。

弗拉季米尔 你老是这么说,可是你老是爬回来。

爱斯特拉冈 最好的办法是把我杀了,像别的人一样。

弗拉季米尔 别的什么人?(略停)别的什么人?

爱斯特拉冈 像千千万万别的人。

弗拉季米尔 (说警句)把每一个人钉上他的小十字架。(他叹了一口气)直到他死去。(临时想起)而且被人忘记。

爱斯特拉冈 在你还不能把我杀死的时候,让咱们设法平心静气地谈话,既然咱们没法默不作声。

弗拉季米尔 你说得对,咱们不知疲倦。

爱斯特拉冈　这样咱们就可以不思想。
弗拉季米尔　咱们有那个借口。
爱斯特拉冈　这样咱们就可以不听。
弗拉季米尔　咱们有咱们的理智。
爱斯特拉冈　所有死掉了的声音。
弗拉季米尔　它们发出翅膀一样的声音。
爱斯特拉冈　树叶一样。
弗拉季米尔　沙一样。
爱斯特拉冈　树叶一样。

〔沉默。

弗拉季米尔　它们全都同时说话。
爱斯特拉冈　而且都跟自己说话。

〔沉默。

弗拉季米尔　不如说它们窃窃私语。
爱斯特拉冈　它们沙沙地响。
弗拉季米尔　它们轻声细语。
爱斯特拉冈　它们沙沙地响。

〔沉默。

弗拉季米尔　它们说些什么？
爱斯特拉冈　它们谈它们的生活。
弗拉季米尔　光活着对它们说来并不够。
爱斯特拉冈　它们得谈起它。
弗拉季米尔　光死掉对它们说来并不够。
爱斯特拉冈　的确不够。

〔沉默。

弗拉季米尔　它们发出羽毛一样的声音。
爱斯特拉冈　树叶一样。

弗拉季米尔　灰烬一样。

爱斯特拉冈　树叶一样。

〔长时间沉默。

弗拉季米尔　说话呀!

爱斯特拉冈　我在想哩。

〔长时间沉默。

弗拉季米尔　(苦恼地)找句话说吧!

爱斯特拉冈　咱们这会儿干什么?

弗拉季米尔　等待戈多?

爱斯特拉冈　啊!

〔沉默。

弗拉季米尔　真是可怕!

爱斯特拉冈　唱点儿什么吧。

弗拉季米尔　不,不!(他思索着)咱们也许可以从头再来一遍。

爱斯特拉冈　这应该是很容易的。

弗拉季米尔　就是开头有点儿困难。

爱斯特拉冈　你从什么地方开始都可以。

弗拉季米尔　是的,可是你得决定才成。

爱斯特拉冈　不错。

〔沉默。

弗拉季米尔　帮帮我!

爱斯特拉冈　我在想哩。

〔沉默。

弗拉季米尔　在你寻找的时候,你就听得见。

爱斯特拉冈　不错。

弗拉季米尔　这样你就不至于找到你所找的东西。

爱斯特拉冈　对啦。

弗拉季米尔　这样你就不至于思想。

爱斯特拉冈　照样思想。

弗拉季米尔　不,不,这是不可能的。

爱斯特拉冈　这倒是个主意,咱们来彼此反驳吧。

弗拉季米尔　不可能。

爱斯特拉冈　你这样想吗?

弗拉季米尔　请放心,咱们早就不能思想了。

爱斯特拉冈　那么咱们还抱怨什么?

弗拉季米尔　思想并不是世间最坏的事。

爱斯特拉冈　也许不是。可是至少不至于那样。

弗拉季米尔　那样什么?

爱斯特拉冈　这倒是个主意,咱们来彼此提问题吧。

弗拉季米尔　至少不至于那样,你这话是什么意思?

爱斯特拉冈　那样不幸。

弗拉季米尔　不错。

爱斯特拉冈　嗯?要是咱们感谢咱们的幸福呢?

弗拉季米尔　最可怕的是有了思想。

爱斯特拉冈　可是咱们有过这样的事吗?

弗拉季米尔　所有这些尸体是从哪儿来的?

爱斯特拉冈　这些骷髅。

弗拉季米尔　告诉我这个。

爱斯特拉冈　不错。

弗拉季米尔　咱们一定有过一点儿思想。

爱斯特拉冈　在最初。

弗拉季米尔　一个藏骸所!一个藏骸所!

爱斯特拉冈　你用不着看。

弗拉季米尔　你情不自禁要看。

爱斯特拉冈　不错。

弗拉季米尔　尽管尽了最大的努力。

爱斯特拉冈　你说什么?

弗拉季米尔　尽管尽了最大的努力。

爱斯特拉冈　咱们应该毅然转向大自然。

弗拉季米尔　咱们早就试过了。

爱斯特拉冈　不错。

弗拉季米尔　哦,这不是世间最坏的事,我知道。

爱斯特拉冈　什么?

弗拉季米尔　有思想。

爱斯特拉冈　那自然。

弗拉季米尔　可是没有思想咱们也能凑合。

爱斯特拉冈　Que voulez – vous?①

弗拉季米尔　你说什么?

爱斯特拉冈　Que voulez – vous?

弗拉季米尔　啊! que voulez – vous. 一点不错。

〔沉默。

爱斯特拉冈　像这样聊天儿倒也不错。

弗拉季米尔　不错,可是现在咱们又得找些别的什么聊聊啦。

爱斯特拉冈　让我想一想。

〔他脱下帽子,凝神思索。

弗拉季米尔　让我也想一想。

〔他脱下帽子,凝神思索。

---

① 法文:你要什么?

〔他们一起凝神思索。

弗拉季米尔 啊!

〔他们各自戴上帽子,舒了口气。

爱斯特拉冈 嗯?

弗拉季米尔 从我刚才说的话开始,咱们可以从那儿开始讲起。

爱斯特拉冈 你什么时候说的话?

弗拉季米尔 最初。

爱斯特拉冈 最初什么时候?

弗拉季米尔 今天晚上……我说过……我说过。

爱斯特拉冈 别问我。我不是个历史家。

弗拉季米尔 等一等……咱们拥抱……咱们很快活……快活……咱们既然很快活,那么咱们干什么好呢……继续……等待……等待……让我想一想……想起来啦……继续等待……咱们既然很快活……让我想一想……啊!那棵树!

爱斯特拉冈 那棵树?

弗拉季米尔 你记不得了?

爱斯特拉冈 我累啦。

弗拉季米尔 你往上面瞧瞧。

〔爱斯特拉冈往树上瞧。

爱斯特拉冈 我什么也没瞧见。

弗拉季米尔 昨天晚上那棵树黑沉沉、光秃秃的,什么也没有。可是这会儿上面都有树叶啦。

爱斯特拉冈 树叶?

弗拉季米尔 只一夜工夫。

爱斯特拉冈 准是春天来啦。

弗拉季米尔　可是只一夜工夫。

爱斯特拉冈　我跟你说,咱们昨天不在这儿。你又做了场噩梦。

弗拉季米尔　照你说来,咱们昨天晚上是在哪儿呢?

爱斯特拉冈　我怎么知道?在另一个场所。别怕没有空间。

弗拉季米尔　(很有把握)好。昨天晚上咱们不在这儿。那么昨天晚上咱们干了些什么呢?

爱斯特拉冈　干了些什么?

弗拉季米尔　想想看。

爱斯特拉冈　干了些什么……我想咱们聊天了。

弗拉季米尔　(抑制自己)聊些什么?

爱斯特拉冈　哦……这个那个,我想,一些空话。(有把握地)不错,现在我想起来了,昨天晚上咱们谈了一晚上空话。半个世纪来可不老是这样。

弗拉季米尔　你连一点儿事实、一点儿情况都记不得了?

爱斯特拉冈　(疲惫地)别折腾我啦,狄狄。

弗拉季米尔　太阳。月亮。你都记不得了?

爱斯特拉冈　它们准是在那儿,像过去一样。

弗拉季米尔　你没注意到一些不平常的东西?

爱斯特拉冈　天哪!

弗拉季米尔　还有波卓?还有幸运儿?

爱斯特拉冈　波卓?

弗拉季米尔　那些骨头。

爱斯特拉冈　它们很像鱼骨头。

弗拉季米尔 是波卓给你吃的。

爱斯特拉冈 我不知道。

弗拉季米尔 还有人踢了你一脚?

爱斯特拉冈 对啦,是有人踢了我一脚。

弗拉季米尔 是幸运儿踢你的。

爱斯特拉冈 所有这一切都是昨天发生的?

弗拉季米尔 把你的腿给我看。

爱斯特拉冈 哪一条?

弗拉季米尔 两条全给我看。拉起你的裤腿来。

(爱斯特拉冈向弗拉季米尔伸出一条腿,踉跄着。弗拉季米尔攥住腿。他们一起踉跄)拉起你的裤腿来!

爱斯特拉冈 我不能。

〔弗拉季米尔拉起裤腿,看了看那条腿,松手。爱斯特拉冈差点儿摔倒。

弗拉季米尔 另外一条。(爱斯特拉冈伸出同一条腿)另外一条,猪!(爱斯特拉冈伸出另外一条腿。得意地)伤口在这儿!都快化脓了!

爱斯特拉冈 那又怎么样呢?

弗拉季米尔 (放掉腿)你的那双靴子呢?

爱斯特拉冈 我准是把它们扔掉啦。

弗拉季米尔 什么时候?

爱斯特拉冈 我不知道。

弗拉季米尔 为什么?

爱斯特拉冈 (生气)我不知道我为什么不知道。

弗拉季米尔 不,我是问你为什么把它们扔掉。

爱斯特拉冈 (生气)因为穿了脚疼!

弗拉季米尔 (得意地,指着靴子)它们在那儿哩!(爱斯特拉冈望着靴子)就在你昨天搁的地方!

〔爱斯特拉冈向靴子走去,仔细察看。

爱斯特拉冈　这双靴子不是我的。

弗拉季米尔　(愕住)不是你的!

爱斯特拉冈　我的那双是黑色的。这一双是棕色的。

弗拉季米尔　你能肯定你的那双是黑色的吗?

爱斯特拉冈　嗯,好像是双灰白色的。

弗拉季米尔　这一双是棕色的吗?给我看。

爱斯特拉冈　(拾起一只靴子)嗯,这一双好像是绿色的。

弗拉季米尔　(上前)给我看。(爱斯特拉冈把靴子递给他。弗拉季米尔仔细察看,愤怒地把靴子扔下)嗯,真他妈——

爱斯特拉冈　你瞧,所有这一切全都是他妈的——

弗拉季米尔　啊!我明白了。不错,我明白是怎么回事了。

爱斯特拉冈　所有这一切全都是他妈的——

弗拉季米尔　很简单。有人来到这儿,拿走了你的靴子,把他的那双留下了。

爱斯特拉冈　为什么?

弗拉季米尔　他的那双他穿着太紧了,所以就拿走了你的那双。

爱斯特拉冈　可是我的那双也太紧了。

弗拉季米尔　你穿着紧。他穿着不紧。

爱斯特拉冈　我累啦!(略停)咱们走吧。

弗拉季米尔　咱们不能。

爱斯特拉冈　干吗不能?

弗拉季米尔　咱们在等待戈多。

爱斯特拉冈　啊(略停。绝望地)咱们干什么呢,咱们干什么呢!

弗拉季米尔　咱们没什么可干的。

爱斯特拉冈　可我不能再这样下去啦。

弗拉季米尔　你要不要吃个红萝卜?

爱斯特拉冈　就只有红萝卜了吗?

弗拉季米尔　只有白萝卜和红萝卜。

爱斯特拉冈　没有胡萝卜了吗?

弗拉季米尔　没有了。再说,你爱你的胡萝卜也爱得太过火啦。

爱斯特拉冈　那么给我一个红萝卜吧。

〔弗拉季米尔在衣袋里摸索半天,掏出来的都是白萝卜;最后掏出一只红萝卜递给爱斯特拉冈,爱斯特拉冈仔细看了看,嗅了嗅。

爱斯特拉冈　是黑的!

弗拉季米尔　是只红萝卜。

爱斯特拉冈　我只爱吃红的,你知道得很清楚!

弗拉季米尔　那么你不要了?

爱斯特拉冈　我只爱吃红的!

弗拉季米尔　那么还给我吧。

〔爱斯特拉冈还给了他。

爱斯特拉冈　我要去找只胡萝卜。

〔他站着不动。

弗拉季米尔　这可真正越来越无聊啦。

爱斯特拉冈　还不够哩。

〔沉默。

弗拉季米尔　试试那个怎么样？

爱斯特拉冈　我什么都试过啦。

弗拉季米尔　我是说试试那双靴子。

爱斯特拉冈　这样做划得来吗？

弗拉季米尔　这样可以消磨时间。（爱斯特拉冈犹豫）我跟你说，这也是一种工作。

爱斯特拉冈　一种休息。

弗拉季米尔　一种娱乐。

爱斯特拉冈　一种休息。

弗拉季米尔　试试吧。

爱斯特拉冈　你帮助我吗？

弗拉季米尔　我当然帮助你。

爱斯特拉冈　咱们俩相处还不算太坏，是不是，狄狄？

弗拉季米尔　是的，是的。喂，咱们先试左脚。

爱斯特拉冈　咱们老是想出办法来证明自己还存在，是不是，狄狄？

弗拉季米尔　（不耐烦地）是的，是的，咱们是魔术师。可是趁咱们还没忘记，赶紧把刚才的决定兑现了吧。（他拾起一只靴子）喂，把你的脚抬起来，（爱斯特拉冈跷起一只脚）另外那只，蠢猪！（爱斯特拉冈跷起另外那只脚）高一点！（他俩依偎在一起，在舞台上踉跄着。弗拉季米尔终于把那只靴子穿上了）走几步试试。（爱斯特拉冈走路）嗯？

爱斯特拉冈　很合适。

弗拉季米尔 （从衣袋里取出一根细绳儿）咱们穿上带子试试。

爱斯特拉冈 （激烈地）不,不,不要带子,不要带子!

弗拉季米尔 你会后悔的。咱们穿另外一只试试。（如前）嗯?

爱斯特拉冈 也很合适。

弗拉季米尔 脚不疼吗?

爱斯特拉冈 这会儿还不疼。

弗拉季米尔 那么你可以把它们留下。

爱斯特拉冈 略嫌大一点。

弗拉季米尔 将来你也许可以穿双袜子。

爱斯特拉冈 不错。

弗拉季米尔 那么你愿意把它们留下了?

爱斯特拉冈 关于这双靴子的话咱们已经谈得够多啦。

弗拉季米尔 是的,可是——

爱斯特拉冈 （恶狠狠地）够多啦!（沉默）我想最好还是坐一会儿。

〔他往四下里张望,想找一个地方坐下,跟着就走过去,坐在土墩上。

弗拉季米尔 昨天晚上你就坐在这地方。

爱斯特拉冈 我真希望能睡着。

弗拉季米尔 昨天你就睡着了。

爱斯特拉冈 我试一下看。

〔他把头枕在自己膝盖上。

弗拉季米尔 等一等。（他走过去坐在爱斯特拉

冈身边,开始高声唱起来)

宝宝宝宝

宝宝——

爱斯特拉冈 (愤怒地抬起头来)别这么响!

弗拉季米尔 (轻声)

宝宝宝宝

宝宝宝宝

宝宝宝宝

宝宝……

〔爱斯特拉冈睡着了。弗拉季米尔轻轻站起来,脱下身上的大衣披在爱斯特拉冈肩上,跟着开始在台上走来走去,一边摆动两臂取暖。爱斯特拉冈突然惊醒,站起身来,疯狂地往四处张望。弗拉季米尔向他奔去,伸上两臂搂住他。

嗳……嗳……我在这儿……别害怕。

爱斯特拉冈 啊!

弗拉季米尔 嗳……嗳……没事啦。

爱斯特拉冈 从上面摔了下来——

弗拉季米尔 没事啦,没事啦。

爱斯特拉冈 我从顶上——

弗拉季米尔 别告诉我!喂,咱们散会儿步把这事忘了吧。

〔他攥住爱斯特拉冈一只胳膊,拖着他走来走去,直到爱斯特拉冈不肯再跟他走。

爱斯特拉冈 够啦。我累啦。

弗拉季米尔 你宁愿赖在那儿什么事也不干?

爱斯特拉冈 不错。

弗拉季米尔 随你的便。

〔他放掉爱斯特拉冈,拾起自己的大衣穿上。

爱斯特拉冈 咱们走吧。

弗拉季米尔 咱们不能。

爱斯特拉冈 干吗不能?

弗拉季米尔 咱们在等待戈多。

爱斯特拉冈 啊!(弗拉季米尔走来走去)你不能站着不动?

弗拉季米尔 我冷。

爱斯特拉冈 咱们来得太早啦。

弗拉季米尔 总要到夜晚的。

爱斯特拉冈 可是夜还没来临。

弗拉季米尔 它会突然来临的,像昨天一样。

爱斯特拉冈 跟着就是黑夜。

弗拉季米尔 咱们也就可以走了。

爱斯特拉冈 跟着又会是白天了。(略停。绝望的样子)咱们干什么呢,咱们干什么呢!

弗拉季米尔 (煞住脚步,恶狠狠地)你别这么哼哼唧唧的,成不成!我的肚子里已经装满你的牢骚啦。

爱斯特拉冈 我走啦。

弗拉季米尔 (看见幸运儿的帽子)呃!

爱斯特拉冈 再见吧。

弗拉季米尔 幸运儿的帽子。(他向帽子走去)我在这儿待了一个小时都没看见它。(非常高兴)好极了!

爱斯特拉冈 你再也见不到我啦。

弗拉季米尔 我早就知道咱们没找错地方。现在咱们的烦恼都可以勾销啦。(他拾起帽子,细细察看,把它拉直)准是顶非常漂亮的帽子。(他戴上这顶帽子,把自己的帽子脱下,递给爱斯特拉冈)喏。

爱斯特拉冈 什么?

弗拉季米尔 拿着。

〔爱斯特拉冈接过弗拉季米尔的帽子。弗拉季米尔把戴在头上的幸运儿的帽子整了整。爱斯特拉冈戴上弗拉季米尔的帽子,把自己的帽子脱下,递给弗拉季米尔。弗拉季米尔接过爱斯特拉冈的帽子。爱斯特拉冈把戴在头上的弗拉季米尔的帽子整了整。弗拉季米尔戴上爱斯特拉冈的帽子,把幸运儿的帽子脱下,递给爱斯特拉冈。爱斯特拉冈接过幸运儿的帽子。弗拉季米尔把戴在头上的爱斯特拉冈的帽子整了整。爱斯特拉冈戴上幸运儿的帽子,把弗拉季米尔的帽子脱下,递给弗拉季米尔。弗拉季米尔接过他自己的帽子。爱斯特拉冈把戴在头上的幸运儿的帽子整了整。弗拉季米尔戴上他自己的帽子,把爱斯特拉冈的帽子脱下,递给爱斯特拉冈。爱斯特拉冈接过他自己的帽子。弗拉季米尔把戴在头上的他自己的帽子整了整。爱斯特拉冈戴上他自己的帽子,把幸运儿的帽子脱下,递给弗拉季米尔。弗拉季米尔接过幸运儿的帽子。爱斯特拉冈把戴在头上的他自己的帽子整了整。弗拉季米尔戴上幸运儿的帽子,把他自己的帽子脱下,递给爱斯特拉冈。爱斯特拉冈接过弗拉季米尔的帽子。弗拉季米尔把戴在头上的幸运儿的帽子整了整。爱斯特拉冈把弗拉季米尔的帽子还给弗拉季米尔,弗拉季米尔接过,又还给爱斯特拉冈,爱斯特拉冈接过,又还给弗拉季米尔,弗拉季米尔接过,一下子摔在地上。

弗拉季米尔　我戴着合适不合适?

爱斯特拉冈　我怎么知道?

弗拉季米尔　唔,可是我戴着样子好不好?

〔他卖俏地把头转来转去,像服装模特儿似的迈着小步装模作样地走。

爱斯特拉冈　丑得要命。

弗拉季米尔　不过是不是比平常更丑?

爱斯特拉冈　不比平常丑,也不比平常不丑。

弗拉季米尔　那么说来,我可以把它留下了。我的那顶让我生气。(略停)我该怎么说呢?(略停)它让我痒痒。

〔他脱下幸运儿的帽子,往帽内窥视,抖了抖帽子,拍了拍帽顶,重新把帽子戴上。

〔孩子从右边上。他煞住脚步。

〔沉默。

孩子　劳驾啦,先生……(弗拉季米尔转身)亚尔伯特先生?……

弗拉季米尔　又来啦。(略停)你不认识我?

孩子　不认识,先生。

弗拉季米尔　昨天来的不是你?

孩子　不是,先生。

弗拉季米尔　这是你头一次来?

孩子　是的,先生。

〔沉默。

弗拉季米尔　你给戈多先生捎了个信来。

孩子　是的,先生。

弗拉季米尔　他今天晚上不来啦。

孩子　不错,先生。

弗拉季米尔　可是他明天会来。

孩子　是的,先生。

弗拉季米尔　决不失约。

孩子　是的,先生。

〔沉默。

弗拉季米尔　你遇见什么人没有?

孩子　没有,先生。

弗拉季米尔　另外两个……(他犹豫一下)……人?

孩子　我没看见什么人,先生。

〔沉默。

弗拉季米尔　他干些什么,戈多先生?(沉默)你听见我的话没有?

孩子　听见了,先生。

弗拉季米尔　嗯?

孩子　他什么也不干,先生。

〔沉默。

弗拉季米尔　你弟弟好吗?

孩子　他病了,先生。

弗拉季米尔　昨天来的也许是他。

孩子　我不知道,先生。

〔沉默。

弗拉季米尔　(轻声)他有胡子吗,戈多先生?

孩子　有的,先生。

弗拉季米尔　金色的还是……(他犹豫一下)

……还是黑色的?

孩子 我想是白色的,先生。

〔沉默。

弗拉季米尔 耶稣保佑我们!

〔沉默。

孩子 我怎么跟戈多先生说呢?

弗拉季米尔 跟他说……(他犹豫一下)……跟他说你看见了我,跟他说……(他犹豫一下)……说你看见了我。(略停。弗拉季米尔迈了一步,孩子退后一步。弗拉季米尔停住脚步,孩子也停住脚步)你肯定你看见我了吗,嗳,你不会明天见了我,又说你从来不曾见过我?

〔沉默。弗拉季米尔突然往前一纵身,孩子闪身躲过,奔跑着下。弗拉季米尔一动不动地站在那儿,低下头。爱斯特拉冈醒来,脱掉靴子,两手提着靴子站起来,走到舞台前方的中央把靴子放下,向弗拉季米尔走去,拿眼瞧着他。

爱斯特拉冈 你怎么啦?

弗拉季米尔 没什么。

爱斯特拉冈 我走啦。

弗拉季米尔 我也走啦。

爱斯特拉冈 我睡的时间长吗?

弗拉季米尔 我不知道。

〔沉默。

爱斯特拉冈 咱们到哪儿去?

弗拉季米尔 离这儿不远。

爱斯特拉冈 哦不,让咱们离这儿远一点吧。

弗拉季米尔　咱们不能。

爱斯特拉冈　干吗不能?

弗拉季米尔　咱们明天还得回来。

爱斯特拉冈　回来干吗?

弗拉季米尔　等待戈多。

爱斯特拉冈　啊!(略停)他没来?

弗拉季米尔　没来。

爱斯特拉冈　现在已经太晚啦。

弗拉季米尔　不错,现在已经是夜里啦。

爱斯特拉冈　咱们要是不理会他呢?(略停)咱们要是不理会他呢?

弗拉季米尔　他会惩罚咱们的。(沉默。他望着那棵树)一切的一切全都死啦,除了这棵树。

爱斯特拉冈　(望着那棵树)这是什么?

弗拉季米尔　是树。

爱斯特拉冈　不错,可是什么树?

弗拉季米尔　我不知道。一棵柳树。

〔爱斯特拉冈拖着弗拉季米尔向那棵树走去。他们一动不动地站在树前。沉默。

爱斯特拉冈　咱们干吗不上吊呢?

弗拉季米尔　用什么?

爱斯特拉冈　你身上没带绳子?

弗拉季米尔　没有。

爱斯特拉冈　那么咱们没法上吊了。

弗拉季米尔　咱们走吧。

爱斯特拉冈　等一等,我这儿有裤带。

弗拉季米尔　太短啦。

爱斯特拉冈　你可以拉住我的腿。

弗拉季米尔　可是谁来拉住我的腿呢?

爱斯特拉冈　不错。

弗拉季米尔　拿出来我看看。(爱斯特拉冈解下那根系住他裤子的绳索,可是那条裤子过于肥大,一下子掉到了齐膝盖的地方。他们望着那根绳索)拿它应急倒也可以。可是它够不够结实?

爱斯特拉冈　咱们马上就会知道了。攥住。

〔他们每人攥住绳子的一头使劲拉。绳子断了。他们差点儿摔了一跤。

弗拉季米尔　连个屁都不值。

〔沉默。

爱斯特拉冈　你说咱们明天还得回到这儿来?

弗拉季米尔　不错。

爱斯特拉冈　那么咱们可以带一条好一点的绳子来。

弗拉季米尔　不错。

〔沉默。

爱斯特拉冈　狄狄。

弗拉季米尔　嗯。

爱斯特拉冈　我不能再这样下去啦。

弗拉季米尔　这是你的想法。

爱斯特拉冈　咱俩要是分手呢?也许对咱俩都要好一些。

弗拉季米尔　咱们明天上吊吧。(略停)除非戈多来了。

爱斯特拉冈　他要是来了呢?

弗拉季米尔 咱们就得救啦。

〔弗拉季米尔脱下帽子(幸运儿的),往帽内窥视,往里面摸了摸,抖了抖帽子,拍了拍帽顶,重新把帽子戴上。

爱斯特拉冈 嗯?咱们走不走?

弗拉季米尔 把你的裤子拉上来。

爱斯特拉冈 什么?

弗拉季米尔 把你的裤子拉上来。

爱斯特拉冈 你要我把裤子脱下来?

弗拉季米尔 把你的裤子**拉上来**。

爱斯特拉冈 (觉察到他的裤子已经掉下)不错。

〔他拉上裤子。沉默。

弗拉季米尔 嗯?咱们走不走?

爱斯特拉冈 好的,咱们走吧。

〔他们站着不动。

——剧终

黑　白
——行走的群山

李　锐[*]

一

白正在家里刷锅,听见黑的脚步声,白就把刷子从水里提起来,然后就看见了黑那张像石头一样灰冷坚硬的脸。白问,你还是没去。黑不说话,闷头坐在炕边点着了一棵烟。白说,见见那个招工的人真的就这么难么,你就当是为了小山求一回人。黑说,算了吧,结了婚的人家不要。白说,你不去问,你怎么知道要不要。你就是不想去,对吧,为了小山你也不愿意,对吧。黑忽然非常烦躁地掐灭了烟卷,突然非常急躁地说,别

---

[*] 李锐(1950—　),当代作家。著有小说集《厚土》,长篇小说《旧址》等。本文选自《上海文学》1993 年第 3 期。

说了,你脱吧。白的手里还提着锅刷子,刷子上的水珠还在滴滴答答地往下流。白觉得两条腿直发软,白说,现在?黑说,对就现在,你还等什么,我求你了还不行吗。这么催着,黑的身体在发抖。白看看他,白想,他什么时候变成这样了。

中午的太阳把窗纸照得明晃晃的,把白的脸也照得明晃晃的,土窑里难得有这样的光明。白把锅刷放进水里,爬到炕上,把衣服一件一件脱下来,脱得一丝不挂,然后安静得像一片水一样躺下。黑扑到这片水里,搅得昏天黑地。

等到所有的力气都用完了,黑就哭起来,哭又不出声,就那样一把一把的把眼泪从脸上抹下来,抹着抹着就颤颤巍巍地吸一口冷气,吸得很深很深。

白还是安静得像一片秋水,白平心静气地说,你哭什么呀,哭也不管用,你别哭了行不行。你是后悔了吧,当初还不如不结婚吧,你要真后悔咱们现在就去办离婚去。也不知道现在再离婚还行不行。咱们要是离了婚,小山跟谁呀,我其实就担心这一件事。总不能让小山一辈子都跟着姥姥呀。其实,我也挺后悔的,咱们要是不结婚就没有小山了,也就没有这么多的事儿。

黑没顾上听,黑只顾自己哭。中午的阳光把窗户照得明晃晃的,明晃晃的土炕上躺着一对赤裸的男女,男的很黑,女的很白。

现在他们一点顾忌也没有了,不对,应当说一点顾忌也用不着了。

插队九年,所有的同学全都走了,参军的,去工厂的,当售货员的,上大学的,全走了;满意的,不满意的,

每人都赶紧抢了一份工作离开了。当初热热闹闹的三孔土窑,现在只剩下两个人,连老乡们也不大来了。当初两个人为了幽会而逃避开大家热辣辣的眼睛,真是绞尽了脑汁。现在用不着了,现在窑洞里只剩下一个男人,一个女人。一个男人和一个女人现在可以天天在一起,天天做当初最想做的那件事,做这件事的时候可以不分早晚,可以肆无忌惮了。但却做得很灰心,很孤独,也很绝望。做这件事现在成了一种操练,一种对绝望的操练。只是当他们这样操练的时候,男人很冲动,女人很平静。

当初他们恋爱的时候不是这样。那时候,女人很冲动,男人很平静。

当初黑是全国的知青先进典型。黑到全省各地去做巡回报告,黑的事迹和照片被登在《人民日报》上。在这之前,黑是在北京的各个中学里做报告的。黑从一个草绿色的军用书包里,拿出一个闪光的故事来。黑说,那次,他带领着八个同学徒步串联,他们的目的地是延水河边的宝塔山。他们穿过华北大平原,翻越巍巍太行,又翻越莽莽吕梁,然后跨过滔滔黄河。他们的双脚,丈量着祖国的山河,他们的双眼展望着英雄的人民。当朝阳照亮大地,把群山伟岸的身影投向广阔的平原的时候,也把他们的一个理想投放在宏伟广阔的天幕上。在他们痛饮了延河水,仰望了宝塔山,回到北京之后,他们决定一起返回吕梁山的一个小村庄。因为在那,有一个给他们讲过抗日故事的老队长,有一个给他们暖过脚的房东老大娘。黑把那个故事高高地举在头上,黑说,这是一截腿骨,是他在长征路上从万恶的万人坑里特意拿来留做纪念的。黑满脸都是泪水,黑说我们无权忘记,我们应当踏着革命先辈的足迹前进。黑说,我们要把青春献给革命根据地的人民。黑说,我们要在那个小山村里干一辈子革命,要按照毛主席的教导,永远和工农群众相结合。

当黑这样讲的时候,白和全校同学眼睁睁地坐在台下仰望着黑,仰望着黑满脸涔涔的泪水,仰望着那个被朝阳照红了的理想。和那个理想相比,白觉出自己的渺小和可悲。散会以后她专门找到黑。

她说,我要跟你们一起走。

黑看看她,黑说,不行,你太小。

她说,还小呐,我都十四了。

黑说,我们是去上山下乡,是去干革命,不是去春游。

她就哭了,她觉得特别委屈,她说,我知道不是春游,我知道我配不上你们……

黑又看看她,黑说,你真的下定决心啦。

她点点头,就那样决定了自己的一生。白清楚地记着,那是一个秋高气爽的日子,爽朗的秋阳下,校园里的松树林挺拔而葱茏。四年以后,白长成了一个十八岁的姑娘,十八岁的白做出另一个同样重大的决定时,黑也是这样问她,她也是这样点点头。她觉得校园里的那片秋阳,和窑洞纸窗上的阳光非常相像。只是那时候她没有想到,自己会和黑这样一丝不挂地躺在土炕上,面对着挣扎不出的灰心和绝望。只是她没有想到,所有的理想和豪情这么快就被脱下来扔在一边,就像炕头上那堆肮脏的衣服。白不愿意看那堆衣服,

也不愿看这两个曾经被自己打量过无数次的身体,她知道这两个一丝不挂的身体,一个很黑,一个很白,除此而外什么都没有。白就那样平躺在土炕上直盯盯地看着窑顶,白可以感觉到明晃晃的阳光从纸窗上照进来,照在自己稍觉凉意的身体上。

　　白现在时常想起母亲来。那一天,当自己把要离开北京的决定告诉母亲时,母亲哭了整整一个晚上。母亲只有她这一个女儿。白知道母亲是不会同意的。白就自己悄悄地拿了户口本,到派出所销户口。那个女警察看看户口本,又看看她,女警察说,你才十四呀,可真够积极的,想好了吗?女警察一边说一边翻着户口本。其实不用翻,户口本只有两页。撕下自己的这一页,就只剩下母亲孤零零的一页了。她说,想好了。可不知为什么眼泪却一下子涌了上来。她听见嚓的一声响,她知道自己和母亲十四年的生活就此被撕断了。然后,她把这个只剩下一页的户口本交给母亲。母亲不再说什么。母亲买回一个大木箱,然后,又一样一样地用东西把木箱添满。然后,母亲就趴在这个大木箱上放声大哭,一直哭得街坊四邻都跑到家里来。许多年以后,白都能清清楚楚地听见母亲那一次的嚎啕大哭。白在一些年里逃避这哭声,又在一些年里追寻这哭声。现在白躺在眼前这片明晃晃的阳光里,脑子里却响着母亲震耳欲聋的嚎啕声。

　　白想起来还没有刷完的锅。

　　白对黑说,别哭了,缸里没水了,你去担点水吧。

　　于是,两个人默默地穿好衣服。黑熟练地拿起扁担,熟练地挑起水桶,铁钩和提梁磨出些吱吱的尖响。

白看着黑的背影,这背影和村里的农民一模一样。白就想不明白,黑怎么会变得和农民一模一样的。白就想不起来,那个从草绿色的军用书包里取出来的故事,是怎么弄丢的。

黑原来是白心里的英雄。

现在让白最难受的不是不能分配工作,不是一辈子都住在一个小村子里,让白最难受的是黑的变化,黑怎么能变得和一个农民一模一样呢。

小山三岁那年他们一起回去过春节,走到院门口,看见一个又白又胖的小男孩,没等他们开口,小男孩掉头就跑,一边跑一边叫,姥姥姥姥,来了两个生人。那时候他们两个苦笑着相互看了一眼,心里一下子明白了自己真的再也不是北京人了。

儿子说,来了两个生人。

二

黑在心里对自己说,反正我从来没有骗过别人,也没有骗过自己,更没有骗过她……最近几年来黑一直在心里对自己说这句话,黑有的时候就想,也许这辈子永远得在心里对自己说这句话了,每当想到这,黑就觉得心里空空荡荡的,就有许多灰心像冷雨一样绵绵不绝地飘下来,黑就常常想,要是有一把伞就好了。

铁钩和提梁磨出来的响声很尖,很细,这响声把迎面而来的阳光磨成一根一根的钢针,很疼,很胀地扎进眼睛里。黑躲开太阳,扭头去看那些无边无际的黄土堆成的沟壑和山梁。漫山遍野的黄色柔和而慈祥,九年来许多人和事都变了,许多情感和思想也都变了,可是只有这漫山遍野的黄色没有变,它还是无边无际漫山遍野,它还是永远的柔和而慈祥。它几乎成了黑的宗教,黑已经在无意中习惯了对它一吐衷肠。它真黄,黄得那么广大,黄得那么深远,黄得那么抽象而又单纯。也许它真是一把大伞。在这永远的黄色和永远的寂静之中,黑常常会听见暴风雨般的掌声向自己袭来,当年自己就是在这些雷鸣电闪般的暴风雨中,扬起了理想的风帆驶向黄土高原的。

那次掌声结束以后,白在校园的松树林旁边拦住自己,白在爽朗的秋阳下向自己扬起脸来,白说,我要跟你们一起去。自己刚刚说了不行,白就哭了。她一哭,他就知道她肯定不会是个干部子弟,尤其不会是个军干子弟。黑最讨厌的就是那帮不可一世的干部子弟,尤其讨厌那些穿将校呢的军干子弟。黑的父亲是煤球厂的工人,解放前摇煤球,解放后还是摇煤球。黑从文化大革命一开始就存了一个雄心,一定要做一件惊天动地的事情超过任何人。黑从内心深处觉得毛主席的文化大革命,是为了自己这样的人而发动的。

黑看着那张洒满了阳光和泪水的脸,忽然就觉得这是一张绝对不应当被人欺骗的脸,黑很受感动,黑在一张十四岁的女人的脸上,一寸一分地丈量着自己的理想,黑暗自在心里发誓,此生此世自己绝不会背叛这个理想。

黑看着那双十四岁的眼睛,黑说,你真的想好了。

白很努力地点点头,白说,真的。

那一年黑是二十一岁,他们两个人的岁数加在一起是三十五岁。任何一个三十五岁的男人和女人,都不会在对方的脸上丈量自己的理想。

后来的事实证明黑的判断是正确的,白果然不是干部子弟,白的母亲是一家缝纫社的缝纫女工。自从验证了自己的判断之后,黑就觉得自己的血液和白的血液是从一个血管里涌流出来的。黑对白说,咱们和他们不一样,他们那些人什么东西都有了,可是还要再把精神优越也抓在手里。咱们什么都没有,只有自己的理想。所以,我最看重这个理想,我也最害怕这个理想被人弄脏了。白很崇敬地看着黑,白说,我真佩服你,你这人和谁都不一样。

水井很远,在很深很陡的沟底下,往返一次要走六里路。所以,黑有很多时间让自己沉浸在漫山遍野的黄色之中。深陡的沟壁上,有一线窄窄的土路画出许多蛇行的之字,远远看去,担着水桶的黑好像一只觅食的蚂蚁,一点一点地蠕动着,很顽强,也很孤独。

黑沉浸在漫山遍野的黄色之中自己对自己说,反正我没有欺骗别人,我也没有欺骗自己,我更没有欺骗她……黑花了九年时间才弄明白,理想的证明最终是需要观众的,没有任何人观看和参加的理想,是无,是一片永远无法填满的空白。暴风雨般的掌声退去之后,只有自己一个人留在这漫山遍野的黄色之中。白是最后一位观众。可是白躺在那片明晃晃的阳光里,平心静气地说,你后悔了吧。

那双十四岁的眼睛到哪儿去了呢。黑想。然后又想,自己其实只需要这一双眼睛就足够了,只要有这一双眼睛的注视,自己就宁愿把生命和理想一起深深地埋进黄土里。永远和这漫山遍野的黄土结为一体的想法,不可遏制地诱惑着黑。不是后悔,也不是胆怯,白看错了,也想错了。自己只是灰心,只是抑制不住地渴望着把自己和灰心一起埋进黄土里。自己本该天经地义的和那场化为乌有的事业一起结束。

九年里黑拒绝了许多次离开农村的机会,每次拒绝都让他得到一次心灵的净化,他为自己能够坚守誓言而感到心怀坦荡。只是到了后来,这种坦荡忽然落进了一个无底的深渊,深得让人什么也看不见,什么也抓不住。那感觉好像突然一下子弄丢了天上的太阳,焦急、痛苦、追问、搜寻,都不管用,太阳就是没有了,就是弄丢了,四顾茫然,天地难分,没有方向,也没有时间,到处都是一片肮脏的浑浊。

终于,黑担着水桶站在沟底的泉水边上。黑没有忙着把桶放进水里,黑就那样担着水桶定定地站在石台上,定定地看着围在一圈石板里的乌幽幽的泉水。黑越来越觉得这口井像一双眼睛,就像是这片干旱赤裸的高原的眼睛,它静静地躺在这漫山遍野的黄色之中,一眼望穿了千年岁月万里云天,一眼望穿了自己千丝万缕的烦恼和灰心。黑觉得那些乌幽幽的泉水一下子漫过石台,沁凉地流到心里来;然后,又从心里无边无际地蔓延开去,沁凉而又深长地浸透了自己整整三十年的生命。黑索性放下水桶,俯下身子,用双手和膝盖支撑着自己,像一头干渴的耕牛,贪婪地把脸埋进凉森森的泉水里。

他们的第一次约会就是从这眼泉水边开始的。

那是插队的第四年了,那时候分配工作的浪潮已经席卷走了一半的同学。只是因为黑的存在,他们这个知青集体才勉强支撑着。黑去省城参加共青团代表大会,黑当选为团省委的副书记。所有的人都说,这下一步登天,不会回来了。黑记得是一辆月白色的上海牌轿车把自己带进省委大院的。省委被围在一片森严巍峨的古代建筑当中,红墙黄瓦,气宇轩昂。一切都是仿照中南海的样子。一进大门的影壁上,也是五个金光闪闪的大字:为人民服务。秘书带着黑拐了许多弯,然后推开一扇重门,秘书指着红地毯上精美的沙发说,请你等一等。然后那间安静得有些出奇的会客厅里,就只剩下他一个人。黑一次一次的心跳重重地落在这出奇的安静中,黑很激动,黑也很冷静。黑知道自己正在经历着也许是一生当中最重大的抉择。黑很激动也很冷静地等着那个抉择朝着自己走过来。

不知什么时候,也不知从哪扇门里突然走出来省委书记,省委书记很和气也很高兴,省委书记叫了自己的名字,热情地握手。省委书记代表省委、省革命委员会说了许多夸奖的话,说了些什么黑全都没记住,只记得自己握住的那只手软绵绵的好像是女人的手。省委书记说,他的家乡就是那个县的,说他也是个放羊娃出身的苦孩子。关于脱胎换骨这句成语,黑就是在那一次真正理解了的。一个北京知青正在坚定不移地变成农民,一个放羊娃已经变成了省委书记,这就叫脱胎换骨。黑看着省委书记和气的脸,黑想,他的儿子或女儿就是我最看不起的人。他的儿子或女儿是绝对不会像我一样,有勇气在农村生活一辈子的。但是他们没有的勇气,我有。黑在华丽的红地毯和精美的沙发上,再一次一寸一分地丈量了自己的理想。黑从自己的理想中站起来对省委书记说,他不准备留在省城当那个团省委副书记,他还是决心留在农村当一辈子农民。他决心用自己的实际行动来真正的实践毛泽东思想。省委书记很激动,省委书记说,像你这样的优秀青年真是太可贵太可贵了。省委书记把他那双软绵绵的像女人一样的手,放在黑粗糙坚硬的理想中激动地摇晃着,黑忽然在一瞬间感到自己像群山一样高大伟岸。

高大伟岸的黑就那样高大伟岸的断然返回了吕梁山。黑的壮举再一次地登在全国各地的报纸上,被人们广为传颂。

白对黑说,你是真的,这一次谁也再不能说你是假的,他们谁也不敢和你比。

然后,白又对黑说,咱们结婚吧,结了婚就是真的是过一辈子了,就用不着任何另外的证明了。

白对黑说这些话的时候,一轮十五的月亮正好映在那一汪乌幽幽的泉水里。圆圆的一池泉水中央,亮着圆圆的一盘月,真像是一双一往情深的眼睛。

黑说,今天的月亮真好啊。

白说,真亮。真好看。

黑说,十五的月亮升上了天空呦……

白说,为什么旁边没有云彩……

黑说,我等待着美丽的姑娘呦,你为什么还不到来呦……

白说,我这不是来了么,我就是怕配不上你……

然后,他们就互相拉起了手。没有接吻,也没有拥抱。他们觉得那样有点小资产阶级情调。

千里皓月。

万里荒原。

千里皓月和万里荒原之中紧紧拉着一双滚烫的手。有一双乌幽幽的眼睛一往情深地看着这双手。

黑说,可你年龄太小。

白说,还小呐,都十八了。早到了法定结婚年龄了。

黑说,这事我还得再想想。

白说,还想什么,你怕结婚太早影响不好。

黑说,不是。真的是你太小了。也许你现在还不知道自己要承担的是什么。

白就哭了。白说,我知道我配不上你,我知道你根本就看不起我……

白把自己的手抽回来去抹那些奔涌的泪水。白真诚而动人的泪水奔涌在千里皓月万里荒原之中。黑忽然就想起来,那个爽朗的秋天,想起来那些爽朗的阳光和葱茏的松林,想起来那张十四岁的女人脸,想起来自己曾经在那张脸上一寸一分地丈量过一个辉煌的理想。那是一张不能欺骗,不能背叛,也不能拒绝的脸。

黑说,你别哭。我跟你说心里话,我真的喜欢你,我这一辈子还没有像喜欢你一样喜欢过谁。

黑拉过那只抹眼泪的手,黑说,你真的想好了吗。

白点点头。白说,除了你,我谁也不嫁。

黑觉得自己的心好像是被什么东西重重地撞了一下。黑猛地伸出另一只手来。黑捧着那只抹眼泪的手猛地贴在自己的脸上。

黑说,咱们全都记住今天晚上,一辈子也别忘,到死也别忘。

白说,怎么可能忘了呢。

然后,白又说,你看,今天的月亮多亮啊。

然后,他们一起昂起脸来。千里皓月万里荒原顿时从眼前飞逝而去,消失在一个不知道多么遥远,也不知道多么神秘的地方。

那一刻,黑和白的心里都只留下一个感觉,他们只觉得天上的月亮和水里的月亮都很亮,亮得就像那一片爽朗悠远的秋阳。

三

刷了锅,洗了碗,又用抹布把石板铺出来的锅台擦干净。然后,白直起腰来,撩起围裙擦干手。端起一个柳条簸箕,在瓦瓮里舀了半碗玉米走到院子里,咕咕地把鸡们召到脚底下,把金黄的玉米一把一把地撒在华丽灿烂的羽毛和抖动着的红冠中间。这一切白早就做得又麻利又老练,做得和村里所有的婆姨们一模一样。撒完玉米,白把簸箕抱在怀里,依着门框慢慢地坐在门槛上,呆呆地看着眼前那些抖动着的华丽和灿烂。

太阳已经落下西山。高远的黄土旱塬上弥漫着深沉辽阔的安详,远山近树,百里荒原全都变得柔和起来,晚归的牛群晃着叮咚的铜铃,晃出许多悠远和迷惘。这幅画白看了九年,看了不知多少遍,渐渐的,白觉得自己迷上了这幅画,迷上了这天地间没有太阳的一刻。白觉得只有太阳走了,自己才能把心悄悄拿出来挂在那些叮咚而去的牛铃上。

白想,也不知道小山这会儿吃完晚饭了没有。

白又想,也不知道小山想我不想我。

然后,白又推翻了这些思绪,小山不会这么早就吃晚饭,小山也不会想我,小山跟着姥姥都快四年了,早就把我忘了,连他妈长什么样他也不知道。他爸爸长什么样就更不知道了。小山长得真好看,真像我。小东西一边跑一边嚷,姥姥姥姥,来了两个生人。谁是生人呀,小兔崽子,我是你妈。

这么想着,白就流下眼泪来。

白就对那些叮咚的牛铃说,我真想他呀,想得我真揪得慌,揪得真疼,真难受呀。

当初,白坐在台下仰望着那个理想,坐在泉水边海誓山盟的献身于那个理想的时候,她没有想到自己会在这个理想里生出一个小山来。

小山就是在这孔土窑里出生的。生小山之前两个人商量了一下,既然所有的社员都在自己家里生孩子,咱们为什么非要去医院呢。黑去县城买回一本《赤脚医生手册》,买了一点纱布和药棉,买了一把剪刀。黑说,有根生,还有张大娘,放心吧。到最后那堆买来的东西几乎全都没有用上。张大娘看见那堆东西就笑了,就说,嘿呀,真是学生,干个啥也得照着书来,生孩子还用着书啊,天底下哪个女人不生孩子呀,连写书的那位先生不也是他妈生的他吗。张大娘又说又笑,张大娘说,哪用着这么多东西呀,有锅开水就行了。人生一辈子就是这么回事,来到世上一锅水,离开世上一碗汤。听说阴曹地府把门的那个老婆婆,姓孟,谁去了都给一碗迷魂汤喝。喝了迷魂汤,你就没有舍不下的事情了。

可白还是有点害怕,白说,我还是害怕,我能把孩子生下来吗?

黑说,别紧张,还有根生呢,根生是赤脚医生,接过好多孩子了。

白说,他是男的,我不想让他给我接生。

黑说,没关系,赤脚医生也是医生,他接过好多孩子了。

黑这么说的时候拉着白的手,拉得很紧很紧,白知道,其实黑也有点怕。其实两个人当初全都没有具体认真地想过,会有一个小山生到他们的理想当中来。

小山是在夜里出生的。根生说,不行,胎儿还没有进入产道,你还得站起来走走。白已经疼得几乎要发疯,白觉得好像是天上的太阳落进脑子里,眼前一片滚烫白炽的亮光,白一遍又一遍地喊,我要死了,我要死了。根生说,不行,你还得站起来走走。白被动而又盲目地在土炕上站起来,白的身上一件衣服也没有,赤裸嚎叫的白在摇动的油灯下像一个披头散发的女妖。忽然,白觉得有许多温热的水,顺着自己的两腿内侧流下来。根生喊,快躺下,用劲,用劲。白一用劲,孩子就生下来了。白觉得孩子简直就是从自己的身体里冲出来的。接着,白就听见孩子嘹亮有力的哭声。白就跟着孩子一起哭起来。

等到一切都弄好了,等到把又白又胖的孩子抱在怀里的时候,天已经亮了,白想起来刚才的事情,想起来根生是个男人,忽然就觉得非常非常的害羞。

黑凑到炕头上,黑说,是男孩,就叫小山吧。

然后,黑忍了一会儿,没有忍住,又说,陈国庆和刘丽萍昨天下午走的,他们说招工的人在县城等着呢,他们不能再耽误时间了,让我替他们跟你道别。

窑洞里一阵深长的沉默。白早就知道这两个同学的决定,早就知道他们在着急地办手续。可等到事情临头的时候,还是觉得怅然若失。

白说,这回再也没有什么集体不集体了,这回真的是只剩下咱们两个人了。

然后,又是一阵更深长的沉默。

黑说,不对,是三个。还有小山呢。

白朝着孩子侧过身子,忍不住流下眼泪来,白说,我真舍不得让孩子也跟着咱们受罪,一个人有几个一辈子呀,不是就有一个吗。

黑没有再说话,闷着头点了一支烟,贪婪地抽起来,那样子像是在吞咽,不像是在吸烟。早晨的阳光依稀地映在纸窗上,窑洞里一片昏暗,一片深长的昏暗中亮着一个火红的烟头,亮着一盏熬了一夜的残灯。

白突然被一阵难熬的疲倦压倒了,白说,我困了想睡觉。说完白就睡着了。白真想就这么永远地睡过去,永远也别醒过来,永远也别再看见这孔窑洞,永远也别再听见队长吆喝上工的粗嗓门,永远也别再看见窑洞外边的那个太阳。那个太阳照得人真累,太累了。

白睡着以后碰见了陈国庆和刘丽萍。陈国庆和刘丽萍是他们这个知青集体里最早谈恋爱的一对。那时候白每次和黑约会总是要躲得远远的,他们之所以看中了水井边上的石台,正是因为它远,正是因为晚上不会有人去担水。可陈国庆和刘丽萍却不害怕,他们俩就那么手拉手的在村子里走来走去。而且,他们俩早就脱离了知青的集体食堂,离开了知青集体的院子,搬到别处去住。好虽好,可他们就是不结婚。他们说,结了婚以后就别想离开农村了。他们一点也不避讳自己想离开农村的愿望。那时候,白还不大懂得男女间的事情。有一次,白去找刘丽萍借剪刀。推开窑洞的门,白满脸通红的捂着眼睛退出来。倒好像赤身露体的不是别人而是自己。白觉得那一刻满天满地都摆满了太阳,烤得人浑身上下的发烫。白正站在那儿难受,刘丽萍心平气和地穿好衣服走出来,心平气和地笑笑,刘丽萍说,你找我有事儿。白说,刘丽萍,既然这样,你们为什么不结婚呀。刘丽萍又笑笑,刘丽萍说,傻子才结婚呢,我可不想在农村呆一辈子,我们可没有什么理想。刘丽萍把理想两个字拉得长长的,长得好像一扇永远也关不上的旧门。刘丽萍依在这扇旧门上,心平气和地一眼看穿了一切。白说,可是你们要是有了孩子怎么办呀。刘丽萍笑着说,你也想学学避孕,那我就教教你。白吓得拔腿就跑,跑了很远,转回头来看见刘丽萍还在看着自己笑。刘丽萍笑得又自信,又冷静,就好像白茫茫的大雪地上摆了一面冰冷明亮的镜子。

白没有想到自己现在会碰上陈国庆和刘丽萍,白看见他们走得很急,就赶紧追上去喊,等等我,等等我。陈国庆和刘丽萍就一起转回身来。白说,你们干吗这么急呀。刘丽萍就笑了,刘丽萍说,不急就赶不上了。你有事情就快说吧。白忽然就觉得很不好意思开口,就觉得浑身发烫。刘丽萍转身就走。白就在后面追,一面追一面说,我有件事情想让你们帮忙问问,你们问问那个招工的还有没有名额了。刘丽萍还是不回头,刘丽萍说,你打听这个干什么,你们不是要在农村扎根一辈子吗。白就很着急,就又追着解释,白说,不是为我们问,是为了小山,我想让那个招工的把小山招走。正说着,就到了县委大门口,白突然很胆怯地站住了,眼睁睁地看着陈国庆和刘丽萍走进去没了踪影。白不敢到县委去,白知道县委冯书记认识自己。结婚的时候,冯书记专门坐汽车赶到村里,给主持婚礼。站在大寨田的地头上,念了几段毛主席语录,唱了几首革命歌曲,冯书记就代表县委把挽了大红绸子的一套"毛选"、一张铁锹、一把镢头送过来。冯书记拍拍自己的肩膀,冯书记激动地说,好姑娘,有志气,我代表县委向你们祝贺,祝你们在农村这个广阔天地里永远革命,不断革命,大有作为。自己那一天流了好多激动的眼泪,好多激动的眼泪都在那一天流淌在山高地远的广阔天地里。可是现在怎么能往里走呢,要是碰见了冯书记说什么呢,就说想让小山跟着那个招工的人一块走?白站在县委那个空荡荡的大门口再也不敢往前走一步。白又想,要是碰见冯书记说什么呢,就说想让小山跟着那个招工的人走。可这句话怎么张口呢。白看看那个大门,眼睁睁地找不着陈国庆和刘丽萍了,白急得直想哭,白想,也不知道这扇门里面有没有那个姓孟的老婆婆,要是她给我一碗迷魂汤喝,我就什么也不怕,我就敢进去找那个招工的。正在着急,白忽然看见红光满面的冯书记笑呵呵地朝自己走过来,冯书记手里拿着挽了大红绸子的"毛选",冯书记说,好啊,你来啦。白吓得转身就跑,一面跑,一面回头看,就觉得红光满面的冯书记好像是落在夏天麦场里的大太阳,又热,又烫,逼得人连气也喘不上来。

接着,白就吓醒了。白满头大汗地醒过来,看见小山安安静静地睡着,看见纸窗上亮着一片明晃晃的正午的阳光。黑不在家。鸡们正在院子里咕咕咕地有一声没一声地说话。充满了腌菜味的窑洞里,只有安安静静的小山,只有纸窗上那一片明晃晃的正午的阳光。

后来,母亲的信就来了。母亲说,你要是不把小山送回北京来,我就上吊。

四

白觉得自己这一辈子已经永远对不起母亲了,白只有这一个母亲,白不能再让母亲为自己上吊。白给母亲写信说,妈,您千万别着急,等小山一断奶,我就给您把他送回去。

母亲源源不断地把奶粉、白糖、小衣服寄来。还特用旧衬衣做了几十块尿布。母亲不厌其烦地在信里重复怎么喂奶,怎么喂水,怎么洗澡,怎么换衣服,怎么换尿布。最后,母亲终于来信说,她打算向缝纫社请假,要到村里来接他们母子俩回北京。白心里明白母亲的用意和决心。黑心里也很明白。白赶紧叫黑到县城邮电局拍了一封电报,电报说,切勿来此,三日后返京。

那三天里他们匆匆忙忙地准备行装。匆匆忙忙的三天里白觉得黑的话越来越少,白觉得黑好像在等着一个机会,好像在反复的下一个决心。终于,临走时的那天晚上黑说话了。

黑说,要不,你一个人带小山回北京吧。

白很奇怪,白说,是呀,是我一个人带小山回呀。咱们不是说好的吗。你不是还要领着青年突击队修胜天渠吗。

黑说,不是。我是说,要不,咱们离婚吧。

白觉得自己好像是突然变成了一根冰柱子,脑子里又冷又硬的转不过弯来。白半天没有说出话来。白思考了一会儿才彻底明白了黑要对自己说什么。

白说,你怎么这么看人呀。

黑说,不是,这和看人没关系。我是不愿意让别人为我一个人的想法受罪。

白说,别人？谁是别人？我是别人？

然后,白又说,我现在都糊涂了,我不知道什么想法对,什么想法不对,我现在就是为了你才留在这儿的,我谁也不为,什么也不为,就为你。你呢,你以为我是为了这三孔土窑好看才留下的。

白这样说话的时候声音很大,很激动,很厉害,很像是在和人吵架。黑呆呆地看着她,黑一声也不吭。突然,黑把胳膊伸出来,黑说,你过来。白走过去。黑说,你把扣子给我解开。白说,你要干嘛呀。黑说,什么也不干,我就想吃你一口奶。白就笑了,白说,你疯啦你,这是小山的奶。黑不再说话,黑一头扎进白的怀里。黑满头粗硬的头发像一堆尖细的麦芒,扎得人又酥又痒。白轻轻抱住黑的头,白忽然觉得黑有点像小山,忽然觉得黑不再是原来的黑了。白就想起来许多年前那个上午,黑在那个上午说,我们是去上山下乡,是去干革命,不是去春游。黑在那个上午,把这些话铿锵有力地摆在爽朗的阳光下边。白就自言自语地说，真的不像是春游，一点也不像。黑没有听懂白的话，黑早就忘了那些话，黑一动不动地把头扎在一片宽广柔软的胸脯上，黑的眼睛里是漫山遍野无边无际的黄土的颜色。黑一任自己沉浸在这片宽广和柔软之中。

黑说，我真舍不得你。

白说，我也舍不得你。

第二天，黑驾了一辆毛驴车送白和小山去长途汽车站。小毛驴的笼套上扎着一穗红缨子，笼套下边吊着一个铃铛。一家三口人坐在毛驴车上，在漫天的黄土里叮叮呤呤忽隐忽现地逶迤而去。

白把小山抱在怀里，舒舒服服地靠在一摞棉被上。在那孔终日忙乱的土窑里很少能这么从容这么豁亮地放大眼睛。天，真大，真蓝。地，真大，真黄。孩子的眼睛，真黑，真亮。白被一种莫名的伤感融化着，把自己二十岁的生命挂在那穗摇摇晃晃的红缨子上，深长而又广阔地舒展开来。这二十岁的生命只有三种颜色，一种蓝色，一种黄色，然后，在蓝色和黄色之间点着两只又黑又亮的眼睛。

白对黑说，你唱个歌吧。

黑说，唱什么呀。

白说，就唱你在村里学会的那些小调，叫小山也听听。

黑就笑了，黑说，行。给我儿子唱唱。

黑把马鞭子靠在肩膀上，宽厚结实的脊背在白的眼前晃来晃去的，就把歌晃了出来：

　　樱桃那个好吃树难栽，

>有了心思,
>
>哥哥呀,
>
>你慢慢来。
>
>烟锅锅点灯半炕炕明,
>
>酒盅盅量米,
>
>哥哥呀,
>
>不嫌你穷……

黑忽然不唱了,忽然说,没有孩子还不觉得,现在才觉得穷,真穷,真有点对不起你和小山。白打断了黑的话,白说,你别说这些了。我想唱个歌,就唱咱们离开北京的时候唱的那个歌。说完,白就很激动,也很怅惘地唱起一支歌,这支歌当年他们坐在离开北京的火车上,唱了不知多少遍:

>在这春光明媚的早晨,
>
>列车奔向远方,
>
>车厢里满载着年轻的朋友们,
>
>让我们奔向前程,
>
>到远方去,到边疆去,
>
>到祖国召唤的地方去,
>
>到工厂去,到农庄去,
>
>到祖国需要的地方去……

很激动也很怅惘的白忽然停住不唱了,很激动也很怅惘的白忽然说,我怎么现在觉得这些东西全都是假的呀,我怎么觉得现在谁也不需要咱们,咱们什么也没有,什么也不是呀……白看着那个宽厚结实的后背又说,你说说,咱们现在到底算是什么?这样说着,白就哭了。哭得很激动,也很怅惘。

黑没有回过头来,黑宽厚结实的肩膀上摆来荡去地晃着一根肮脏的马鞭子。那根肮脏的鞭子一会儿戳进蓝色,一会儿又插进黄色。

黑也很激动,黑说,反正我从来没骗过别人,也没有骗过自己,更没有骗过你。

白说,你怎么这么看人,我说你骗人,说你骗我了吗。我是想不通咱们到底干了什么,咱们到底算是什么。你说呀你……

在黑和白的激动和怅惘之中一直亮着一双乌黑晶亮的眼睛。小山一直在褓褓中大睁着眼睛,小山还没有见过这么大这么多的蓝,也没有见过这么大这么多的黄,但是,小山一下子就分清了它们,小山觉得蓝色是自己的,黄色也是自己的。受了这蓝和黄的刺激,小山觉得很有必要尝尝它们的味道,小山在褓褓中扭动着身体,那些挣扎不脱的捆绑和限制让小山勃然大怒,于是,一阵嘹亮强烈的声音冲进这广阔无垠的蓝色和黄色当中来,冲进到许多说解不清的激动和怅惘当中来。

远远望去,在漫天漫地的黄土当中叮叮呤呤地晃着一辆毛驴车,毛驴车拉着一个孩子嘹亮强烈的哭声,拉着一些说不清的激动和怅惘,忽隐忽现逶迤而去。

在长途汽车站。等到把行李和座位都安排好了以后,黑已经忙得满头是汗了。黑撩起衣角抹抹汗,觉得有些话如鲠在喉,他想忍,可是还是没有忍住。

黑说,到了北京,你妈要是实在不愿意你回来,你就别回来了。我就是再舍不得你,我也不愿意看着你难受。

白就哭了。白一边哭一边说，你让我怎么着你才相信我呀，非得让我把心给你挖出来才行。要分手了，你又说这种话，你到底存的什么心啊，你怎么这么看人呀你。你怎么这么狠心呀你……

白哭的声音很大，说的声音也很大。招惹得四周的乘客全都转过头来看。

白突然抱着孩子从座位上站起来，白说，要是这样，那我就不走了。

黑很慌乱也很窘迫地让白和孩子坐下，然后慌慌张张地走下汽车，坐到自己的毛驴车上，狠狠打了一鞭杆，小毛驴就叮叮呤呤地跑起来。跑出长途汽车站的大门，黑觉得自己的脸上凉冰冰的，伸手一摸，抹下许多泪水来。

黑清清楚楚地记着，这是插队六年来第一次流眼泪。黑还清清楚楚地记着，六年前自己曾经流过许多次眼泪，黑没有想到，那些眼泪和这些眼泪，竟然都是从一双相同的眼睛里流出来的。

黑一边抹干眼泪一边在心里骂自己，你他妈真软弱，真没有点骨头。黑知道自己不能哭，尤其不能在县城哭。黑在这儿是个名人，还是个不脱产的县委委员。一个县委委员在县城大街上流眼泪，影响太不好，太不像话，太丢人。

五

在打好的石眼里——放了炸药，埋进雷管，用黏土封了口,再把十几个雷管花花绿绿的接线又都仔细地查了一遍,黑叼起胸前的哨子连吹了三个长音,工地上的人群一下子就散开不见了,纷纷躲进各自临时的掩体当中。那面印有"青年突击队"的大红旗,在空无一人的工地上顿时显得孤独而又突兀。黑在这忽然而来的孤独和突兀中静静地坐着,打量着一片狼藉的水渠工地。黑已经是连续第六个冬天参加这样的工程了,修大寨田,修拦水坝,修水库。每一次都是动员大会,誓师大会,然后就是各路人马大会战。高音喇叭里震耳欲聋的口号、歌声、表扬稿,挑战应战的大字报,不断刷新的土石方量数字。然后就是拖着快要累散的身体,带着满是尘土的行李回家。然后,就是再也不会有人问起那些工程。每次带回来的那些奖状和大红花,越来越像是一场演出。黑从人们的疲劳和不耐烦的眼神里,看见越来越多的反感。黑也很累,也很疲劳。白走了以后,黑感觉到从未有过的劳累和疲倦。不知怎么,他忽然渴望着停下来,把一切劳动都停下来,把心也最好一动不动地停下来。寒冷的风从黑深长的疲倦中凛冽地刮过,把身边那面红旗刮出些噼噼啪啪的响声。

八月在身子后边的掩体里探出头来催,我说,你还愣着干啥。

黑从深长的疲倦中转回头来,朝八月笑笑,黑说,知道。

然后,黑就把那捆绑在一起的八节电池从帆布包里拿出来。然后,又把那根红绿相间的线攥在手里,分开正极和负极。然后,就下意识地把电线的两极安在电池上。然后就是一声惊天动地的巨响,整个山体都在微微地晃动。然后碎石就像一阵暴雨从天而降。八月就在身后像疯狗一样乱叫起来,八月喊,你疯啦你,你疯啦你,你不要命啦你,你狗日的还不赶紧进来呀你。

黑突然在缤纷的石雨中感到无比的快乐。他眼睁睁地看着落地的石头,在山坡上打出一朵又一朵白烟,看着它们一个个在白烟当中粉身碎骨,四处迸溅。看着它们在荒无一人的山坡上打出一片恐怖的欢歌。黑突然想起台下那汪洋一片的仰望的眼睛,突然想起那些震耳欲聋的暴风雨般的掌声。黑屏住呼吸,清晰无比地感觉到狂乱的心跳和这缤纷的石雨舒畅地叠印在一起。

随后,石雨和烟尘骤然而止,工地上一阵出奇的安静。

黑完好无损地坐在那儿,完好无损地朝八月笑笑。大家一哄而上地围上来七嘴八舌地追问,这是咋啦,这是咋啦,嘿呀,这不是不要命吗。嘿呀,这不是不想活啦。嘿呀,快看看伤着没,快看看吧。

黑完好无损地站起来,完好无损地挥挥手,然后黑又笑笑,黑说,没关系,没伤着,我是一下失了手。大家干活去吧。

等人都走散了,黑很诧异地四下打量,很诧异地自言自语,怎么这么巧呢。

八月站在黑的身后,八月很害怕,也很困惑,八月说,我说,你那一会儿是不是就不想活啦。你要是死了,小山他们娘儿俩可就恓惶下啦。

黑很从容地在干燥的脸上抹了一把,好像是把什么东西从脸上和心里一下子抹掉了,黑说,我这不是好好的,我这不是完好无损吗。

八月说,啥他妈的完好啊,砸你狗日的一石头,就完球蛋啦。

黑还是很从容地笑笑,很从容地打量着又热闹起来的工地。黑忽然觉得自己好像是从另外一个什么地方来的,忽然觉得眼前的一切都有点陌生。

那天下午,黑接到一封北京的来信,白在信上说,我不在你身边,你可千万要注意身体和安全,我真不放心你,我很快就回去。

黑把这封信装进贴身的衣兜里,黑想,今天幸亏这么巧。

晚上正在发愁做什么饭的时候,八月来了。八月说走吧,上我家吃莜麦面。黑就笑了,黑揉着腮帮说,一听就香得流口水。等到了八月家黑才发现不光是莜麦面,还有炒鸡蛋、凉拌山药丝,炕桌上还放着一瓶高粱酒。黑说,八月,我知道你是为什么叫我来喝酒。其实,我什么事情都没有。

八月就很不好意思地笑了,八月说,你看我这人,连装一回大方也装不像。干脆不装那狗日的了,喝酒吧。

于是,两个人就喝酒。渐渐的,喝得心里和脸上都很热,喝得都很想说些话。

八月说,我就闹不明白,人家都走了,偏你一个人留下图个啥?

黑说,啥也不图,就图个心里干净。

八月说,干净?哪干净?今天要是一块石头砸死你,想不干净也算是全干净了。我就闹不明白,要是个寡妇她不嫁吧,那是她要守着儿呢。你守着不走,图啥呢。

黑说,八月,你还记着我们知青刚来的时候吧,多红火,多热闹,大伙都表决心,都喊口号,都说要扎根一辈子,可现在一眨眼,全走了。我要是也走了,那不是等于大伙都说了一堆瞎话废话,大伙一块骗人吗。我不是还是个知青代表吗,只要全中国还有我一个人在农村,知识青年上山下乡这件事情,就还存在,就还有。我什么也不想当,我就是想告诉大家,我没有骗过别人,也没有骗过自己,更没骗过她。八月,你知道我现在最怕什么吗,我最怕连自己到最后也守不住了。我今天真是宁愿有块石头砸到我头上,你不知道我看着那些石头落下来,心里有多高兴……

八月听得眼睛瞪得老大。八月说,我说,咱们别喝了。

黑说,不行,要喝就喝个痛快。

八月想了想又说,到底是你们念书人,连想事情也和人不一样。我们家祖宗八代都是种庄稼的,我他妈从来就没有想让人知道我是个种庄稼的,我连做梦都想着下辈子再别种庄稼了。我就闹不明白,毛主席好好地为啥非要叫你们学生娃们到农村来呀。要是我,我就不来,我他妈留在城里要饭,也不来。祖宗的,凭啥呀?

两个人正说得热闹,窑洞的门突然开了。两个人突然看见白提着手提包站在门口,摇摇晃晃的灯苗在冷风里挣扎着,噗的一下灭了。漆黑一团之中,响起黑激动不已的声音。

黑说,你怎么回来了。

白说,我不放心。发了信第二天,我就去买了火车票往回赶。

等到八月又喊又骂的催着媳妇点着了油灯时候,白看见黑的脸上满是晶亮的泪水。

白说,咱们回家吧。

八月很憨厚地笑起来,八月说,我俩喝醉了,在这儿胡说八道呢。你可别生气呀。

黑一声不吭地跟在白的身后。回到家,点着灯,白就叫起来,白说,看看,看看,我才两个月不在家,这窑里成了猪圈了。黑还是不吭声,黑觉得自己晕乎乎的,看见什么都是两三个影子,黑想,这是怎么了,大伙怎么又都回来了?这窑里这么多人,呆会儿怎么睡觉啊。白一边收拾打扫着,一边给黑讲回北京的事情。讲小山怎么喜欢北京,怎么喜欢姥姥;讲姥姥怎么喜欢小山,怎么天天搂着小山又哭又笑;讲一家三口怎么逛王府井百货大楼,怎么逛故宫;讲小山怎么一天比一天会说话;讲着讲着,没有搭腔;白定眼一看,才发现黑已经坐在炕头上靠着墙睡着了。白走上去替黑脱衣服,拉起手来猛然看黑满手的血泡,不禁泪如雨下。

白说,现在谁还提咱们这些插队的呀,大伙早就忘了知青了,你这么傻干到底为什么呀你。

黑没有任何反应,黑睡得很深很死。深得就像窑洞外面那个没有星星也没有月亮的冬夜。

第二天早晨醒来的时候,白发现黑还在死死地睡着,朦胧的晨光朦胧地照出黑粗糙的脸,白觉得黑一下子老了许多。白想,真快,一眨眼都六年了。又想,六年里王府井天天都是那么多人,那么多人走来走去,没有人知道这个窑洞里住着我们俩。白想起来临行前母亲的话,母亲说,谁也别想把小山从我这儿领走,除非等我闭了眼,咽了气。母亲说,你们俩好好想想,你们这么干对得起谁呀。自己耽误不说,还要把亲生儿子也耽误了才算完?想起小山,白就觉得揪心。走的时候,小山哭,自己也哭。不知怎么就觉得好像是永远再也看不见孩子了。最后,自己是跑出院子的。街坊四邻都堵在门口看,自己就那么满脸是泪的从人群里冲出来的。简直就像是逃跑上山的白毛女。

白又看看黑,白想,我现在就想小山,别的,我什么也不想,也实在不想再想了,我一定得和他好好说说小山的事情。我们得和县知青安置办公室说说,转回北京去。实在回不去,最起码也得有个工作,有一份城市户口。

白没有想到,这件事情竟然说了三年也还是说不通。黑说,我不能去,我没脸去张这个嘴。

六

黑还会唱一支小调:

娃娃尿炕搭被子,
壳脑难活拔罐子,
夜里难活想妹子,
心里难活唱曲子。

七

那辆吉普车就那么扎眼地停在学生院里。

老乡们都这么叫那座院子,因为那三孔土窑里原来一直住着北京来的学生们。后来学生们一个一个的又都走了,大家还是叫它学生院。最后学生院里只剩下两个人,一个男的,一个女的。男的叫黑,因为他长得很黑。女的叫白,因为她长得很白。老乡们都这么叫,这么叫省事。

现在学生院里没有人了。今天早晨人们发现这两个人死了。两个人是抱在一起死的,两个人身上都没有穿衣服,黑白相绕,怎么也分不开。队长说,算啦,别分啦,给俩人打一口棺材吧。木匠说,棺材这么大,咋往外抬呀。队长说,把土窑刨了吧。围在院子里的婆姨们就哭起来。后来,那辆吉普车就开来了。队长就把村民们都轰出院子去,队长说,去吧,去吧,公家的人来了,要破案呢,都别碍事。队长又说,八月你别走,你是头一个发现情况的,你得跟张科长讲讲情况。

八月抹了一把鼻涕,八月说,说啥呀说,我就知道早晚得有这一回。

队长把眼一瞪,骂起来,八月,你狗日的少在这胡说八道。你知道?你知道啥?人命关天,你见着啥说啥,没见着的别瞎猜。

张科长拿着一个小本子走过来,张科长说,姓名。

八月笑笑,八月说,和你一个姓,姓张,这一个村子里的人全都姓张。

张科长说,你是第一个发现情况的,你说说经过吧。

八月说,也没啥经过。就是早起我媳妇打发我过来给这俩人送一碗酸菜,我就过来了。一进门就看见俩人躺在炕上,身上啥也没穿,满地上都是吐出来的东西,我吓得就往外跑,连那碗酸菜也叫我连碗一起给打了,那不,破碗还在窗台上放着。跑出来我就奔了队长家,就这情况。

张科长说,那你刚才说,早晚也得有这一回是怎么回事。

八月说,我胡说呢。

张科长很严肃,张科长说,我可不跟你胡说,你最好还是老老实实地说说。

八月后悔起来,八月说,真的没啥啦。

张科长说,你昨天晚上来过没有。

八月一下子瞪大了眼睛,八月说,张科长,照你这意思,是我害了他们。

张科长说,我没说你害了他们。我问你昨天晚上来过没有。

八月说,来过。

张科长更严肃了,张科长说,好,那你说说昨天晚上的情况。

八月忽然很害怕,八月说,我没啥说的啦,我还得刨山药蛋去呢,我得走啦。

张科长说,你给我老老实实呆着,我不叫你走,你哪儿也不能去。

八月顿时吓得大哭起来,八月的鼻涕眼泪顿时流得满脸都是。八月说,我不说啦,我啥也不说啦。为啥叫我说呀,我又不知道他们咋死的。我就送了碗酸菜,就送出人命来啦,咋啦,你们也不能因为一碗酸菜就把我抓走吧。

队长看见出了难题,赶紧上来帮忙,队长说,八月,你狗日的哭啥呀。不叫你说,你能得不行,该要你说了,你又不说了。人家张科长啥时候说要抓你了,你就再给说说昨天晚上的情况吧。

张科长很严肃地对在场的人说,县委很重视这个案子。赵卫东同志是全国知青的模范,是县委委员。这个案子,无论是他杀还是自杀,都会有很严重的政治影响,县委认为这种严重的政治影响,会严重的影响我们县,甚至我们省的荣誉,我们无法向上级,也无法向全国人民交代。所以,一定要查清,是他杀,自杀,还是误食中毒。我们专案组必须给县委一个最明确、也是最好的交代。

队长立刻明白了张科长的意思,队长踢了八月一脚,听明白了吧,快说说昨天晚上的情况吧,你进了窑都看见啥啦。是不是两人正做饭呢。

八月说,是,是正做饭呢。还要留我吃饭,我没留。

张科长说,那你看见那个瓶子了没有。

队长又踢了八月一脚,八月赶紧说,看见了,看见了,灶台上就是这个瓶子。

张科长一一记录下八月的话,然后,要八月在记录上按手印。

八月很担心很害怕地伸出手来,八月说,按了手印就没我的事情了吧。

张科长说,行啦,你刨山药去吧。

然后张科长又说,等我们把呕吐物拿回去化验了,就有结果了,就知道是不是农药中毒了。

队长说,"1059"太厉害,连牛闻闻都死,别说人了。

张科长说,是呀,咱们县里已经出了好几起这种案子了。全是误食中毒。全都是舍不得扔那个瓶子,留着装油打醋,又没有彻底洗干净。结果就中了毒。

队长说,别的不说,就是这两娃太可怜,北京还有个三四岁的孩子,还有个六十多的老太太,我真发愁咋跟老太太说。张科长,你可千万给咱把这个意见跟县委好好说说。我们这么个小村子可担待不起一个县委委员呀。

张科长说,真是没有水平,该县里管的事情用不着你操心。我得快点赶回去向县里汇报。

然后,张科长带着人坐着那辆吉普车走了。

眼巴巴地看着吉普车卷着黄烟出了村,队长说,行啦,该干啥的干啥去吧,别都在这里围着啦。

然后,队长也带着人走了。

冷冷清清的学生院里只留下做棺材的木匠。做棺材的木匠把许多惨白的刨花惊心动魄地推到地下。

队长吩咐留下几个后生,留下一辆驴车,等着棺材做好了就埋人。趁着木匠做棺材的空当,后生们先去挖好了坟坑。等到埋完人,在坟头上培了最后一锨土的时候,太阳已经落山了。后生们用鞋底蹭干净铁锨上的黄土,又坐在坟前抽了一阵闷烟。而后,有人说,咱们回吧。大家就都说,行,回吧。一转眼的功夫,人们就走散在羊肠小路上。

莽莽荒原阒然无声,四下里一片往日的慈祥和柔和。这天地之间没有太阳的一刻,刚好应该是白坐在门槛上想小山的时候。

1993年1月15日于家中,窗外白雪纷纷。

编 辑 手 记

2005年6月,北京大学出版社推出了由夏中义先生主编的《大学新语文》,虽然目前我们已经收到众多专家学者和普通读者对这本书的好评和建议,但《大学新语文》的价值和意义在更大范围内的显现,却有待更多的朋友们在阅读中去评判。

《未名·新青年读本》的编选和出版则是《大学新语文》的策划者和编选者们一次"意犹未尽"的补偿。像《大学新语文》的编选理念一样,《未名·新青年读本》依然将思想的力量和美的魅力并重,不仅为读者提供美文的鉴赏,更希望带领朋友们穿越时空的阻隔,与更多深具思想魅力的先哲们对话。配合《大学新语文》16章的内容和主题,这套丛书在大学、青春、仁爱、情恋、自由、良知、敬畏、乡愁、记忆、英雄、坚忍、希望、自我、幽默、诗意、自然等16个主题词之下,在古今中外的优秀典籍中展开范围广泛的挖掘工作,努力将曾给予历代知识阶层和社会精英心灵安慰和精神滋养的文字精华和思想经典呈现给今天的年轻一代。

在这个喧嚣嘈杂的时代,在那些倏忽来去转瞬即逝的日子里,年轻的朋友们如何静心体味生命的美好而不令光阴虚度,是让很多人焦虑的事情。曾经有位长者说,如果在每一个平凡的日子里你都能体会到一点感动,那你的生命质量就在不断提高。感动,不仅来自现实的人世,更来自人类在不断前行的途中保留在文字中真切而生动的体验。人生固然短暂,但如果我们能有效地利用数代先贤们用时光和热情换回的沉思与感悟,是否也可以藉此令自己的生命更具质感?

整日困于文字的海洋,恍然间意识到2005年恰是20世纪之初的《新青年》杂志创刊(1915年9月15日)90周年的日子。《新青年》杂志对于现代民族国家概念体系中的"中国"的意义,自然有思想史、文学史、文化史的研究者们去论证,但回头遥望那个有太多东西值得纪念的时代,不觉心中一动:《未名·新青年读本》本无意于特地为前辈们的《新青年》实施庆典,却又灵犀相通般在一个不可知的时间点上不期而遇,岂非机缘巧合?

我们自然还不至将《未名·新青年读本》和90年前的《新青年》杂志做任何不自量力的比较,但人世的时序总是轮回,今日的青年们想必和90年前的青年们一样有着年轻的梦想和激情,如若这套丛书能给行走在青春征程上的青年朋友们提供一点点的滋养和帮助,那也是付出过真诚和智慧的作者和编选者们最大的安慰了。

北京大学出版社综合编辑室
2005年12月